U0645801

深圳大学湾区教育研究丛书

ZHISHI SHENGCHAN YU DAXUE JICENG XUESHU ZUZHI GAIGE

知识生产
与大学基层学术组织改革

李鹏虎　著

厦门大学出版社　国家一级出版社
XIAMEN UNIVERSITY PRESS　全国百佳图书出版单位

图书在版编目（CIP）数据

知识生产与大学基层学术组织改革 / 李鹏虎著. --
厦门：厦门大学出版社，2022.8
　（深圳大学湾区教育研究丛书）
　ISBN 978-7-5615-8680-8

　Ⅰ. ①知… Ⅱ. ①李… Ⅲ. ①知识生产－关系－高等
学校－科学研究组织机构－研究－中国 Ⅳ. ①F062.3
②G644.6

中国版本图书馆CIP数据核字(2022)第130513号

出 版 人	郑文礼
责任编辑	曾妍妍
美术编辑	李嘉彬
技术编辑	朱　楷

出版发行 厦门大学出版社

社　　址	厦门市软件园二期望海路 39 号
邮政编码	361008
总　　机	0592-2181111　0592-2181406(传真)
营销中心	0592-2184458　0592-2181365
网　　址	http://www.xmupress.com
邮　　箱	xmup@xmupress.com
印　　刷	厦门市竞成印刷有限公司

开本	720 mm×1 000 mm　1/16
印张	14.75
插页	3
字数	265 千字
版次	2022 年 8 月第 1 版
印次	2022 年 8 月第 1 次印刷
定价	59.00 元

本书如有印装质量问题请直接寄承印厂调换

厦门大学出版社
微信二维码

厦门大学出版社
微博二维码

序　言

　　大学是一个"神奇"的组织,是一个充满"魅力"的机构,是一个学人不愿意割舍的地方。放眼望去,人们可以发现近千年的大学,却很难找到近千年和百年的企业。从社会组织的历史延续性而言,唯一可以与大学相媲美的"组织"恐怕就是宗教机构了,但作为一个组织的影响力和可持续的生命力来看,显然,大学作为一个组织的"生命周期"和能量越来越大。任何国家都离不开大学,任何个人也离不开大学,大学已经把社会的各种要素紧紧地"捆绑"在自己的周围,甚至可以说国家和个人越来越依偎在大学身上"抱团取暖",这就是大学的力量,这就是大学的价值。

　　大学作为一个"组织"的演进相对缓慢,正如有学者将其比喻为世界上"最保守"的机构。然而,随着民族国家的兴起尤其是第二次世界大战之后,世界各国大学组织的变化似乎进入了"快车道",各种新型大学的出现令人眼花缭乱。作为历史相对短暂且是"舶来品"的中国近代大学,其组织形态在相当长的时期内都是"各行其是",但到了20世纪50年代之后,受苏联高等教育的影响,其组织模式相对稳定,到了后期甚至得到了"固化"。然而,改革开放之后,当我们"睁开"双眼打量世界的大学时,猛然觉得我国的大学组织有些滞后。于是,在过去几十年,我国大学组织包括制度和机制开始发生"裂变",逐渐跳出原有的藩篱,自觉不自觉地向西方大学形态靠拢,同时,也进行了一些"本土化"的创新。时至今日,我国大学的组织转型正在路上,正处在一个新的时间节点。

　　时代为我国高等教育学人研究"大学组织"提供了天赐良机。但是,我国大学组织在变化过程中,主要还是以学习和借鉴西方大学为主,对于大学组织变化的规律究竟是什么还缺乏深入地思考,既有囫囵吞枣的现象,也有"照猫画虎"的情形,还有"摸着石头过河"的自我探索。但无论如何,学界对大学组织研究的关注是一件可喜的事情。美国高等教育学者伯顿·克拉克指出:"大学是底部厚重的学术组织,那些用全面综合的形式阐述目的或概括高等教育特点的人,是典型地、重复地从错误端点出发的人。"①大学基层学术组织承载了人才培养、科学研究及学科建设等多项功能,其运行与治理关乎着大学的办学水平。从这个角度来说,基层学术组织改革是一项具有较强理论意义和实践价值的研究议题。

众所周知,新中国成立初期,我国高等教育管理体制及办学模式开始全面学习苏联。受此影响,我国大学在组织架构、人才培养、课程安排等诸多方面都深深印刻上了专业化的痕迹。在相当长一段时间内,我国大学基层学术组织的设置、改革与发展几乎都毫无例外的遵循特定的专业逻辑。苏联高等教育模式的影响是长久且深远的,直到今天,我国大学的院系、研究所、研究中心等基层学术组织均呈现出高度的专业化特征。而随着知识及学科专业的不断细分,"学科型"基层学术组织的数量日益增多,学科壁垒日渐固化,给大学的治理带来了一系列新的挑战。这不仅令人感叹:今天的大学,不仅没有走出"象牙塔",反而在组织内部搭建出了更多的"鸽笼"。

之所以发出这样的感叹,是因为一次学科建设的调研经历。犹记得,2017年3月,厦门大学正在组织"一流学科"建设调研。调研中我发现,一个规模并不是很大的二级学院(专任教师83人)竟然设有36个校级和院级研究机构(平台),我将其称之为二级学院的"衍生机构"。这让我想到2015年在北京一次学术会议上的交谈经历,国内某顶尖大学的一个副院长告诉我说:他所在的学院,有52位专任教师,32个院级的"衍生机构",几乎每个教授都有一个主任或所长头衔。他的话引起了我的兴趣,并开始关注此类现象。在我看来,如果一个二级学院的"衍生机构"越多,只能证明该院的"向心力"越弱,科研的"合力"也越弱。经过更为深入的考察和分析,我发现组织中的"鸽笼现象"是我国许多大学流行的通病。但殊不知,鸽子要想健康成长,不能仅有鸽笼,还要有广场。只有在广场上,鸽子才能充分展现自己的灵性。这对学科建设何尝不是一种启示? 大学的管理者,不仅要给学科建设搭好"鸽笼",更要建好学科"翱翔"的广场(跨学科组织)。当大学的学科建制出现了"鸽笼现象",那一定是长不大的学科,更遑论一流! 同时我也在想,西方世界的一流大学是否有此种现象? 是否经过了这样的发展阶段?

不可否认,在知识生产模式转型的背景下,传统的学科型组织已越来越不适应新时期学术发展的要求。现实世界中,重大科学问题的解决与突破也越

---

① 伯顿·克拉克.高等教育系统:学术组织的跨国研究[M].王承绪,徐辉,殷企平,等译.杭州:杭州大学出版社,1994:25.

来越需要跨越学科边界和组织边界,进行全方位的合作攻关。为了破除学科之间、组织之间、人员之间的"相互割据"状态,保持各学科、组织、人员之间的连通性,西方一流研究型大学纷纷布局新型跨学科组织,包括哈佛大学、斯坦福大学、麻省理工学院等世界一流大学均设立了各具特色的跨学科研究中心(所),甚至促使了院系的转型,即从纯粹的学科型组织转向混合的跨学科组织。

近些年来,我国越来越多的大学意识到了跨学科的重要性,并在组织系统内部作了一系列的改革、探索与创新。但客观地讲,多数高校对跨学科组织还存在理解不够、认识不到位、经验不足及站位不高等问题。在实践中,也表现出"形式上的跨学科组织,实质上的学科型思维"特征,即虽然按照一定程序和要求设置了跨学科组织,但其运行与治理仍旧以学科型思维为主导。之所以会出现这样的结果,一方面与学科文化自身的保守性和排他性有关,另一方面也与大学教师根深蒂固的专业化思维、意识和习惯,以及跨学科基础和能力的缺乏有关。一言之,我国大学虽然在传统院系建制的基础上设置了新型跨学科组织机构,但却并未形成"传统学科型组织"和"新型跨学科组织"互补互济、互利互动的组织模式。这对大学而言,既是一个组织问题,也是一个管理问题,更是一个关乎科研创新和人才培养创新的学术问题。

基于此,我建议博士生李鹏虎研究该类组织现象,并将博士论文选题初步确定为《我国大学基层学术组织改革研究》,研究重点放在跨学科组织的布局和改革上。实质上,在此之前,我的另一位博士生已经深入研究过跨学科人才培养的相关问题,完成了题为《美国研究型大学跨学科人才培养模式研究》的博士论文。李鹏虎的这项研究正好可以作为跨学科人才培养模式研究的姊妹篇,从而进一步丰富跨学科研究的理论体系。

在确定博士论文选题之后不久,李鹏虎申请了联合培养博士研究生项目并顺利获得国家留学基金委资助,以访学博士生的身份赴美国纽约大学进行交流学习,师从纽约大学原副校长安·马库斯(Ann Marcus)教授。2017年9月,我因公到美国出差,参加了在美国纽约大学举办的"中美创客峰会暨中美青年创客中心启动仪式"。借此机会,我在纽约大学与李鹏虎就博士论文的研究进展和具体问题进行了讨论,同时了解了美国研究型大学基层学术组织的改革与发展情况,此次讨论进一步明确了研究问题和研究重点。

2019年7月,李鹏虎博士毕业之后入职深圳大学,并于2021年7月成功获批全国教育科学规划青年项目,项目名称为"场域视角下的中国一流大学交叉学科建设研究",据他告诉我,这项研究是博士论文的持续深入和拓展,他将在跨学科组织研究的基础之上,拓展到交叉学科建设的组织支持和人才培养等相关领域,继续围绕"跨学科"这个大主题开展研究。令我倍感欣慰的是,我国高等教育改革走到今天,无论是人才培养、科学研究还是学科建设抑或组织治理,跨学科仍然是绕不开的重大命题。因此,这本书的出版有其鲜明的时代价值和意义,能在一定程度上呼应高等教育改革发展的时代需求。

从书的内容来看,作者围绕大学基层学术组织改革,以知识生产模式转型为分析视角,试图构建出"传统学科型组织"和"新型跨学科组织"协同发展的组织模式,进而为克服传统学科型组织的弊端找到解决方案。整体而言,这部著作的创新之处主要体现在以下几个方面:一是通过国际比较,系统梳理了美国研究型大学基层学术组织改革的实践与经验。美国研究型大学在基层学术组织改革中,不仅重视学科型组织的转型以及跨学科组织的布局,还尤为重视制度设计和环境营造,甚至对大学建筑设计理念也进行了革新;二是提出了我国研究型大学中"巴尔干化"式的组织割据问题,并分析了其中的危害,比如容易固化学科壁垒及学术资源流动,容易导致学术部门间的离散和分歧,容易滋生文本上的"影子式"组织;三是提出了"大学基层学术组织改革需要关注大学组织整体效益"的观点。作者认为,大学基层学术组织改革应考虑大学的价值理念和使命定位,以避免与大学中的师生成员或者学术项目失去有效联结。

当然,本书仍有可丰富和完善之处。比如,对于案例的选取,还可以进一步分析理工科类基层学术组织的改革与发展成效,并进行文科类基层学术组织和理工科类基层学术组织的比较。作为一个长线研究,对于跨学科人才培养及交叉学科建设等重要的议题,作者也可以再做深层次的探讨和分析。总的来说,《知识生产与大学基层学术组织改革》一书对于推动大学组织革新、构建运行有效的学术组织系统以及推动跨学科研究等方面有诸多启发。作为李鹏虎的博士生导师,我期待并相信作者未来能够做出更好的研究,取得更好的成果,为推动我国高等教育的改革创新做出应有贡献。

邬大光

2022 年 7 月 20 日于厦门

前　言

　　高等教育大众化以来,大学规模不断扩张,其功能与地位得到持续扩展与加强。与此同时,大学亦逐步演化成为高度异质化和多部门化的学术组织。然而,伴随着知识生产模式的转型,大学基层学术组织及其结构也面临着新的挑战和难题。学科逐渐走向综合化,新知识的生产已不再局限于学科内部,而是同样发生在现有学科分野的缝隙之中,产生于不同学科的交叉与互动过程中。尤其是由政府、企业或者科学家团队所主导的旨在解决人类面对的重大问题的项目和工程,显著证实了学科之间的界限正变得愈加模糊这一事实。诸如环境、经济、卫生、通信、航天等领域重大问题的研究,越来越需要不同学科专家的共同协作。实质上,在综合化的研究领域中,跨学科与跨领域协作已经成为一种共识。同样,拔尖创新人才培养也与交叉学科有紧密的联系,需要构建以交叉学科为基础的人才培养新机制。在此背景下,以学科型组织为主要构成要素的研究型大学正与时代特征显得格格不入。长远来看,这种组织建制不仅无法使大学取得快速发展,反而会成为大学前进道路上的"绊脚石"。对于大学来说,最大的危险就是用昨天的逻辑来思考今天的现象。相反,大学管理者需要更新现有的思考方式,从惯性思维中走出来,并逐步走出路径依赖的困境。

　　基于此,人们开始审视现有的大学组织结构,并将批判的矛头指向过于专业化和精细化的基层学术组织。反对者认为,基于系科建制的基层学术组织模式导致了知识的碎片化,如果大学继续保留传统的学科组织结构和形式,或继续以学科专业化的形式进行学术工作,将有可能阻碍科学的进步,并削弱大学对社会的贡献程度。从国际经验来看,跨学科研究的兴起正在悄无声息撬动着大学传统的组织结构,基于学科的院系组织已经或正在发生着转型及重组。在美国,面对学科交叉和综合化的发展趋势,大学普遍实施了基层学术组织改革,力图打破学科与组织的边界,在传统院系建制的基础上设置了专门的跨学科组织机构,最终形成了"传统学术性的学系结构"和"新型机制的跨学科组织结构"互相促进、互相成就、互相发展的组织模式。

就我国大学而言,基层学术组织的发展经历了由仿欧美建制的系所模式到仿苏联建制的教研室(组)模式,再到模仿借鉴与自主探索下的多样化模式等阶段,经过近一个世纪的发展,取得了显著的历史成就,并形成了院系管教学、所室管科研,独立的创新型科研组织,以及产、学、研结合这一基本模式。然而,由于我国大学内部学科型组织的强势以及学科文化的保守,学科和学科型组织在彼此之间建立并发展出了一种强大的互惠关系,这种默认的联结随之制度化,并使得大学内部的学术活动屈从于基于学科型组织所建立起来的一套"顽固"惯例或准则。这导致我国大学基层学术组织在运行中出现了不少问题,一方面,基层学术组织设置与管理上的无序与混乱,使我国大学内部充斥不少停留在文本上的"影子式"组织,导致大学组织臃肿化;另一方面,基层学术组织的扩张及日益分化与专门化,使我国大学呈现出了"巴尔干化"式的组织割据,加重了组织管理的负担。受苏联模式影响而形成的知识、学科以及专业的高度分化,伴以与其相匹配的制度设计、评价体系、课程设置、人才培养、师资队伍以及学位授予等不断强化的传统系科体制,使得我国大学基层学术组织改革面临非同寻常的困难和挑战。此外,随着"双一流"建设的推进,越来越多的大学尤其是研究型大学建立了强大的学科计划,但与此同时也创造出了强大的学术力量迫使学术社会离散,这种风险是不应该被忽视甚至不应该被低估的。

基于对上述问题的审视与思考,本书以基层学术组织改革为逻辑起点,以知识生产模式转型为研究视角,围绕大学基层学术组织改革中学科型组织样态与跨学科组织样态展开研究。梳理了大学基层学术组织的相关概念及其改革的知识逻辑,分析了大学与知识生产之间的逻辑关系,以及知识生产模式转型背景下美国研究型大学基层学术组织的改革过程与经验。最后,剖析了我国大学基层学术组织的演变、特征及面临的问题和挑战,并提出了我国大学基层学术组织改革的若干建议。研究主要有以下几个发现:首先,大学是知识生产的核心机构,伴随知识生产模式的转型,世界各国的大学基层学术组织都在进行着不同程度的转型。其次,二战后,美国研究型大学对传统的学科型组织建制做出重新审视和调整,重点围绕学科交叉实施了基层学术组织改革,包括重塑学系的性质与使命,设置专门的跨学科组织,革新大学建筑设计理念等。再次,大学基层学术组织扩张是我国高等教育快速发展中涌现出来的一种组织现象,我国大学基层学术组织扩张涉及多个因素、多种机制,国家、市场、大学等行为主体及相应的制度逻辑在基层学术组织扩张中分饰不同角色,并形成一定的互动关系。从大学基层学术组织扩张的特征来看,主要表现为三个方面:强制性变迁和诱致性变迁并存、多种制度逻辑和行为主体相互交织、组织扩张存在"路径依赖"或"锁定效应"。最后,伴随基层学术组织的演进与扩张,大学衍生出系列的组织问题和组织困境,诸如基层学术组织设置混乱及管理上的无序,以及跨学科组织方面的制约和束缚等诸多问题。此外,"巴尔干化"式的组织割据是我国大学基层学术组织面临的重要问题之一,其典型表现是在学科建设中围绕教授成立研究所和研究中心,并赋予其相应的学术头衔。"巴尔干化"式的组织割据容易使大学的学术活动陷入某一特定的学科思维,缺乏总体性视野与整体性关照,并容易固化学科壁垒及学术资源流动、容易导致学术部门间的离散和分歧、容易损害学术研究机构的组织生态。研究认为,我国大学在未来的组织改革中需进一步开放组织边界,鼓励学科之间的交叉融合,并做到:守持基层学术组织理性,关注大学的整体效益;优化基层学术组织结构,架起院系合作的桥梁;重视制度的设计与完善,保障学科合作的成效;营造跨学科的文化氛围,鼓励学科交叉与融合。

目　录

第一章
绪 论

一、研究背景

(一)高等教育正处于变革的时代

千年沧桑,几乎所有的社会组织都发生了革命性变化,存亡兴替,此消彼长,唯有教会和大学的组织形态基本保持稳定,这充分反映了大学的社会意义和不可动摇的历史地位。但在大学稳定的表象下面,又从来没有停止过变革的律动和急流,伴随着经济社会的不断向前发展,以及技术的持续变革和创新,大学自身的功能、性质、标准、学科、管理和手段等许多方面都发生了重大变化。大学从社会边缘走向了社会中心,从精英教育走向了大众教育,从学术共同体话语走向了世界尺度,从分科发展走向了综合交叉,从大学自治走向了多元治理,从技术辅助走向了与互联网的深度融合。[①]

作为一种古老而又特殊的组织,大学在变与不变之中缓慢前行着,变的是形态,不变的是神情;变的是外在,不变的是本质。美国高等教育学者克拉克·克尔(Clark Kerr)曾经计算过,在西方至今仍有 85 个 1520 年前建立的组织,它们仍然以同样的方式、使用同样的名字、做着同样的事情,其中 70 个是大学,其他是宗教组织。这些组织幸存下来,不是由于领导的魅力,而是由于这些组织的特性和使命。[②] 这说明了大学组织的特殊性,这种特殊性不仅体现在一定时期主动适应社会并满足社会的需要,而且也体现在大学在一定时期对社会所起到的引领作用。正是在大学与社会的不断互动过程中,大学

[①] 袁振国.培养人才始终是大学的第一使命:大学变革的历史轨迹与启示之一[J].中国高等教育,2016(Z2):57-60.

[②] 教育部中外大学校长论坛领导小组.中外大学校长论坛文集[M].北京:高等教育出版社,2002:105.

组织形态得以保留。诚如美国学者莫顿·凯勒（Morton Keller）所言，大学自中世纪在西欧出现以来，虽然历经历史的洗礼和社会变迁的冲击，其基本功能和特征却顽强地保持者，尤其是那些演变成今天的研究型大学，不管是存在于世界何处何地，不管是组织形态上有着怎样的差异，它们在探求、传播和应用知识上所具有的国际视野、标准及影响力都是基本一致且相同的。①

　　作为遗传与环境的产物，大学组织在发展与演进的过程中，必然要受制于社会的发展与革新，并在组织内部发生一定变革。如同世界万物发展与演化的规律一样，大学在成长的过程中亦遵循一定的历史规律，在特定的阶段表现出特定的特征，具有显著的阶段性与特殊性。比如大学组织形态与结构、大学职能与大学理念、大学文化与大学制度等都可能会因外部环境的变化而变化。这是大学发展的历史规律，也是大学发展中的历史必然。外部因素的组合形成了大学不同发展阶段的不同特征，对大学组织内部结构提了不同要求。② 我们今天的教学方式看起来是如此的明确与自然，但谁能相信曾经有那样一个时期，师生研讨会、实验室教学甚至是讲课的革新都引起了很多的争议。学生在早期的学院中只懂得死记硬背而非融会贯通和举一反三。回望历史，早期的学院既保守又顽固，它们对扩展知识和鼓励批判性的思考似乎毫无兴趣。学院把它们自己视为反对变革的壁垒，学院的职责仅仅在于为下一代培养牧师和律师。③

　　20 世纪 80 年代的组织理论已充分表明，大学作为追求高深学问的学术组织，并不是一个封闭的系统，而是与外部环境保持着密不可分的联系。④ 透过历史亦可以知晓，大学在发展的进程中，组织在不断演化的同时发生着一系列的变革。19 世纪初至 20 世纪中期，随着柏林大学的创建，教学与科研相统一的理念也得以确立。这带来了大学职能的一次历史变化：从原有的知识保存和传承转向了知识保存和传承与知识生产和创造共存的局面，大学的学术活动不再囿于教学，而同时还可以开展科学研究实践。自此之后，大学的主要

①　莫顿·凯勒，菲利斯·凯勒.哈佛走向现代：美国大学的崛起[M].史静寰，等译.北京：清华大学出版社,2007:3-4.

②　凌健,匡铭杰.论大学变革的"形"与"神"[J].浙江工业大学学报（社会科学版）,2012（4）:373-377.

③　詹姆斯·杜德斯达.21 世纪的大学[M].刘彤，等译. 北京：北京大学出版社,2005:7-8.

④　MURPHY J, LOUIS K S. Handbook of research on educational administration[M]. San Francisco:Jossey Bass Publishers,1999:361.

职能便不再仅是培养人才,而且还进行科学研究。[①] 这是大学发展中的第一次革命。第二次革命发生在 20 世纪 80 年代以后,大学除了进行教学和科学研究以外,还承担了社会服务的职能。[②] 随后,人才培养、科学研究以及社会服务作为大学的三大基本职能得以基本确立,同时也逐渐得到了人们的认可。由此可见,大学在经历过岁月的洗礼与沉淀,与早期的大学相比,俨然已经焕然一新。

随着全球知识经济时代的到来,现代科学的发展经由"分化"走向了"综合"的复归之路。知识经济时代需要信息传递渠道的畅通无阻,需要资源的有效共享。在此背景下,人们呼吁大学组织不能再沿用传统的组织结构框架模式,而是需要打破学科界限,将支离破碎的大学教学、科研、教师、学生等重新聚合在一起。随着知识生产模式的转型,大学或许会突破传统组织结构的藩篱,组织信息交流部门壁垒将被打破,各部门之间采用"无边界方式"运行。[③] 事实上,在现实社会中,面对这一势不可逆的潮流,为了弥补大学传统组织体系的弊端,诸多世界一流大学已经悄然做出了尝试和变革,并逐渐掀起了一场学术组织革新的热潮。比如,以哈佛大学、斯坦福大学、麻省理工学院、普林斯顿大学以及加州大学伯克利分校等为代表的世界一流大学开始革新其传统的学术组织,纷纷建立了独立于院系的跨学科研究机构。斯坦福大学、麻省理工学院甚至革新建筑理念,并建造跨学科大楼,进而为跨学科研究提供物理空间上的保障。近些年来,类似鼓励跨学科研究的建筑在科罗拉多大学、威斯康星大学麦迪逊分校、麻省理工学院、佐治亚理工大学等大学相继落成并投入使用。可以预知的一点是,打破学术壁垒与组织壁垒已经成为大学未来发展的一种诉求。

大学组织是否即将迎来第三次革命的浪潮,尚不得知。但对大学来说,这是一个变革的时代。越来越多的迹象表明,当前大学的组织形态、制度设计、资助方式、人才培养理念、科学研究理念等,都可能无法适应时代的要求和现

---

① 周光礼,黄容霞,郝瑜.大学组织变革研究及其新进展[J].高等工程教育研究,2012(4):67-74.

② ETZKOWITZ H. The evolution of the entrepreneurial university[J]. International journal of technology and globalization,2004(1):64-67.

③ 赵鹏,刘莉莉.大学职能演变与西方大学组织结构变革[J].煤炭高等教育,2007(4):98-100.

实的情况。① 人们应该思考的问题是：为什么 21 世纪的问题需要依照和遵守形成于 19 世纪 20 年代的学术部门结构？传统的大学组织建制能够解决新时期的问题吗？詹姆斯·泰勒（James Taylor）曾说："最大的危险就是用'昨天的逻辑'来思考今天的现象。"②我们的社会环境正在发生着迅速的变化，作为社会教育机构的大学，如果还要继续为后世服务，就要对此做出相应的改变。③ 变与不变成就了今天的大学，变革亦成了大学发展的主题。

（二）大问题、大科学呼唤新方法

21 世纪的问题是重大且复杂的，攻克它们需要前所未有的资源和能够补充传统学科的非传统途径。高健（John Kao）教授在他的著作《创新国家》（*Innovation Nation*）中罗列出了气候变化、环境变化、传染病和极度贫穷等系列问题。根据高教授的观点，这些恶劣问题的性质虽然不尽相同，但是它们有很多共性：很难通过单一学科产生清晰的应对方案，复杂且含糊不清，需要从根本上解决现状的新方法。④ 当今人类面临的问题已经远远超出了单一的学科的解决能力，依靠多学科力量的通力合作应对挑战成为无法避开的现实。以气候变化问题为例，气候变化给人们带来了新的挑战，解决方案的制定要求不同国家不同领域的专家学者聚集在一起共同探讨商议。现在人们也逐渐意识到，在重大问题面前，多学科、交叉学科、前沿学科等必须参与到可持续发展的行动当中。因为很多领域都需要新的知识和新的思维，诸如燃料电池技术、生物能源、热吸收和光辐射等等。同样，建筑学上的程序改善和废物处理都需要综合性的技术加以应对，以减少或消除汽车需求为主旨的城市规划创新，需要与经济学、公共政策、心理学、社会学、人类学和政治学方面的研究相呼应，解决这些问题需要不同学科间的协调，需要不同学科间的交叉与融合。⑤ 与人类生活紧密相关的能源生产、转换、传输的所有方法，对环境都有不可避免的重大影响，在该情境的应对机制中，环境物理学所关心的，主要是物质和能量

---

① 詹姆斯·杜德斯达，弗瑞斯·沃马克.美国公立大学的未来[M].刘济良，译.北京：北京大学出版社，2006：2.

② 詹姆斯·泰勒.提高质量：大学变革的挑战：在亚洲开放大学协会第 18 届年会上的主题报告[J].开放教育研究，2004(6)：18-21.

③ 詹姆斯·杜德斯达.21 世纪的大学[M].刘彤，等译.北京：北京大学出版社，2005：4.

④ KAO J.Innovation nation：how America is losing its innovation edge，why it matters，and what we can do to get it back[M].New York：Free Press，2007：24.

⑤ 霍尔登·索普，巴克·戈尔茨坦.创新引擎：21 世纪的创业型大学[M].赵中建，等译.上海：上海科技教育出版社，2018：17.

通过大气、海洋和整个生态系统运输的机制、传输率和途径；大气科学要解决的则是气象变化规律、热流、辐射平衡以及颗粒物质和污染物的产生和转移等复杂问题。①

事实上，当面对宏大且复杂的问题时，即便处于某一个领域顶端的人物也会产生很大的挫败感。比如，在癌症问题上几十年的研究和数亿元的投入，使人们有了这样的认识，即无论是医生、化学家、生物学家还是工程师都不能只依靠他们自己达到治愈病人的目的。而如果出现了一个良好的解决方案，那也将会是来自传统和非传统知识领域成员组成的多学科团队合作的成果。团队成员不仅具有不同的学科背景，他们还将运用不同的思考方式。在《迈向未来的五种能力》(*Five Minds for the Future*)一书中，哈佛大学霍华德·加德纳(Howard Gardner)教授指出，传统的问题通常可以依靠一种能力解决，这在学术界被加德纳描述为"学科能力"，但是解决当今的复杂问题还需要加德纳所说的其他四种能力。② 在美国，无论是政府、企业，还是基金会，它们在资金投入或者捐赠上普遍坚持跨学科的科学实践。盖茨基金会需要一种跨学科的方法作为它"重大挑战项目"的一部分，美国国立卫生研究院和美国国家科学基金会越来越要求它们的拨款获得者拥有跨学科的背景，同时资金量大的私人捐赠者几乎都要求受资助的项目是结果导向的、拥有交叉学科的。③ 2008 年，格里·安德林格尔(Gerry Andlinger)向普林斯顿大学捐助一亿美元用于研究能源和环境问题，通过建立结合物理学、化学和纳米技术的一个多学科中心来研究开发可以商业化应用的创新材料。安德林格尔说："普林斯顿大学已经有了各种各样的与能源、环境问题相关的研究工作。我建立多学科中心的期望是，把那些力量集中起来并且将重点放在找到'清洁技术'方案上以解决我们当今社会所面临的重要问题。"④

20 世纪 60 年代初期，美国科学史家德里克·普莱斯(Derek Price)在《小

---

① 学科交叉和技术应用专门小组.学科交叉和技术应用[M].曾泽培，等译.北京:科学出版社,1994:16.

② 霍尔登·索普，巴克·戈尔茨坦.创新引擎:21 世纪的创业型大学[M].赵中建，等译.上海:上海科技教育出版社,2018:23.

③ 霍尔登·索普，巴克·戈尔茨坦.创新引擎:21 世纪的创业型大学[M].赵中建，等译.上海:上海科技教育出版社,2018:34.

④ Andlinger Center for Energy and the Environment Website. Gift of ＄100 million to transform energy and environment research at Princeton[EB/OL].(2008-07-01)[2018-09-21].http://www.princeton.edu/acee/news/stories/andlinger.

科学 大科学》中将科学的形态分为"小科学"(little science)与"大科学"(big science)两种。所谓"小科学",意指在早期的知识生产过程中,知识生产者往往局限在个人,知识生产活动也往往囿于某一学科内部,"小科学"下的知识生产比较单一且封闭,常常会忽视现实情境和社会需要。所谓"大科学",则为新时代知识生产不可避免的趋势。即随着外部环境和社会问题的复杂化,知识的生产应需要多学科协同合作,以突破人类面临的一系列重大问题。"大科学"背景下的知识生产不再是个人活动,而是关涉社会的普遍行为。[①] 的确,大问题、大科学时代需要新的方法、新的路径,作为肩负着人才培养、科学研究、社会服务进而推动人类迈向幸福生活的大学,更不能迟滞不前,而需要开拓创新,鼓励跨学科研究,主动承担重大课题,积极回应社会的需求。

(三)"双一流"建设的国家战略

21 世纪以来,随着高等教育的全球化与国际化,世界高等教育景观似乎正在发生着一系列悄然变化。在大学排名的影响与冲击下,为了跻身高等教育强国行列,提升文化与教育软实力,世界多个国家及地区政府重新调整高等教育系统与格局,出台了形形色色的世界一流大学建设计划,为建设世界一流大学并在国际高等教育上占有一席之地而做出了不懈的努力。我国同样如此,长期以来,创建世界一流大学一直是我国的一个梦想。在最早创建的一批大学中,有一些大学便肩负着提升国家竞争力以及促进高等教育发展的艰巨使命。1995 年 11 月,经国务院批准,国家计委、国家教委和财政部联合下发了《"211 工程"总体建设规划》,"211 工程"正式启动。1998 年 5 月时任国家主席江泽民在北京大学百年校庆上的讲话指出:"为了实现现代化,中国要有若干所具有世界先进水平的一流大学",随后我国正式提出"世界一流大学建设项目",即"985 工程"。2015 年 10 月,国务院印发《统筹推进世界一流大学和一流学科建设总体方案》,提出到 2020 年,中国若干所大学和一批学科进入世界一流行列。2017 年 1 月,教育部部长陈宝生在全国教育工作会议上确认,中国大学"双一流"建设将在 2017 年全面启动。为了创建世界一流大学,我国政府所作的努力与坚持从未停止过。

随着"双一流"建设的深入推进,大学治理及组织改革也成为人们热议的话题之一。作为从事知识的生产、传播与应用等活动,同时担负着大学人才培养、科学研究以及社会服务等功能的一类重要学术机构,基层学术组织见证了大学在历史长河中的沧海桑田、跌宕起伏。无疑,基层学术组织在大学组织结

---

① 薛飞湖.知识生产模式转型与基层学术组织变革[J].现代教育科学,2017(10):1-4.

构体系中扮演着关键的角色,不仅是学科建设及教师发展的"重要阵地",而且也是人才培养与科学研究的"最前线",其治理与运行关乎着大学的发展与声誉。正是基层学术组织有如此重要的地位,大多数人达成了一个基本共识,即大学改革的逻辑起点在基层。诚如有学者所说:"要管理好大学,首先要研究基层,研究生产,在基层了解任务和有关的技术,了解是什么东西使系统成为有生产能力(用工厂工作的术语来说)的系统,然后我们才能知道,哪些管理机构有助于使系统具有生产能力,哪些管理机构对系统起着阻碍作用。"①

　　纵观我国高等教育发展历史,可以知悉,我国大学基层学术组织在不断探索中实现改革,在改革中实现发展。中华人民共和国成立初期,国家满目疮痍,百废待兴,政权的更迭和政治制度的变更对我国的高等教育的发展与改革产生了很大冲击。旧中国时期形成的"大学—学院—学系/研究所"的基层学术组织形式不久便走向了历史尽头,取而代之的是仿照苏联模式构建的"校—系—教研室"的管理模式。在苏联模式下,社会职业分工以及服务专业人才的培养成为基层学术组织创设的基本逻辑。专业取向的基层学术组织主要面向知识传播层次的活动,知识发现的活动则由专门的科研院所承担。② 但历史证明,这样的模式与思路有着先天的缺陷,比如重知识传播、轻知识发现的弊端并不能很好适应时代的发展,尤其是在一批教学型大学向研究型大学转型的过程中,教研室的管理体制更加不能满足科研的需求。因此,随着高校自主权的扩大,我国大学开始纷纷撤系建院,实行学院制改革,撤并教研室建立学系或研究所,渐渐形成了"校—院—系"的三级管理模式,教研室体制出现萎缩,逐步退出了历史舞台。随着"985工程""211工程"建设的深入推进,我国研究型大学的基层学术组织形式逐步向国际经验靠拢,尝试从"校—院—系"三级管理向以院(系)为实体,校—院(系)两级关系的组织结构过渡,院系下设的研究所、研究中心、实验室等基层学术组织的管理职能进一步削弱,成为比较纯粹的学术组织。

　　当下,我国大学基层学术组织呈现出多样化的基本特征,不再千校一面。然而在改革过程中,依然面临着诸多问题与挑战。比如,基层学术组织数量持续扩张导致组织臃肿与组织效率低下,基层学术组织愈加分裂趋向于"巴尔干

---

① 　迈克尔·夏托尔.高等教育的结构和管理[M].王义端,译.上海:华东师范大学出版社,1987:14.

② 　张鹏.基层学术组织是参与高等教育治理的逻辑起点[J].教育发展研究,2015(17):77-79.

化"式的组织割据,以及基层学术组织设置与管理缺乏理性考量和全面审视等问题。换言之,基层学术组织所面临的"牢固学术壁垒、资源不能共享,组织虚置,设置层次混乱、逻辑不清"等问题,破坏了大学内部的学术秩序,造成了大学组织运行的低效等。有学者指出:"基层学术组织在管理上被虚置,其后果是教师在学术生产中缺乏有效协同,学术生产停留在小作坊的生产模式,与建设高水平大学的目标极不适应。"①的确,过于繁多且分散的基层学术组织仿佛一个个鸽笼和筒仓一样,将知识、学科、教师、学生等大学中的重要元素和核心主体隔离开来。在知识生产模式转型和愈发强调学科综合化的今天,这种制度设计和结构安排存在诸多弊端,不利于新时代的科学研究和拔尖创新人才培养。

在一种以基层为主的学科与事业单位的矩阵(高教系统)中,基层革新是一种关键的变革形式。② 不可否认,基层学术组织是大学治理改革过程中的一项重要议题。在当前大学规模不断扩张、功能不断扩展,以及社会经济文化发展中的核心地位不断加强的情况下,优化大学基层学术组织结构显得尤为重要。我国正在大力推进"双一流"建设,2017 年 9 月 21 日,教育部、财政部、国家发改委公布了世界一流大学和一流学科(简称"双一流")建设高校及建设学科名单,"双一流"建设开始进入实践操作阶段。新时代背景下,如何提升基层学术组织的运行效率,如何使大学基层学术组织由相对封闭、分散的状态走向相对开放与协同的状态,如何更加有效地发挥大学基层学术组织的功能等亦成为亟须解决的重大课题。因此,深化高教领域的综合改革,推进双一流建设,尤其需要继续重点着墨于大学内部基层学术组织的治理及改革。

二、研究方法

(一)历史逻辑法

爱弥儿·涂尔干(Emile Durkheim)坚信"想真正理解任何一个教育主题,都必须把它放到机构发展的背景当中,放到一个演进的过程当中"。③ 伊曼纽尔·沃勒斯坦(Immanuel Wallerstein)也指出:"所有社会科学都应该用

① 张鹏.基层学术组织是参与高等教育治理的逻辑起点[J].教育发展研究,2015(17):77-79.

② 伯顿·克拉克.高等教育新论:多学科的研究[M].王承绪,徐辉,郑继伟,等译.杭州:杭州大学出版社,2001:125.

③ 爱弥儿·涂尔干.教育思想的演进[M].李康,译.上海:上海人民出版社,2003:3.

过去时态来写,因为所有科学都必须是历史的、在某一特定时间点上的所有现实都是在先前时间点上发生事情的逻辑结果。"①大学基层学术组织的形成与发展经历了漫长的历史变迁,在研究大学基层学术组织之始,有必要从历史的角度,分析大学在不同国情、不同时期、不同政策背景下的组织改革过程,以探寻背后的逻辑。当然,历史的描述不可能是历史过程单纯的客观再现,还要在史料的基础上对比分析、提出论点,甚至通过想象和推测进行阐释。② 因此,本书将历史研究法与逻辑分析法相结合,力求论从史出、史由证来、史论结合。一方面,从历史的角度,梳理中西方大学发展过程中基层学术组织的演变及特征。另一方面,从逻辑的角度剖析基层学术组织改革的逻辑和内在规律。

(二)案例研究法

案例研究法,即研究者根据研究的需要,选取具有代表性的相关案例进行研究的方法。伯顿·克拉克(Burton Clark)曾说,案例研究的惊人优点在于我们能够把院校的复杂性编成报道,在报道中我们通过间接的统计分析或围绕少数抽象的变量号称假设检验,更加可能接近现场的重大相互作用。③ 本书运用案例研究方法,重点对国外、国内不同大学的基层学术组织进行案例研究。国外案例选取哈佛大学、斯坦福大学以及麻省理工学院三所美国世界一流大学作为个案,着重描述各大学基层学术组织的结构与类型、组织与制度,以把握世界一流大学基层学术组织改革的趋势,及世界学术组织发展的趋势。国内案例则选取 6 所不同办学类型的大学,分析基层学术组织的现状、特征和问题,试图描绘我国大学基层学术组织总体样貌,从而呈现出一幅可看见且更直观的图景。

(三)比较研究法

我国学者吴文侃、杨汉清在其主编的《比较教育学》中指出:"比较研究法是根据一定的标准,对不同国家或地区的教育制度或实践进行比较研究,找出各国教育的特殊规律和普遍规律的方法。"④比较教育通常以"标杆"(benchmarking)为导向,同具有主要表现性指标、目标对象(partner)进行比较,目的

---

① 伊曼钮尔·沃勒斯坦.书写历史[M]//陈启能,倪为国.书写历史.上海:上海三联书店,2004:41.

② 宋文红.欧洲中世纪大学的演进[M].北京:商务印书馆,2010:24-25.

③ 伯顿·克拉克.大学的持续变革:创业型大学新案例和新概念[M].王承绪,译.北京:人民教育出版社,2008:7-8.

④ 吴文侃,杨汉清.比较教育学[M].北京:人民教育出版社,1989.

是向更具优势的比较对象"见贤思齐",寻求改进的方向和订下改进的目标。[①] 从国际趋势与发展方向来看,要以"中学为体,西学为用",参考国外先进经验,还要"立足本地实际情况,放眼世界",把本地的特点重新理解(rephrasing)、重新进行脉络化(recontextualization)。[②] 本书运用比较研究方法,重点对美国大学基层学术组织和我国大学基层学术组织改革进行比较分析,找出它们之间的共性与不同。在立足本土实际的基础上,借鉴美国高校基层学术组织改革的经验,对我国大学基层学术组织改革提出对策和建议。

(四)调查研究法

就国外而言,在收集资料信息的基础之上,对哈佛大学、斯坦福大学以及麻省理工学院三所世界一流大学展开调查。三所大学在近些年基层学术组织改革中,尤其重视跨学科组织的组建。三所大学均设立了一定数量的跨学科组织,这些跨学科组织成为三所大学基层学术组织改革中的一大亮点,斯坦福甚至专门为跨学科研究的有效实施新建了大楼,实现了组织改革与建筑改革的相互融合。研究者深入三所高校,通过史料、实地观察及非正式谈话了解三所大学基层学术组织的改革。就国内而言,对部分高校进行实地考察,与相关高校教师、领导进行非正式对话,了解他们对基层学术组织的看法,及对跨学科的理解和认识。进而,借此获取一手的研究资料。

三、研究问题

1.知识生产与大学之间的关系是什么?

该问题可具体分解为以下三组子问题:(1)什么是知识生产?(2)知识生产主要有哪几种模式?知识生产模式经历了怎样的转型?(3)知识生产与大学之间的关系是什么?

2.西方大学基层学术组织经历了怎样的历史演变?

该问题可具体分解为以下三组子问题:(1)基层学术组织最初的形态是什么样的?呈现出什么样的特征?(2)西方大学基层学术组织经历了怎样的发

① HENDERSON-SMART C,WINNING T,GERZINA T,et al. Benchmarking learning and teaching:developing a method[J].Quality assurance in education,2006(2):143-155.

② SCHWEISFURTH M,ELLIOTT J. When"best practice" meets the pedagogical nexus:recontextualization, reframing and resilience[J]. Comparative education, 2019 (1):1-8.

展与演变？其演变的背后逻辑是什么？（3）我国大学基层学术组织经历了怎样的历史演变？呈现出什么样的特征？

3.美国大学基层学术组织改革呈现出什么样的特征？

该问题可具体分解为以下三组子问题：（1）作为传统的学科型组织，美国大学学系诞生的背景是什么？在知识生产模式转型的背景下，面临哪些挑战？（2）美国大学跨学科组织改革的背景有哪些？主要的改革实践是什么？取得了哪些经验？（3）跨学科组织在美国大学中扮演着什么样的角色？跨学科组织与传统院系等学科组织之间的关系是什么？

4.我国大学基层学术组织在未来的改革道路上有哪些基本构想？

该问题可具体分解为以下三组子问题：（1）我国大学基层学术组织经历了什么样的历史演变？（2）在知识生产模式转型的背景下，我国大学基层学术组织存在的不足与问题有哪些，面临着什么样的挑战？（3）我国大学在未来的基层学术组织改革中，需要遵守哪些基本原则？在跨学科组织的设置与建构中，应该遵循怎样的改革思路与方式？

四、研究框架

本书紧紧围绕"知识生产与大学基层学术组织改革"这一核心问题，遵循"背景描述—呈现问题—分析问题—解决问题"的研究逻辑，围绕知识生产与大学基层学术组织改革的理论体系、国际经验、现实问题进行研究，进而提出我国大学基层学术组织改革的策略和建议。图1-1为本书绘制的研究进展与思路并行的技术路线。首先，通过分析知识生产模式转型、大问题和大科学呼唤新方法、"双一流"建设的国家战略等研究背景，明确知识生产与大学基层学术组织改革研究的必要性与紧迫性，在此基础上梳理相关文献，确立研究对象。其次，根据研究问题分解研究目标，确定理论基础并建立研究框架，运用历史考察与比较归纳相结合、定量研究与定性研究相结合、实地调研与政策分析相结合的方式，沿循学理研究、比较研究、调查研究、策略研究的思路，实现研究目标的递进式突破。最后，结合我国相关政策现状，特别是对大学基层学术组织改革的现实问题和逻辑诉求的精准把握，将改革的方向落脚到跨学科组织上。指出我国大学在基层学术组织改革中，需要守持基层学术组织理性，关注大学的整体效益；优化基层学术组织结构，架起院系合作的桥梁；重视制度的设计与完善，保障学科合作的成效；营造跨学科的文化氛围，鼓励学科交叉与融合。

前期研究铺垫

- 分析研究背景
- 提出研究问题
- 梳理相关文献
- 确立研究对象

知识生产模式转型 ｜ 大问题和大科学呼唤新方法 ｜ "双一流"建设的国家战略

知识生产与大学基层学术组织改革

大学 ｜ 基层学术组织 ｜ 知识生产模式

知识生产与大学基层学术组织改革的理论体系、实践问题、国际经验及改革建议

研究设计与实施

- 明确研究目标
- 建立研究框架
- 设计研究方案

丰富大基层学术组织研究理论体系 ｜ 推进大学基层学术组织改革与优化

学理研究 → 比较研究 → 调查研究 → 策略研究

历史考察与比较归纳相结合 ｜ 定量研究与定性研究相结合 ｜ 实地调研与政策分析相结合

研究结论

- 提出改革建议

守持基层学术组织理性 ｜ 优化基层学术组织结构

重视制度的设计与完善 ｜ 营造跨学科的文化氛围

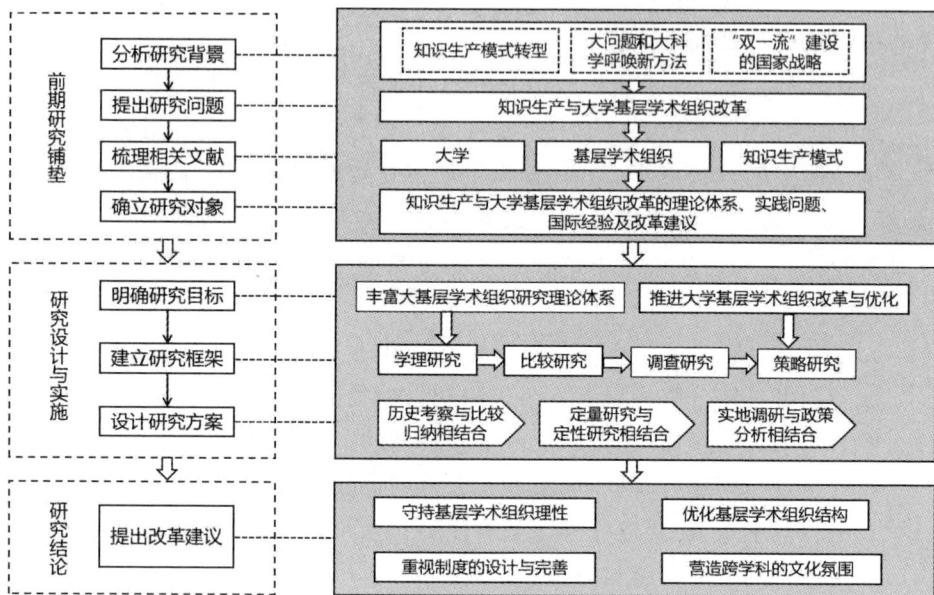

图 1-1　本书研究技术路线图

　　本书的主体内容主要分为六个章节。第一章为学理探讨,主要讨论了大学基层学术组织及相关概念,包括学系、学科化的研究所和研究中心,及跨学科和跨学科组织等。第二章为关系梳理,在对核心概念界定和阐述的基础上,明确了分析基层学术组织改革的维度,即从知识生产的视角理解大学的变迁,从知识生产模式转型的视角研究基层学术组织改革。第三章为历史回顾部分,主要对大学起源以及西方大学典型的基层学术组织形式——讲座制和学系制作了相应的探讨,并重点解读了知识生产模式转型背景下跨学科组织的兴起与发展。第四章为国际比较,本部分以历史逻辑研究和案例研究为基本研究方法,对美国大学学系的诞生、发展与变迁作了详细的论述,描绘了二战之后美国高等教育知识生产的外部景观。在此基础之上,选取麻省理工学院、斯坦福大学、哈佛大学为主要案例,论述了美国研究型大学基层学术组织改革的经验和教训。第五章为本土探索,对我国大学基层学术组织的演进历史、设置逻辑以及知识生产模式Ⅱ时代面临的挑战等方面作了剖析,揭示了我国大学基层学术组织改革的现状、特征及问题。包括基层学术组织的分化与虚置、基层学术组织数量的持续扩张及基层学术组织中的"巴尔干化"式割据等问题。第六章为对策研究,提出我国大学基层学术组织的改革思路和建议,包括改革原则以及改革构想等方面。最后反思了研究的创新之处、不足之处以及

未来研究的展望。

五、研究意义

创建世界一流大学已经成为我国提升综合国力、建设高等教育强国的一项重要的实践工程。围绕着"双一流"建设这一号召,在政府政策强有力的支持下,各高校也开始全面启动了世界一流大学建设的具体实践,包括加大资金投入、招揽高端人才、制定大学章程、审视现代大学制度等等措施。但就大学内部组织结构而言,仍旧有很多问题为人们诟病。比如大学行政组织设置过度庞大导致管理效率的低下,大学组织的过度行政化导致"官本位"问题日益严重,大学学术机构设置的过度细化导致学科专业组织的琐碎化,以及大学组织决策体系的混杂导致大学决策的非民主和简单化问题严重等。[①] 学者斯泰西(Stacey)曾说,人类成功的组织结构不可能是在行动之前造就形成某种共同的意图的实现;相反,成功只能是根据我们确定的不断变化的问题的程序,发现通过我们采取行动出现的模式。[②] 对于世界一流大学建设而言,亦是如此。准确把握世界学术组织的改革与发展趋势,汲取国外世界一流大学基层学术组织改革的经验,不仅对完善和丰富我国高等教育理论有着积极的意义,而且在现实层面上,也将更加有助于加快我国世界一流大学建设的步伐。

(一)理论意义

首先,有利于加深人们对大学组织改革的理论认识。就大学组织而言,自20 世纪 50 年代以来,人们就开始予以了不同分析视角的研究。今天人们难以对已经浩如烟海的大学组织结构研究进行全面的梳理与整合。但我们皆不能否认的一个观点是,大学组织结构的改革必然会成为高等教育改革必须高度重视的问题。因为,大学的发展最后都躲不过来自大学内部的组织结构缺陷带来的结构性制约,当前人们对大学颇多诟病,其要害之一就是大学组织缺陷所致。在现代研究型大学组织中,随着组织规模、帅生规模的不断扩大,大学组织内外部环境也变得日益复杂,组织结构及管理的作用越来越突出,越来越重要。许多管理学家在分析组织活动成败的过程中,甚至得出这样的结论:

① 眭依凡.组织缺陷对大学发展的制约[J].教育发展研究,2010(19):1-7.
② 迈克尔·富兰.变革的力量:透视教育改革[M].中央教育科学研究所,译.北京:教育科学出版社,2004:39.

一个组织生命力的强弱往往与它的组织结构有直接的关系。[①]

其次,有助于人们了解国外世界一流大学基层学术组织改革的现状和趋势。通常而言,西方尤其是美国的高等教育对于我国有着很大的借鉴作用,在我国的高等教育研究中,人们总是期望从比较的视角对中美的大学展开研究,试图找出其中的差距。同样,本书也是如此,在基层学术组织改革中,美国的世界一流大学改革起点早、力度大,也积累了一定的经验。因此,通过比较研究,获取美国一流大学基层学术组织改革相关的材料,有助于深入了解世界一流大学基层学术组织改革的状况。

最后,有利于弥补理论研究在跨学科组织探讨上的不足。基层学术组织是一类复杂多样的组织类型。从历史的发展来看,基层学术组织在内涵和外延上呈现出一定的动态性特征。就世界各国大学的基层学术组织来看,还呈现出阶段性与特殊性。基层学术组织发展至今,已经呈现出了形式多样、类别多样、性质多样以及职能多样的基本特征。尤其是 21 世纪以来跨学科组织的创建与崛起,为基层学术组织研究提供了新的视域。对跨学科组织研究的忽视不利于基层学术组织的改革,同时也背离了世界学术发展的趋势,而对跨学科组织展开研究则有利于丰富基层学术组织研究的相关理论体系。

(二)实践意义

首先,有利于促进现代大学治理的进一步完善。对于大学治理而言,基层学术组织及其治理发挥着举足轻重的作用,既是基础,又是重心。构建科学的基层学术组织结构及其运行机制,对完善大学内部治理结构、突破大学内部组织障碍具有十分重要的意义。[②] 作为大学内部治理体系中的治理单元,基层学术组织治理对大学治理体系的完善发挥着关键作用。因此,基层学术组织尤其是跨学科组织的运行机制与管理机制研究有助于进一步完善大学治理。

其次,有利于加深对学科建设与发展的理解与认识。学科建设意义重大,它是实现高等教育特定职能和任务的客观需要,是学校发展的核心;学科又是教师成长、活动的土壤,对人的发展起着定向和规范的作用,学科水平甚至决定了一所大学的水平。[③] 基层学术组织在学科建设中扮演着关键的角色,作为学科建设的基本载体之一,基层学术组织必然要担负起学科建设与发展的使命。随着知识生产模式的转型,跨学科研究逐渐进入人们的视野,跨学科组

---

① 吴志功.国外大学组织结构设计理论研究概述[J].比较教育研究,1995(4):44-47.
② 魏小琳.治理视角下大学基层学术组织的重构[J].教育研究,2016(11):65-72.
③ 刘献君.论高校学科建设[J].高等教育研究,2000(5):16-20.

织也成了基层学术组织体系中重要的组成部分之一。本书通过对跨学科组织的分析,有助于人们了解学科发展的趋势,从而为学科建设指明方向。

最后,有利于推进我国"双一流"建设的进程。对于世界一流大学的建设路径,即"如何建设"这个话题,学者们进行了较为丰富的探讨。[①] 虽然世界一流大学建设研究呈现出繁荣的基本态势,但还有很多问题被遮蔽。随着"双一流"建设的推进,我国越来越多的研究型大学建立了强大的学科计划,但与此同时也创造出了强大的学术力量迫使学术社会离散,这种风险是不应该被忽视甚至不应该被低估的。从这个角度说,研究大学基层学术组织改革有助于人们把握学科的发展趋势,并对何谓"一流学科"及"如何建设一流学科"取得理性认识,以期为我国"双一流"建设提供实践上的指导。

---

① 胡薇.世界一流大学相关文献概述[J].国际高等教育,2014,(7)5:123-133.

第二章
大学基层学术组织及相关概念

那些用全面综合的形式阐述目的或概括高等教育特点的人，是典型地、重复地从错误的端点出发的人。他们从系统的顶端开始，而高等教育中最佳的端点是基层。①

——伯顿·克拉克

第一节　大学基层学术组织

一、基层学术组织的内涵

2000 年年初,东北大学朱志良在学术论文《强化高校基层学术组织改革培养和造就高水平的教学、科研队伍》中首次提出了基层学术组织改革,并就改革的必要性、改革的模式等方面进行了相关论述。对于基层学术组织的认识,作者在文中指出:"基层学术组织是高校最基础的组成细胞,其形式、结构、任务随不同的历史时期、不同的国家和地区的社会、经济、科技、文化的发展而变化。它没有完全统一的模式和标准,各高校可以有自己的特色。"②对基层学术组织的理解,不同学者有不同的认识。在早期的研究中,陈何芳将大学基

① 伯顿·克拉克.高等教育系统:学术组织的跨国研究[M].王承绪,徐辉,殷企平,等译.杭州:杭州大学出版社,1994:25.
② 朱志良.强化高校基层学术组织改革　培养和造就高水平的教学、科研队伍[J].中国冶金教育,2000(1):30-31.

层学术组织描述为相对于高层（大学）和中层（院系）而言的最低层次的学术组织。① 此后陆续有学者撰文并从各自的角度阐释了自身关于基层学术组织的理解。在向东春看来，大学基层学术组织生命蕴含于"学术性的坚守"、"独立性的维护"和"团队精神的高扬"这三大属性之中，大学基层学术组织是"学术共同体"。② 相较于宏观上的认识，郑晓齐、王绽蕊等人则从"基层""学术""组织"三个关键词切入，认为基层学术组织是指大学纵向结构中最低层次的直接处理高深学问的学术组织，是由掌握了同一、相近或彼此相互关联的高深学问的专业人员组织成的学术共同体。③ 后来也有学者在对基层学术组织进行概念界定的基础上，分析了影响基层学术组织改革的相关因素。比如，项聪详细探讨了我国高校基层学术组织变迁的制度逻辑，认为"高校基层学术组织是高校组织结构中承担人才培养、科学研究和社会服务职能的最低层次的组织。高校基层学术组织在改革的过程中，不仅受到大学规模、功能扩大等各种因素的影响，而且还受到本国经济体制、政治体制、文化观念的制约"。④ 朱家德强调："基层学术组织在不同国家、不同时期有不同的含义，基层学术组织是指基于学科的一种学术建制，是大学内部行政权力与学术权力的交汇点，具体为大学内部的院系或学部、讲座。"⑤ 近些年，随着研究的逐步深入，人们对大学基层学术组织概念上的界定也呈现更为具体化的基层特征。有学者认为："大学基层学术组织是大学内部最底层的学术单位，组织实体形式之间无明显的权力等级差别，以完成组织任务与职责为共同目标。"⑥ 魏小琳从治理的视角指出："大学中直接从事高深学问和人才培养的最基层、最基础的正式组织和学术生产单元，其学术能力、学术效率和学术活力不仅决定着大学的学术声誉、教育质量和科研服务贡献，而且还决定学校的办学效益和综合实力，因而是大学发展的'细胞'。"⑦

---

① 陈何芳.中国大学基层学术组织改革研究[D].武汉：华中师范大学，2002：5.

② 向东春.大学基层学术组织的属性透视[J].高等工程教育研究，2006(3)：104-106.

③ 郑晓齐，王绽蕊.研究型大学基层学术组织改革与发展[M].北京：清华大学出版社，2009：21.

④ 项聪.我国高校基层学术组织变迁的制度逻辑：基于历史制度主义的分析[J].中国高教研究，2011(6)：23-28.

⑤ 朱家德.基层学术组织自治：西方大学自治的实践与中国大学的一个现实命题[J].中国高教研究，2010(9)：26-29.

⑥ 刘玉山，汪洋.我国大学基层学术组织结构的特征探析[J].高等农业教育，2013(7)：60-62.

⑦ 魏小琳.治理视角下大学基层学术组织的重构[J].教育研究，2016(11)：65-72.

从历史发展的角度看,基层学术组织并不是一个处于静止状态的概念,而是变化演进的,处于动态之中。基层学术组织也不是一个普适的概念,而是带有国家背景和文化背景的,并受到多种因素的影响,包括来自大学自身职能与规模、知识发展、学科分化、国家政治、文化等多种因素的制约。[①] 从教研室到研究所以及研究中心,再到交叉平台及研究基地,从学科型组织到跨学科型组织等,基层学术组织的发展呈现出了一种多样性与开放性的基本态势。从国际比较的角度看,各国基层学术组织呈现出的形式与结构、管理与运行机制以及组织文化也都不尽相同。从基层学术组织的相关职能上看,各类型的组织之间也是有一定差异的。比如,学系承担着主要的教学职能,而研究所、研究中心等基层学术组织则主要以研究为主。即便是研究所与研究中心等在名称上相同,但不同的研究所、研究中心之间也是有区别的。比如有的研究所、研究中心等还承担着学科建设的任务,而有的研究所及研究中心则主要面向社会和企业,并不涉及学科建设。教育部原部长周济曾对我国大学基层学术组织改革的现状进行了论述,指出我国大学基层学术组织经过改革与调整初步形成了三种模式。分别为院系管教学、所室管科研;在院系的体制之外建设一批高水平的科技创新平台,进一步形成更大规模的科研组织模式;产学研结合。[②] 周济的论述为人们理解基层学术组织的内涵和类型提供了清晰的理论指导。概括而言,基层学术组织主要指大学组织体系中承担一定学术要务并担负知识发现、传播及应用职责的基本学术单位,基层学术组织形式多样,名称不一,既包括传统的学科型组织,也包括跨学科组织;既包括教学型组织,也包括研究型组织。

二、基层学术组织的特征

(一)组织结构松散

组织结构松散是大学基层学术组织的显著特征,扁平化的组织结构形式体现了基层学术组织等级观念弱化的特质。具体而言,基层学术组织结构松散性主要体现在以下几个方面。首先是组织成员的独立性。作为从事学术工作的个体,大学基层学术组织成员受外部环境制约和影响的因素较小,具有高于商业组织和工厂等组织员工的独立性和自主性。从知识生产过程中协作的

---

① 陈何芳,陈彬.大学基层学术组织的历史演变及其启示[J].高教探索,2002(4):48-51.
② 周济.谋划改革的新突破 实现发展的新跨越[J].中国高等教育,2004(17):3-8.

程度来看,组织成员之间也大多停留在有限的交往和协作,更多时候是一种独立式的、根据各自研究兴趣和偏好展开的学术工作。其次,基层学术组织成员构成或者说队伍建设呈现出弱稳定性的态势,尤其是在以完成短期任务或特定课题为目的成立的基层学术组织中,成员之间的流动较为频繁,其对于基层学术组织没有太大的归属感,而是更加依赖学科,这也间接导致基层学术组织结构松散性的形成。不过,基层学术组织的松散性特征有其合理性,甚至有显著优势。如迈克尔·夏托克所说:"松散联合的系统比紧密联合的系统能容纳更大量的变化和解决问题的新奇办法;松散的联合可允许组织中的子单位人员有更大的自主决定权,从而使他们提高处理事务的水平,在他们中间产生更大的效能感。"[①]大学基层学术组织的"最大需求莫过于这样一种看似混乱的局面:个人和团体都各显神通,彼此间的矛盾都通过非正式或半正式的渠道来协商解决。这种方法往往能够取得用严密的组织控制的方式所无法取得的效果"。[②]

(二)组织形式多样

组织形式多样是大学基层学术组织特征的典型表现,基层学术组织并不是某一具体形式的特定学术组织,而是一个囊括了多种组织形式的集合体。换言之,基层学术组织只是一个用以表述系、研究所、研究中心、研究基地、实验室等多种组织机构的学术话语。正缘于此,无论是从时间还是空间的维度,基层学术组织的形式都是多样的,而非单一的。从时间的维度来看,中西方大型基层学术组织均经历了多种形式的组织变迁。比如西方大学讲座制的兴起与衰落,到近一个世纪的"学系主导",再到学系继续存留与发展的基础上,所涌现的研究所、研究中心、研究院等新型基层学术组织,这些新型基层学术组织与学系相辅相成,共同构成了大学基本的"建筑块料或操作单位"。我国大学同样如此,基层学术组织也在历史长河中进行了相应的演进和变迁。国民政府时期,基层学术组织主要表现为仿欧美建制的系所模式。新中国成立初期,高等教育办学体制全面学习苏联,仿苏联建制的教研室(组)取代系所成为主要的基层学术组织。改革开放之后,高等教育发展迎来了新的契机,基层学术组织也更为多元和丰富,进入到模仿借鉴与自主探索下的多样化模式阶段。

①　迈克尔·夏托克.高等教育的结构和管理[M].王义端,译.上海:华东师范大学出版社,1987:33.

②　伯顿·克拉克.高等教育系统:学术组织的跨国研究[M].王承绪,徐辉,殷企平,等译.杭州:杭州大学出版社,1994:311.

发展至今,取得了显著的历史成就,并形成了院系管教学、所室管科研,独立的创新型科研组织,以及产、学、研结合这一基本模式。而从空间的维度来看,无论是西方还是我国,今天的大学基层学术组织都不再是某类单一的组织形式,而是呈现出了多种基层学术组织形式共存共荣、"百家争鸣,百花齐放"的组织景象。

（三）组织运行灵活

大学基层学术组织结构松散、形式多样、各具特色,因而其运行机制也相对灵活。不同类型的基层学术组织都有符合其自身特点并适应其自身发展的运行机制。比如,在组织性质上,基层学术组织既可以是实体建制,也可以是虚体的方式;在设置程序上,既可以由大学行政部门根据特定时期的战略规划自上而下进行设置,也可以由对某一研究问题或研究领域感兴趣的教师群体自下而上成立基层学术组织。在行政隶属上,基层学术组织属于不同层级的管理机构,既可以隶属学校,也可以隶属院系。比如学系通常隶属学院,而类似于研究所或研究中心等新型基层学术组织既可以隶属学院获得与学系并列的地位,也可以由学校直接管理。在机构撤销上,学系一般比较稳定,可以围绕学科专业开展教学研究任务并长期运行下去,而研究所、研究中心等新型基层学术组织通常则是按需设立,这类组织在完成任务、评估不合格或者失去经费支撑后就会面临被撤销的风险。在成员构成上,既可以由相同学科背景的师资队伍构成,如大多数学系;也可以由不同学科背景或者多学科背景的教师构成,如跨学科组织。在规章制度上,由于不同类别基层学术组织的实际情况各有不同,因而在人员引进、经费获取和使用、设备配置、奖惩措施等诸方面也有各自特色。

三、基层学术组织的治理

基层学术组织在大学组织系统中扮演着关键角色,制度安排与治理体系直接影响着大学的学术生产力。在已有的研究成果中,有学者将基层学术组织比喻为现代大学制度的"底座",并指出"基层学术组织的调适与'再造'是催化大学效能、激发大学活力的动力源"①。的确,从本质上来讲,以知识为基础

---

① 汤智,李小年.大学基层学术组织运行机制:国外模式及其借鉴[J].教育研究,2015(6):136-144.

的组织是分权性的,或用组织学的术语讲是"底部沉重"(bottom-heavy)的。[①]
关于基层学术组织的合法性问题,也有学者进行了简要阐述,并指出:"从理想
的状态而言,基层学术组织自治的合法性与可行性蕴藏在大学组织的特性之
中。作为底部沉重的组织,大学有效治理的实现与学术心脏地带的激活,关键
在于基层学术组织自治。"[②]大学组织是一个联结复杂的学术系统,在众多学
术单元中,只有基层学术组织才是大学直接从事知识生产、传播、应用等活动
的基本单位,即大学治理与发展的动力来自基层。[③]

　　在我国高等教育转型升级过程中,研究基层学术组织这个二维矩阵的运
动轨迹、动因以及改革的路径,对于高等教育治理体系和治理能力现代化建设
具有十分重要的意义。[④] 关于大学治理的研究,无外乎三个层面:高层治理、
中层治理以及基层治理。一段时间以来,提及大学治理,人们更青睐于将研究
对象聚焦于大学的高层治理以及中层治理层面,喜于宏大叙事,宏观治理,似
乎不太热衷于基层的治理研究。基层治理是学术治理的核心地带,也是学科
建设以及科研产出的重要保障。可以说,大学治理的逻辑起点在基层,只有基
层学术组织运行顺畅和有效,才能保障大学各项组织功能的正常发挥。

　　鉴于基层学术组织在大学治理中的重要角色和地位,人们开始意识到基
层学术组织治理是大学治理的关键所在,并将目光投向于大学基层学术组织
治理这一研究议题。马廷奇在研究大学学术组织的生成与发展机制基础上,
指出大学基层学术组织及学术人员的个体活动领域存在"负向功能"的困境,
主张研究应从大学组织的顶端向"基层"转移和深入,并倡导大学的制度创新,
坚持"学术为本""教师为本"。[⑤] 宣勇等人认为大学基层治理中的核心要素是
学科制,并研究了大学学科组织的生长标志、方式、周期以及规律,提出了大学
学科组织的生成与生长策略。[⑥] 因为基层学术组织是有效实现大学职能的重

① 罗杰·盖格.大学与市场的悖论[M].郭建如,马林霞,等译.北京:北京大学出版社,
　 2013:2.
② 姚荣.激活学术心脏地带:中国大学基层学术组织自治如何走向制度化[J].清华大学教
　 育研究,2016(2):72-79.
③ 伍醒.知识转型与大学基层学术组织变革的历史考察[J].中国高教研究,2015(11):55-
　 59.
④ 沈瑞林.我国高校基层学术组织变革及其路径探究:基于伯顿·克拉克高等教育系统
　 理论视角[J].江苏高教,2016(1):19-22.
⑤ 马廷奇.大学组织的变革与制度创新[D].武汉:华中科技大学,2004.
⑥ 宣勇,张金福.学科制:现代大学基层学术组织制度的创新[J].教育研究,2007(2):33-
　 37.

要学术单元,基层学术自主权同样具有重要的现实意义。正如我国著名高等教育学者潘懋元所言:"基层的自主权是职能健康发展、兴旺发达的重要前提。"①徐文娜着重剖析了大学基层学术组织的学术权力结构问题,从核心概念的界定到对大学基层学术组织学术权力的历史回顾、成因分析,再到对我国大学基层学术组织学术权力关系错位问题进行分析并提出了合理化的建构策略。②

总的来说,基层学术组织治理是大学治理体系和治理能力现代化进程中的一项重要议题,良好的基层学术组织治理是大学治理效率和治理能力的重要体现。实质上,西方国家的大学在大学治理过程中尤为强调基层,并将治理的重心置于基层。比如,美国高校的院系及研究机构等都是重要的治理单元,在大学治理体系中扮演着关键的角色。

第二节　学系及研究中心(所)

一、学系

对于学系的研究,西方学者研究兴趣主要集中在学系诞生的历史、学系的治理以及学系的文化等方面。1970 年,保尔·德雷塞尔(Paul L. Dressel)与多纳德·里查尔德(Donald J. Reichard)曾撰文专门对美国大学学系的历史与未来做了回顾与阐释。他们在文中指出:"美国学系的诞生是多重力量作用下的产物,与高等教育内外部环境的变化有着不可分割的关系。"③文中不仅较为详细地论述了学系对于美国大学发展所起到的作用,还剖析了学系的若干弊端以及人们对学系的相关批评与指责。同年,杜克大学治理委员会通过对杜克大学学系治理的调研,公开出版了《学系治理》的报告。在该报告中,对系主任的角色、任期、遴选、权力,教师与学生参与学系的治理机制等问题做了

---

① 潘懋元.多学科观点的高等教育研究[M].上海:上海教育出版社,2001:342.

② 徐文娜.大学基层学术组织的学术权力结构研究[J].东北大学学报(社会科学版),2009(2):165-169.

③ DRESSEL P L , REICHARD D J. The university department:retrospect and prospect[J].Journal of higher education,1970,(41)5:387-402.

具体的描述。[①] 一方面,该报告为人们深入了解杜克大学学系治理的模式及运行机制提供了材料,另一面,该报告也从某种程度上映射了美国大学学系治理的整体现状。

此后,相继有学者开始关注系主任的角色及其领导力,并撰写学术文章对系主任这一个体展开系列研究。较为典型的有艾因·赫克特(Irene W. D. Hecht)、玛丽·黑格森(Mary Lou Higgerson)、沃特尔·盖默尔(Walter H. Gmelch)以及艾伦·塔克尔(Allan Tucker)等人撰写并于 1999 年出版的《作为学术领导者的系主任》(The Department Chair as Academic Leader)一书,该书对系主任在过去以及当下的角色和责任作了解读,而且也勾画了学系主任应扮演的角色和承担的责任。该书还对学系这一组织及其系内成员、学系组织及其运行、学系组织和大学组织的联系等方面作了详细的探讨。[②] 该书是研究学系以及学系主任的代表作,在美国学术界引起了不小反响,尤其是对于系主任而言,为他们更好地履行领导者使命提供了良好参考。除此之外,还有学者关注美国学系的组织文化研究,并取得了显著研究成果。比如亚利桑那大学教授杰尼·里(Jenny J. Lee)曾从实证角度对学系文化与大学文化以及与学科文化之间的相互关联及影响做了探究。他认为从组织文化的角度理解学系,或许是一种最好的方式,学系的价值观念、信仰、设想等系列元素都是大学文化中的一部分,大学组织以及学科都与学系文化的塑形有着重要的关系。[③]

二、研究中心与研究所

克拉克根据学术系统的操作对象,从知识的维度将大学内部学术组织分为两大群类,知识领域比较狭窄的一类为讲座、研究所和学系的群类,知识领域比较宽泛的一类为学部、专业学院和普通学院的群类;并且认为"讲座、研究

① The Commission on University Governance. Departmental governance[R].Duke University,Durham,N.C. 1970.
② HECHT W D,HIGGERSON M L,GMELCH W H,et al. The department chair as academic leader[M]. Phoenix:The Oryx Press,1999.
③ LEE J J. The shaping of departmental culture:measuring the relative influences of the institution and discipline[J]. Journal of higher education policy and management,2007,29(1):41-55.

所和学系的群类,是基本的建筑块料或操作单位"。① 随着大学发展以及外部环境的变化,作为传统的学科型组织,学系逐渐暴露出弊端及其不适应性。因此,在大学内部,涌现出了研究所、研究中心等一批形式多样的新型的基层学术组织。对于此类组织,有学者将其称为"有组织的研究单位"(organized research units),并将其界定为"有独立的、相对稳定的不依赖学系拨款的预算,由一位行政人员(通常是从教授或同等级别的人员中选择)进行管理,有专职人员和明确的任务,并且至少要从大学之外,主要是从联邦和州政府、私人企业和基金会获得研究经费的一种学术组织"。②

此外,学者波兹曼(Bozeman)将研究中心定位为以问题取向的组织机构,并指出"研究中心的特点是一般按照问题设置,以研究为首要任务而存在,通常由外部或者联邦的资金支持,经常与来自产业界以及其他大学的合作"。③学者斯坦利·伊肯伯里(Stanley O. Ikenberry)和瑞尼·弗莱德曼(Renee C. Friedman)出版的专著《学系之外:研究所和研究中心的故事》(*Beyond Academic Departments:The Story of Institutes and Centers*)对研究所和研究中心这类研究机构进行了丰富的描述和叙说。20 世纪 90 年代中期,斯塔勒(Stahler)与塔什(Tash)通过考察访问学者们的看法、所在中心的规模、经费构成比例等,对研究型大学中研究中心的作用进行了实证研究,结果显示研究中心在研究型大学的科研及学术声望方面扮演着极其重要的角色。

然而,研究中心以及研究所这类学术组织在高等教育领域内一直是一个有争议的话题。尽管在某些情况下,这类组织可以为研究生、博士后以及一些兼职教员在某一特定领域提供有价值的培养场所和经验,但是在很大程度上,其并不是大学教育使命的主要承担者。也许少数人会辩称,大学的重要使命之一就是通过科学研究进而促进新知识的发现,但却有很多人会反驳,研究中心对于这一功能的实现并不能起到关键性的作用。因为,几个世纪以来,学系范围内的组织类型已经很好地承担并实现了科研以及知识创新的功能,而研

---

① 伯顿·克拉克.高等教育系统:学术组织的跨国研究[M].王承绪,徐辉,殷企平,等译.杭州:杭州大学出版社,1994:42.
② STAHLER G J,TASH W R. Centers and institutes in the research university:issues,problems, and prospects[J].Journal of higher education,1994,65(5):540-554.
③ BOZEMAN B,BOARDMAN C. The NSF engineering research centers and the university-industry research revolution:a brief history featuring an interview with erich blotch[J]. Journal of technology transfer,2004(29):365-375.

究中心或研究所却经常会缺乏一些智能核心等要素。[①]

第三节　跨学科及跨学科组织

一、跨学科

　　自跨学科映入学术视野至今,研究者出于自身理解角度的不同给出了相关的认识和界定,见仁见智。从字面上理解,跨学科指的不是单个学科问题,而是两个或多个学科的问题。或者说是学科之间如何打破学术壁垒,实现学术资源共享并建立有效合作的问题。西方学术界对于跨学科的认识较早,国际经济合作与发展组织(OECD)下设的教学研究与创新中心(Center for Educational Research and Innovation,CERI)在 1972 年曾组织一次专门以"跨学科"为主题的研讨会,会议论文结集成册,并对"跨学科"做出了系统性的定义,指出"跨学科旨在整合两个或多个不同的学科,这种学科互动包括从简单的学科认识的交流到材料、概念群、方法论和认识论、学科话语的互通有无,乃至研究进路、科研组织方式和人才培养的整合"。[②]

　　若要更为深入地理解跨学科的含义,有必要理解与跨学科相关的一组概念。面对学科的综合化趋势,学科地位受到了一定程度的冲击,跨学科进入人们的视野。基于此,人们对学科的交叉与融合提出了一组相类似却又不完全相同的概念,克莱恩(Julie Thompson Klein)指出,在 20 世纪 60 年代到 70 年代期间,人们青睐的不只是跨学科,同样人们还提出了"多学科"(multidisciplinarity)概念。[③] 马塞(L C Masse)等人后来提出了"交叉学科"(cross-disci-

①　STAHLER G J,TASH W R. Centers and institutes in the research university:issues,problems,and prospects[J].Journal of higher education,1994,65(5):540-554.

②　OECD. Interdisciplinary:problems of teaching and research in universities[M]. Paris:Organization for Economic Cooperation and Development,1972:25-26.

③　KLEIN J T. Crossing boudaries:knowledge, disciplinarities, and interdisciplinarites[M]. Virginia:University of Virginia,1996:10.

plinarity)的概念。① 当然,有时候人们还会谈及另外一个与跨学科相似而且容易发生混淆的概念——"超学科"(trandisciplinarity)。

这些概念背后的细微差别表明了人们对学科合作范式理解上的不同。1972 年 OECD 的报告对不同类型的跨学科活动做了较为详细的论述:(1)多学科(multidisciplinarity),一般是指将各学科知识并置在一起,有时学科之间并无明显联系,例如音乐、数学和历史;(2)复合学科(pluridisciplinarity),将多少有些联系的学科并置在一起,如数学与物理,还有就是法国的"经典人文"将法语、拉丁语和希腊语并置在一起,复合学科通常被包含于多学科范畴内;(3)跨学科(interdisciplinarity),表示两个或多个学科的交互活动;(4)超学科(transdisciplinarity),意指一组学科建立某种共有的原则体系。②

人们赋予了跨学科更为丰富的内涵与意蕴,在跨学科活动发展近百年间,它"曾被理解为一个概念、一种思路、一套方法或具体操作,有时还被理解为一种哲学或自反的观念体系"。③ 但跨学科研究是为了解决单一学科所无法应对的问题而形成的一种研究思路和研究方法。通过跨学科研究,不同领域内的专家能够碰撞出思想的火花,更容易产生创新型的科研成果。

二、跨学科组织

明晰跨学科研究组织的定义是探索跨学科组织的基础,对我们研究跨学科组织的内涵、模式、运行机制都有重要的意义。目前,对跨学科组织的概念和特点还在争论中,国内外已有的定义也不多。克莱因在研究了跨学科组织的历史后,认为跨学科组织成功的关键因素在于行政与制度上的支持、足够的基金、开放性的交流与共同权利、相似的教育背景以及实际应用与技术转让的机会。④ 盖格(Roger L. Geiger)于 20 世纪 90 年代对大学跨学科学术活动进

① MASSE L C,MOSER R P, STOKOLS D, et al. Measuring collaboration and transdisciplinary integration in team science[J].American journal of preventive medicine, 2008 (35):151-160.

② OECD. Interdisciplinary:problems of teaching and research in universities[M]. Paris: Organization for Economic Cooperation and Development,1972:25-26.

③ KLEIN J T. Crossing boudaries:knowledge, disciplinarities, and interdisciplinarites [M]. Virginia:University of Virginia,1996:196.

④ KLEIN J T. Crossing boudaries:knowledge, disciplinarities, and interdisciplinarites [M]. Virginia:University of Virginia,1996:39.

行了研究,他认识到美国大学传统的学系组织在进行跨学科活动中的局限性,认为在强调学系组织作为承担教学任务的基本单元的同时,还需要根据研究问题建立"有组织的研究单位"(Organized Research Units,ORUs),进而用于提高大学开展复杂问题研究的能力。① 21世纪以来,世界正处于一个迅速变化的时代,社会上的各类组织在内外部环境的刺激下,几乎均表现出一种革新的姿态。对于高等教育而言,全球范围内的许多公立大学的一类组织——学术单位(academic units),诸如学部、学院、学系(departments,schools,faculties)等亦处于日益复杂和动荡的环境中。过去的一个世纪,此类学术组织亲历了类似外部环境的变化。② 面对外部环境的变化以及知识生产模式的转型,传统的学科型组织已经不能很好地适应新时期大学发展的需求,相反,基于跨学科研究的跨学科组织成为大学组织改革中的"新宠"。正如拉图卡(Lattuca)所说:"大学院系组织形式及其管理机制是影响高校跨学科研究活动的一个主要障碍。"③

　　关于跨学科组织的论述在中西方学术界还有很多,在实践中甚至有不少一流大学创建了独立的跨学科研究机构。无论是传统的基本建筑模块——学系,还是后来出现的以研究所、研究中心为主要形式的新型基层学术组织,面临学科交叉的发展趋势,研究型大学基层学术组织的改革发展要能够适应跨学科研究的时代需求。实质上,自二战以来,跨学科组织便成为美国研究型大学重要的基层学术组织类型,跨学科组织的出现改变了大学的研究活动长期集中在院系等传统学科型组织中的局面,同时也标志着大学基层学术组织在制度设计、人员构成、运行方式等方面发生了重大改革。跨学科组织有其自身的特点和规律,综合前人的研究,本书将跨学科组织定义为:整合多个学科、汇聚多个学科专业人员并且具有明确的研究目的和运行机制的组织机构。

① GEIGER R L. Organized Research Units—their role in the development of university research[J]. Journal of higher education,1990,61(1):1-19.
② DE ZILWA D. Academic units in a complex, changing world[M]. Netherlands:Springer,2010.
③ 伍醒.知识演进视域下的大学基层学术组织变迁[M].杭州:浙江大学出版社,2016:12.

第三章

知识生产与大学之间的逻辑关系

在不足一代人的时间里，我们见证了在科学组织、管理和实施方式中发生的一个根本性的、不可逆转的、遍及世界的变革。所有的认识结构包括大学、研究机构、政府研究所和工业实验室等都发生了变化。[①]

——约翰·齐曼

第一节 关于知识生产的阐释

一、关于知识生产的界说

关于知识生产的界说，似乎更多地活跃在经济学领域。经济学家热衷于将知识作为经济分析中的一种资料，抑或将知识作为一种产品、资源分配的函数，讨论知识生产与经济发展之间的关系。比如经济学家弗里茨·马克卢普（Fritz Machlup）曾说："工艺知识的发展及由此带来的生产率的增长，肯定是分析经济增长和其他经济问题的重要因素。知识，特别是工艺知识的积累，在经济模式中习惯地被认为是外生因素或趋势函数。"[②]人们借助知识生产探讨社会经济、需求和成本、价格和剩余，构建出了用以分析经济发展的数学模型，

---

① 约翰·齐曼.真科学：它是什么，它指什么[M].曾国屏，等译.上海：上海科技教育出版社,2008：80-81.

② 弗里茨·马克卢普.美国的知识生产与分配[M].孙耀君，译.北京：中国人民大学出版社,2007：5.

并回答相应的经济问题。然而,知识与教育之间有着天然的关联,知识与教育是相互并行、不可割裂的话题。一方面,教育是知识筛选、传播、分配、积累和发展的重要途径;另一方面,知识又是教育的重要内容与载体,离开了知识,教育就会成为无米之炊,各种各样的教育目标(如技能、能力、态度、情感、人格等等)也就无法达成。因此,深入地理解知识与教育之间的这种内在关联是深入地理解一个时期社会教育形态的必要前提。①

知识生产作为促进人类发展的社会性活动,自然离不开对其本质的解读与阐释。在研究的过程中,人们对知识生产的论述倾注了不少的笔墨与精力。对于知识生产的理解,弗里茨·马克卢普说:"如果我们意识到人们所掌握的东西就是'知识',而人们正在学会掌握所不了解的东西的活动就是'知识生产'。"②弗里茨·马克卢普将知识生产等同于学习过程或者探寻真理的过程,在他看来,知识的学习、传播与传承同样属于知识生产的范畴。区别于弗里茨·马克卢普的看法,经济合作发展组织(OECD)将知识生产界定为:"知识的创造和创新,或者新的研究成果的出现,包括传统科学和技术知识以及其他一切知识的制造或创造。"③学者李建华则认为:"完整知识生产包含两个阶段:一是新增知识的获得,即知识创新,二是知识创新的传播,即知识复制。"④杜月生在对知识生产探讨的过程中这样说道:"知识生产即知识的增进,也就是新知识的生产。"⑤此外,还有许崴等人从狭义和广义的角度对知识生产予以界定。认为狭义的知识生产指新知识的生产,广义的知识生产指知识的原创性生产和复制性生产过程的总和。⑥ 从以上的探讨可知,知识生产大致包含了两个层面的意蕴。一是人们未知的东西怎样生产出来的过程,即"创新"过程,二是已经成功创新的知识成果在社会大众中的传播,即"传播"过程。

知识生产并不仅仅指知识的创新和创造,广义上来讲,知识的传播与共享也构成"知识生产"的一部分。从知识生产活动来讲,知识作为一种认知的状

---

① 石中英.知识转型与教育改革[M].北京:教育科学出版社,2001·1.

② 弗里茨·马克卢普.美国的知识生产与分配[M].孙耀君,译.北京:中国人民大学出版社,2007:5.

③ 经济合作发展组织.以知识为基础的经济[M].北京:机械工业出版社,1998:17.

④ 李建华.知识生产论:知识生产的经济分析框架[M].北京:中国社会科学出版社,2008:95.

⑤ 杜月生.论知识生产及其经济特征[J].深圳大学学报(人文社会科学版),1999(6):46-51.

⑥ 许崴.试论知识生产的构成要素与特点[J].南方经济,2006(12):53-55.

况主要产生于两种不同的活动。第一种是倾听、写作和阅读等活动。此活动至少涉及两个人，一个是知识的传递者，另外一个是知识的接受者。被生产出来的有关某些事物或思想的知识，至少对知识的传递者来说是已知的，而知识的接受者则是有意识地接受它。第二种活动是发现、发明、直觉，只有某个独立的个体或团体参与。这种认知状况所产生的知识，可能是别人不知道的事物或思想。① 知识并不是简单的自我生产，而是在社会和文化的环境中产生的；它是一个与社会相关联的体系，是文化本身的理解与交融；或者，用福柯的话来说，是一个权力体系或广泛的实践体系。②

大学作为探究高深学问的场所，在知识生产方面扮演着举足轻重的角色。虽然大学对知识不再享有绝对的控制权，但在当代社会，大学仍然是进行知识生产的核心机构，与知识创新以及知识产业的兴起有着不可分割的联系。人才培养、科学研究以及社会服务等三项大学基本职能就是知识生产发生的过程，尤其是科学研究，是从事知识创造与创新的重要学术活动，以至于人们将狭义的知识生产等同于研究活动，包括基础研究、应用研究、开发研究等都属于核心的知识生产活动。知识生产在现实社会中有多重功能，不仅可以作为一个核心指标分析经济的变化趋势，也可以作为一项关键自变量分析大学的转型与变革。

二、两种知识生产模式

20 世纪 90 年代初期，学者迈克尔·吉本斯（Michael Gibbons）等人在著作《知识生产的新模式——当代社会科学与研究的动力学》（*The New Production of Knowledge: The Dynamics of Science and Research in Contemporary Societies*）一书中首次将知识生产模式区分为模式 I 和模式 II，并对知识生产模式 II 做了较为详细的阐述。该书开篇即认为当代知识的生产方式（包括科学知识、社会知识和文化知识）都在发生根本性变化，并在此基础上提出了知识生产模式变化的新观点。吉本斯等人指出："已经观察到并且被鉴明的变化，正在表现出与以往不同的新特征，这些特征出现在科学和学术活动的诸多领域，而且持续出现，可以被认为形成了知识生产方式的新趋向。而这些

---

① 弗里茨·马克卢普.美国的知识生产与分配[M].孙耀君，译.北京：中国人民大学出版社，2007：11.

② 杰勒德·德兰迪.知识社会中的大学[M].黄建如，译.北京：北京大学出版社，2010：22.

新趋向又在那些当代被定义为前沿的领域和那些被认为是其领域的带头人中最频繁地发生着,以至于很难把它们视为是一种偶然现象,而且从不同侧面表现出的各种趋向并不是孤立的,而是相互交织在一起,这些变化及其特征表明新的知识生产模式正在形成。[①]

《知识生产的新模式——当代社会科学与研究的动力学》一书不仅分析了知识生产模式Ⅰ和模式Ⅱ在机制、观念、实践以及政策等方面的变化,还讨论了如何制定和实施新的科学政策以适应新的知识生产模式。吉本斯等人指出传统的知识生产模式Ⅰ是指基于牛顿模式的科学研究,以单学科研究为主,而知识生产模式Ⅱ是指在应用环境中,利用交叉学科研究的方法,更加强调研究结果的绩效和社会作用的知识生产模式。吉本斯等人提出的知识生产模式转型这一论点受到了学术界广泛的关注与讨论,之后,相继有中西方学者对知识生产新模式予以引用及阐释。2001 年,迈克尔・吉本斯等人再次推出著作《反思科学:不确定性时代的知识与公众》(*Re-thinking Science:Knowledge and the Public in an Age of Uncertainty*),该书对知识生产模式Ⅱ进行了更为具体的讨论,在谈及知识生产模式转型的背后因由时,吉本斯等人指出:"知识生产模式的根本性变化是从'自治文化'转向'责任文化',而导致知识生产模式转型的主要社会情境有:科学研究商业化;高等教育系统的快速发展;人性在知识生产中扮演的特殊角色;全球化;来自知识生产更广泛分布和更深入反思导致学科组织结构充足;对模式Ⅱ知识的管理等。"[②]

为了让人们深刻认识这一显著的变化,迈克尔・吉本斯、彼得・司格特(Peter Scott)以及马丁・特罗(Martin Trow)等人对知识生产模式转型的相关概念与特征作了更为系统的阐释,详细地比较了两种知识生产模式的异同,并将跨学科研究带入知识生产模式Ⅱ的情境之中。从研究的情境上来说,传统的知识生产模式Ⅰ主要基于单学科研究,而知识生产模式Ⅱ则会顾及社会问题情境和知识的应用情境,在研究方法和研究范式上突破了学科的界限,进而走向学科之间的交叉与融合,运用跨学科的研究方法进行知识上的创新。[③]模式Ⅱ尤为强调对社会问题的回应,同时也更为注重知识生产过程中的成果

①　GIBBONS M，LIMOGES C，NOWOTNY H，et al. The new production of knowledge:the dynamics of science and reseach in contemporary societies[M].London:Sage Publications Inc.,1994:11.

②　卓泽林.大学知识生产范式的转向[J].教育学报,2016(2):9-16.

③　迈克尔・吉本斯,等.知识生产的新模式:当代社会科学与研究的动力学[M].陈洪捷,沈文钦,等译. 北京:北京大学出版社,2011:1-3.

传播以及协同合作。通过对比可以看出,两种模式之间的知识生产活动有着显著的差异:在模式Ⅰ中,知识的生产以学科为主,没有突破学科的界限,其考虑的情境一般是认知情境,缺点是不能很好回应外部世界发生的综合性的重大现实问题。而模式Ⅱ则不同,知识的生产需要的是不同学科领域内专家的携手合作,其学术活动发生的背景也显得更为广阔。模式Ⅱ将社会情境纳入自身研究理念的基础上,能够较好回应社会上的各种需求。传统的知识生产模式在设置和解决问题的情境(context)时,一般主要由一个特定共同体的学术兴趣所主导。在"大科学"下的知识生产模式中,知识处理则是在一种应用的情境中进行。从两种模式研究的特征上来说,模式Ⅰ主要是同质性的,而模式Ⅱ则是异质性的。从发生知识生产的组织机构上来说,模式Ⅰ是等级制的,而且倾向于维持这一形式,而模式Ⅱ则是非等级化的异质性的,扁平的且多变的。①

就两种知识生产模式而言,尽管模式Ⅱ并没有取代模式Ⅰ,但模式Ⅱ在很多方面都区别于模式Ⅰ。在模式Ⅰ中,知识生产主要在一种学科的、主要是认知的语境中进行;而在模式Ⅱ中,知识则在一个更为广阔的、跨学科的社会和经济情境中被创造出来。此外,在知识生产需求、知识生产人员、知识生产组织、知识生产结果以及质量控制方式层面,两种模式均有着显著的差异(见表3-1)。知识生产模式Ⅱ时代,不同领域的专家聚集在一起,在一个复杂多变的以应用为取向的环境中去解决问题。值得注意的是,两种知识生产模式是相互作用的,知识生产者可以在两种模式之间变换角色。模式Ⅱ是从传统的以学科为框架的知识生产模式中生长出来的,是模式Ⅰ的补充,而不是替代。②

表 3-1　知识生产模式Ⅰ和知识生产模式Ⅱ的特征对比

	知识生产模式Ⅰ	知识生产模式Ⅱ
知识生产需求	单一的供需要求	多元的供需要求
知识生产情境	建立在基础研究或学科认知及社会规范上	兼顾社会和经济中各个参与者利益的应用性、问题解决情境

① 迈克尔·吉本斯,等.知识生产的新模式:当代社会科学与研究的动力学[M].陈洪捷,沈文钦,等译.北京:北京大学出版社,2011:1-3.
② GIBBONS M, LIMOGES C, NOWOTNY H, et al. The new production of knowledge:the dynamics of science and researh in contemporary societies[M].London:Sage Publications Inc.,1994:11-15.

续表

	知识生产模式Ⅰ	知识生产模式Ⅱ
知识生产人员	基本固定的学术共同体内部人员	具有高度流动性的问题参与者和利益相关者
知识生产基础	学科的、制度化的	跨学科的、灵活的
知识生产组织	等级制的、同质性的	非等级制的、异质性的
知识生产结果	学科知识	社会弥散的、具有社会问责与反思性的知识
质量控制方式	同行评价	更综合的、多维度的评价

资料来源:卓泽林.大学知识生产范式的转向[J].教育学报,2016(2):9-16.

三、学院科学与后学院科学

2000年,英国学者约翰·齐曼(John Ziman)出版了关于科学技术研究的集大成之作——《真科学:它是什么,它指什么》。作者通过长达40年的思考和探索,以独特的视角全面考察了当代科学的新变化,批判性地审视了当代关于科学技术的人文社会科学研究的种种成果。在该书中,学院科学(academic science)向后学院科学(post-academic science)转变是贯穿在其中的核心内容,齐曼详尽地阐述了科学的规范及建制,为读者呈现出了一个宏大且实在的科学图景。齐曼对罗伯特·金·默顿(Robert King Merton)的"学院科学"规范提出了质疑,敦促人们重新认识今天科学的真正面貌。

尽管术语"学院科学"被齐曼及后来的学者频繁使用,但关于何谓学院科学并没有形成一个确切的界说。齐曼将纯研究、纯科学(pure science)与学院科学联系在一起,指出:"纯科学就是我们非常熟知的一种独特的活动——学院科学。"[①]在齐曼的解读中,学院科学被等同于纯科学,而学院科学的一个主要特征是高度分化的体系学科(disciplines)。学院科学不局限于自然科学领域,而是包括许多特征分明的知识传统和学科,物理科学、生物科学、行为科学、社会科学、人文科学、医学科学、工程科学等同属学院科学的范畴。随后齐曼指出学院科学是一种文化。它是一种复杂的生活方式,"是在一群具有共同

---

① 约翰·齐曼.真科学:它是什么,它指什么[M].曾国屏,等译.上海:上海科技教育出版社,2008:31.

传统的人"中产生出来的,并为群体成员不断传承和强化。① 实质上,从齐曼对学院科学的论述中可知,虽然学院科学与吉本斯等人提出的知识生产模式Ⅰ并不完全相同,但是两者之间却存在诸多共性。比如,学术研究活动往往出于纯粹的好奇心,以学科为主,忽视社会情境中的现实应用,与市场存在一定程度的脱节等。在即将来临的知识社会里,由于面临着以知识为基础的经济环境的硬约束,"闲逸的好奇"和"知识本身即目的"将不再是大学存在的合法性主要来源,知识的应用将成为高等教育发展的主旋律。② 正如齐曼所说:"事实是,真实的科学(real science)——即使是在大学中开展的那类科学——也越来越偏离早已确立的学术模式,'学院科学'看起来好像是远去的世界。"③在人们眼前,科学的范例正在变成一种新的形式——后学院科学,它履行一种新的社会角色,受到新的精神气质和自然哲学的管理。④

那么何谓后学院科学呢? 概括齐曼的解读与阐释,可以得出后学院科学是学院科学在"应用语境"(applied context)下运转的一种新的"知识生产模式",是学院科学向产业领域的延伸,是"根据市场原则组织的","与实践之网络紧密纠缠在一起"的科学体系,是"技术科学"不可分割的一部分,是"一种全新的生活方式"。⑤ 在齐曼看来,我们正在经历从"学院科学"到"后学院科学"的转变,这种转变并不像许多科学家所期望的那样,只是我们熟知的科学短暂地偏离了前进的轨道,而是当代科学知识生产内在品质的反映,是"一场悄然的革命",它不仅意味着知识生产的一种新模式,而且也意味着"一种全新的生活方式"。他在论述中继续说道:"在不足一代人的时间里,我们见证了在科学组织、管理和实施方式中发生的一个根本性的、不可逆转的、遍及世界的变革。所有的认识结构包括大学、研究机构、政府研究所和工业实验室等都发生了变化。"⑥

---

① 约翰·齐曼.真科学:它是什么,它指什么[M].曾国屏,等译.上海:上海科技教育出版社,2008:32.
② 王建华.我们时代的大学转型[M].北京:教育科学出版社,2012:155.
③ 约翰·齐曼.真科学:它是什么,它指什么[M].曾国屏,等译.上海:上海科技教育出版社,2008:72.
④ 约翰·齐曼.真科学:它是什么,它指什么[M].曾国屏,等译.上海:上海科技教育出版社,2008:73-74.
⑤ 谭文华.从 CUDOS 到 PLACE:论学院科学向后学院科学的转变[J].科学学研究,2006(5):658-661.
⑥ 约翰·齐曼.真科学:它是什么,它指什么[M].曾国屏,等译.上海:上海科技教育出版社,2008:80-81.

的确，人们在理解某个自然现象时，应该采取涵盖"整体图景"的整体论观点(holistic view)，因为每个学科都只能考察整体图景的一个特定方面。然而，不同学科语言之间的理解障碍是如此之大，以至于不用多学科的观点加以应对，便会容易陷入"管中窥豹"或者"盲人摸象"的境地，进而不能知其全貌，观其全景。坦率地说，不论是在观念上，还是在实践中，人们都太容易陷入某一特定的学科思维，无法跨越概念分裂(conceptual divide)而进入其整体论的思想模式。这种情形在自然科学中很常见，例如，何为基因？它如遗传学家所说，是一种遗传性状吗？它如分子生物学家所说，是一种 DNA 片段吗？它如生物化学家所说，是一个蛋白质工厂吗？它如胚胎学家所说，是一个发育开关吗？它甚至如同某些进化论者所描述的那样，可能是一种活跃的完全自私的生灵(selfish being)吗？从生物学家的普遍立场来看，这些不同概念只是同一实体的不同方面。[①]

从学院科学向后学院科学转变的过程，不是一种新的规范取代传统的学院科学规范的过程，而是由相对单一的科学规范向多元规划转化的过程。[②] 知识生产方式变革是一个已经开始并将进一步展开的过程，在这个过程中，传统的知识生产图景并没有完全消失，知识生产方式变革并不是对传统知识生产方式的否定，而是对传统知识生产方式的改造和超越。从历史上看，后学院科学产生于学院科学，与后者交叠，保持了后者很多的特征，执行了很多同样的功能，并位于极其相似的社会空间，如大学、研究机构和其他类型的知识生产机构。[③] 此外，在由学院科学向后学院科学转型的过程中，大学、产业企业、政府机构和其他科学研究中心的关系也发生了变化，逐步交织在一起，被整合为单一的系统，从而高效率地服务快速变化的社会需求。

---

① 约翰·齐曼.真科学：它是什么，它指什么[M].曾国屏，等译.上海：上海科技教育出版社，2008：10.

② 李正风.科学知识生产方式及其演变[M].北京：清华大学出版社，2006：330.

③ 约翰·齐曼.真科学：它是什么，它指什么[M].曾国屏，等译.上海：上海科技教育出版社，2008：82.

第二节 知识变革中的大学

一、自由的现代性时期

按照英国学者杰勒德·德兰迪(Gerard Delanty)的说法,自由的现代性时期大约是指从法国大革命到 19 世纪末这一时期。[①] 在法国大革命之后的一段时间里,启蒙知识分子掀起了对大学理念争论的热潮,这场争论预示着大学的一次革命性转变,哲学的崛起及其影响已经显著对医学、神学等在中世纪大学备受瞩目的知识领域造成了冲击,构成了威胁。这场争论在德国尤为盛行,比如康德发起的以自由教育为核心的交锋,为关于学术自由和西方大学理念的长期争论建立了一套术语。[②] 在此时期,大学作为知识生产的核心机构,旨在培养各个领域的职业精英而服务于国家及民族的需要,从知识生产的方式来讲,人们尤为青睐论道式的探究,"哲学思辨型"的知识生产融贯在知识分子的理论活动中,不论是对于大学理念的争论,还是关于哲学和神学等传统知识体系的交锋,人们通常把知识的生产理解为个体的某些认知活动,依靠个人的经验或直觉对问题做出相应的判断。从方法论上来讲,比较看重哲学和逻辑学这两大知识体系。思辨型的知识生产方式揭示了这一特定时期的文化现象,以至于人们在对某些问题进行探讨时,也往往比较相信哲学逻辑经验直觉。

哲学家在大学中占据着举足轻重的地位,他们对哲学问题的理论探讨,甚至一度成为理想主义科学观的思想渊源。比如,康德在 19 世纪就曾提到:"公开地运用理性最主要的是论辩的学术演讲。"[③]人们认为哲学探讨或者学术研究是为了纯粹的知识,是为了掌握未知的事物,拓宽认知的边界,而不会将知识发现与实际应用联系起来。当然,这种模式下的知识生产也有鲜明的特征,

---

① 杰勒德·德兰迪.知识社会中的大学[M].黄建如,译.北京:北京大学出版社,2010:25-26.

② 杰勒德·德兰迪.知识社会中的大学[M].黄建如,译.北京:北京大学出版社,2010:38-39.

③ 杰勒德·德兰迪.知识社会中的大学[M].黄建如,译.北京:北京大学出版社,2010:39.

即在获取客观知识体系的基础之上,还需要具备一定的"闲暇",可以不必为物质生活而操劳,不必受物质生活的牵绊。这种镜像从某种程度上反映了知识生产者在当时社会中的地位,因为往往只有处于特殊地位的社会成员,才有可能满足这种有"闲暇"的条件。正如亚里士多德所说:"知识最先出现于人们开始有闲暇的地方。数学之所以先兴于埃及,就是因为那里的僧侣阶级特许有闲暇。"①

被隐喻为象牙塔的大学,带有鲜明的时代特征,不愿敞开大门一窥外面的世界,更不愿与其发生紧密的联系。在德国,占主导地位的知识观念以作为自我规范的知识理解为基础,而在法国等欧洲其他国家和北美国家,唯理论者的启蒙思想留下了其印记,知识从属于社会。② 此外,欧洲大学并不欢迎实验型的自然科学,尤其是英国的大学,其排斥实验型自然科学的状况甚至比德国还要严重,直到19世纪后半期,这种情形才随着牛津和剑桥逐渐适应了现代性的改革发生了改变。不论如何,19世纪的大学有太多需要描述的地方,仅仅是关于大学理念的争论便足以令人孜孜不倦进行专题论述,但有一点需要明确,即大学是环境影响的产物,为了适应快速变化的社会,大学便需要做出适时的改革。而随着工业化的迅速发展,知识的生产方式也在发生着变迁。

二、工业化社会时期

工业社会的到来破除了人们传统理解中的"知识纯粹论",人们将知识应用于工业社会的发展之中,知识的应用与社会的发展紧紧地联系在了一起。对于这种转变,彼得·德鲁克(Peter F. Drucker)曾说:"这场大变动是由知识意义的剧烈改变所推动的。无论是在西方或在东方,在这之间,知识一直被视为'道'(being),但一夕之间,知识就变成了'器'(doing)。"③杰勒德也指出:"从19世纪晚期一直延伸到20世纪六七十年代组织化的现代性,从根本上动摇了自由的现代性理想。颓废的理念彻底打破了自由的现代性文化形式,随着作为新社会秩序组成部分的知识模式的出现,古老的知识模式崩溃了。"④

在工业社会以前,知识被视为是脱离社会需求的个人经验,而随着工业化

---

① 亚里士多德.形而上学[M].吴寿彭,译.北京:商务印书馆,1959:3.
② 杰勒德·德兰迪.知识社会中的大学[M].黄建如,译.北京:北京大学出版社,2010:41
③ 彼得·德鲁克.后资本主义社会[M].傅振焜,译.北京:东方出版社,2009:3.
④ 杰勒德·德兰迪.知识社会中的大学[M].黄建如,译.北京:北京大学出版社,2010:29.

时代的到来与发展,知识则成功地向社会应用方面发生了变革。知识的纯粹性发生了转变,转向为一种资源和实用的器具。的确,工业化时代的显著成就之一,便是带来了知识观念与思维范式上的转变,原有的知识认知开始从自然神学理论和知识的精神价值逐渐转向逻辑实证主义和公正的探究。然而,人们也不应忽视的是,对于大学而言,随着专业和学科知识的不断细分,也带来了一系列的问题。比如学科专业的过度分化与自我保护,导致了不同知识分子群体间的误解以及知识的分裂,容易走向"闭关锁学"的境地。此外,专业主义的盛行还影响着大学的组织结构,以学科构建起的学术组织成为大学的核心,主宰着大学的管理模式和运行机制。随着社会和时代的发展,种种问题也暴露出来。筒仓结构[①](silo structure)便是高等教育领域内尤为显著的问题之一。比如,大学中经常会存在这样一个现象,即一个学院的学生想听另一个学院的课,即便两个学院同属一所大学,他也不能跨学院注册。重要的是,需要多学科投入的重大问题被忽略了,原因是两个学院的院长和负责发展的领导没有办法在管理问题和学分问题上达成一致。[②] 这便是筒仓思维在作祟,为什么筒仓思维在大学如此盛行?多伦多大学罗特曼管理学院院长罗杰·马丁(Roger Martin)在他的著作《责任病毒》(*The Responsibility Virus*)中给出了答案。

　　马丁认为:"一个责任之内和责任之外的循环催生了独立式的组织架构,其目的仅仅是为了维持自身的运作,这与调整自身以解决问题的文化使命不同。在这种循环里,一个领导意识到某个具体单位存在的问题,便承担起过多的责任并尝试自己解决问题。这就会使该单位的管理者边缘化,领导进而会解雇他,然后聘任一位新的管理者。这位领导对新管理者很有信心,重新放手让他去管理这个原本有问题的部门,但是丝毫不提前任管理者的不佳表现背后的问题。当这些问题重新暴露的时候,这个循环便再次开始。"[③]

　　由此可以看出,责任循环出现的根本原因是领导者的管理思维问题,遇到这种问题时,他们通常会选择以变更管理者而不是以解决实际问题的方式进行管理,在该循环下培养出来的管理者只会更关心自己部门的安危,而不是

---

① silo structure 可以理解为"筒仓结构",意思是大学内部各个学院或者部门自成体系,各自为政,没有形成深度协同的网络合作模式。

② 霍尔登·索普,巴克·戈尔茨坦.创新引擎:21 世纪的创业型大学[M].赵中建,卓泽林,李谦,等译.上海:上海科技教育出版社,2018:99.

③ 霍尔登·索普,巴克·戈尔茨坦.创新引擎:21 世纪的创业型大学[M].赵中建,卓泽林,李谦,等译.上海:上海科技教育出版社,2018:99-100.

整体效率的提升。近些年来,关于学科及学科型组织问题的探讨诸多,随着知识生产模式的转型,大学也面临着开放组织边界,鼓励跨学科合作的挑战。但不管怎么说,20 世纪是一个专门化、职业化的时代,同时也是知识得以工业化应用的时代。在此背景下,社会对大学也提出了诸多要求,"它要求大学具有新的社会功能——提供训练有素的劳动力;要求教师和研究者扮演新的角色——职业培训。大学将不再是全人教育,就像洪堡的自我修养的思想或像人文学院的牧师关注的思想那样,而是一种 Ausbilding——职业培训"①。

三、后现代性时期

后现代性始于 20 世纪 60 年代以来的组织化的现代性危机。这场危机带来的显著变化是:建立在国家架构内的学科制度化、现代化、专门化和日常化以及文化形式合法化基础之上的旧有知识模式逐渐解体。② 在英国学者杰勒德·德兰迪看来,历史上与民族国家密切联系的知识、学院中的知识结构、知识的竞争性等在后现代时期都发生了相应的变化。因此,知识需要重新定位,而以高深知识作为本质基础的大学,同样面临着自我革新。从知识生产模式的角度而言,齐曼指出了"学院科学"向"后学院科学"的转变,吉本斯等人则论述了"知识生产模式Ⅰ"向"知识生产模式Ⅱ"的转型。种种迹象表明,后现代社会的到来是一个不争的事实,而随之而来的大学转型与变革同样是一个无法回避的趋势。

后现代社会改变了科学与技术、知识与应用、大学与政府、大学与企业、企业与政府之间的关系,形成了知识生产过程中新的利益格局。大学丧失了它在启蒙时期拥有的判断价值以及为客观事实正名的权力,成为专家的聚集地,与此同时,知识分子退回到社会的边缘。③ 20 世纪中后期以来,政府以及市场的力量渗透在大学中的各个角落,向来以"独立自治"为傲的大学也主动向政府以及市场张开了怀抱,三者之间的关系前所未有地紧密交织在一起。在此基础上,亨利·埃兹科维茨(Henry Etzkowitz)与劳埃特·雷德斯多夫(Loet

① 杰勒德·德兰迪.知识社会中的大学[M].黄建如,译.北京:北京大学出版社,2010:29.
② 杰勒德·德兰迪.知识社会中的大学[M].黄建如,译.北京:北京大学出版社,2010:30.
③ 杰勒德·德兰迪.知识社会中的大学[M].黄建如,译.北京:北京大学出版社,2010:51-52.

Leydesdorff)等人提出了"三重螺旋"（Triple Helix）模型,具体分析了政府—产业界—学术界之间的互动和协同进化关系。亨利·埃兹科维茨与劳埃特·雷德斯多夫认为,"需要用有关创新的螺旋模型,来详细描述知识资本化不同阶段的多种相互关系。因此,大学、产业界、政府对这一过程的参与组成了创新的三重螺旋模式。就像生物学比喻指出的,这是一个进化的模型。"①从进化论的观点来看,历史上政府、大学和企业的关系从相互分离和体制分化的状态不断发展成为交互作用的"三重螺旋"关系,这是一个人类不断塑造政府、大学和企业历史性的结构进化过程。② 这个进化的过程,也是技术创新、制度创新和知识创新等人类不同创新行为整合与互动的过程。③

后现代社会中的"大学—政府—企业"在国家创新系统中得以有效整合与互动,加之"三重螺旋"协同进化新型关系的确立与发展,正如上述所言,在知识生产的过程中,形成了新的利益格局和动力机制。当然,在后现代性的语境中,也有不少针对大学的激进主义式批判,认为现代性大学正逐渐走向灭亡,比尔·雷丁斯（Bill Readings）所著的《废墟中的大学》（*The University in Ruins*）便是其中的典型。但后现代大学不只是一个资本积累的地方,就像史密斯（Smith）和韦伯斯特（Webster）在后现代大学调查中总结的那样:"这些趋势并不能作为经验事实方面的问题加以否定。然而,与大学正在被颠覆的阐释相反的意见则坚持认为,大学颁布合法的资格证书,不仅证明了学校的活力,而且保留了大学实际上的垄断权力。"④同样,哈佛大学原校长德里克·博克（Derek Bok）也认为:"大学虽然已不再是象牙塔,但仍然是社会上的一个强有力的机构,并且有能力去适应已经变化了的环境。"⑤借用戴维·哈维（David Harvey）在一篇回应比尔·雷丁斯的书评里所说:"大学是一个战场,

① ETZKOWITZ H, LEYDESDORFF L. The triple helix of university-industry-government relations:a laboratory for knowledge based economic development[J]. EASST review, 1995,14(1):14-19.

② ETZKOWITZ H, LEYDESDORFF L. The dynamics of innovation:from national systems and model "2" to a triple helix of university-industry-government relations[J]. Research policy, 2000(29):109-123.

③ ETZKOWITZ H, WEBSTER A, GEBHARDT C,et al. The future of the university and the university of the future:evolution of ivory tower to entrepreneurial paradigm[J]. Research Policy,2000(29):313-330.

④ 杰勒德·德兰迪.知识社会中的大学[M].黄建如,译.北京:北京大学出版社,2010:171.

⑤ BOK D.Beyond the ivory tower:social responsibilities of the modern university[M]. Cambridge M A:Harvard University Press,1982.

而不是一个废墟。"①

第三节 大学:生产知识的核心机构

一、关于大学的经典论述

什么是大学?自大学诞生之日起,人们便对大学有着乐此不疲的探讨。热衷于研究高等教育的学者更是希望能够通过自己的努力给大学下一个尽可能被多数人认可的定义。殊不知,大学组织系统自身的复杂性决定了对大学理解上的多样性,加之大学职能、性质、类型、规模、环境、目标、人员、制度、文化等因国家政治制度以及历史发展阶段而呈现出的特殊性,以至于直到今天,仍然很难说存在一个为学界内外群体所集体认可的学术概念。无疑,大学的概念是发生流变的,处于不同场域对大学的理解是不同的。

令人欣慰的是,在所有关于"什么是大学"的阐释中,留下了那些虽然处于不同国家不同时代但却赫赫有名并影响深远的经典著作及论述。诸如亨利·纽曼(J. H. Newman)的《大学的理念》,亚伯拉罕·弗莱克斯纳(Abraham Flexner)的《现代大学论——美英德大学研究》,卡尔·雅斯贝尔斯(Karl Jaspers)的《大学之理念》,爱弥儿·涂尔干(Emile Durkheim)的《教育思想的演进》,伯顿·克拉克的《高等教育系统——学术组织的跨国研究》,克拉克·克尔的《大学之用》,奥尔特加·加塞特(Ortega Gasset)的《大学的使命》,罗伯特·赫钦斯(Robert Hutchins)的《学习型社会》等。在这些著述中,作者无一例外都对大学作了细致且深刻的探讨,这些文献对后世的研究有着重要的借鉴及启示作用。直到今天,人们在探讨大学的本质时或大学的理念时,仍然会引用这些著作中对"什么是大学"的经典论述。

纽曼认为,大学的本质在于传授普遍知识。"大学,首先是这样一个场所,即素不相识的人从世界各地聚集到同一个地点,探索普遍的学问。"②在纽曼的大学理想中,传授知识构成了大学的唯一目的和唯一职能。纽曼坚持认为

---

① HARVEY D.University inc[J].Atlantic monthly,1998(10):116.

② NEWMAN J H. The idea of a university:defined and illustrated[M].Chicago:Loyola University press,1987.

大学是用来传授知识的场所,而非进行科学研究的机构。纽曼关于大学本质论述的影响是极为深远的,正如英国学者科尔(I T Kohl)所言:"在纽曼之后,几乎所有关于大学教育的论著和阐述都是纽曼演讲和论文的脚注。"[1]科尔的言论并非对纽曼影响的刻意夸大,从后来关于大学的研究及著述中可以看出,纽曼的影响尤为持久。如弗莱克斯纳在《现代大学论——英美德大学研究》对大学的界定便与纽曼的界定殊途同归。弗莱克斯纳认为:"大学本质上是一个做学问的场所,致力于保存知识,增进系统化的知识,培养远高于中等教育水平之上的学生。"[2]纽曼和弗莱克斯纳都尤为强调大学的本质在于传授知识这一基本论点,并且都表明了知识与大学有着不可分割的联系。

与纽曼理念不同,威廉·洪堡(Wilhelm Humboldt)否认"大学只是传授知识"这种论调,强调大学在人才培养的基础上还要进行科学研究。洪堡理念的提出对于重新认识大学有着划时代的意义,他所创建的柏林大学成为同时代其他国家大学效仿和借鉴的对象。或许是受洪堡理念的影响,德国教育哲学家雅思贝尔斯在著作《大学之理念》中指出:"大学同时是一所专业学校、一个文化中心和一个研究所。因此,大学的任务有三:专业训练、全人教育和科学研究。"[3]虽然雅斯贝尔斯在大学的论述中尤为强调全人的培育,但可以明显地看出雅斯贝尔斯对大学的认识已经跨越了传授知识并拓展至科学研究的范畴。

作为较早探讨高等教育哲学的美国学者布鲁贝克来说,从大学存在的合法性基础认识大学是尤为必要的。他认为:"在二十世纪,大学确立地位的主要途径有两种,即存在两种高等教育哲学,一种是以认识论为基础,一种是以政治论为基础。"[4]认识论强调大学的目的在于探索真理、探寻高深学问,而政治论则强调高深知识对社会、国家的影响。布鲁贝克所秉持的大学理念告知人们,大学不是一个在封闭空间探讨知识的场所,大学还需要融入社会,关注社会现实问题。

克拉克·克尔在《大学之用》中提出的"多元化巨型大学"可谓是将这种理

① 贾佳.从大学理念到高等教育理念:纽曼与巴尼特的对话[J].高校教育管理,2014,8(6):35-42.

② 亚伯拉罕·弗莱克斯纳.现代大学论:美英德大学研究[M].徐辉,陈晓菲,译.杭州:浙江教育出版社,2001:201.

③ 雅斯贝尔斯.大学之理念[M].邱立波,译.上海:上海世纪出版集团,2007:67.

④ 约翰·S.布鲁贝克.高等教育哲学[M].王承绪,郑继伟,张维平,等译.杭州:浙江教育出版社,1998.

念发挥到了极致。当代的美国大学,如克尔所指出,早已超出了德、英的模式,而发展出自我的性格。"美国大学狂热地求新,求适应社会之变,求赶上时代,大学已经彻底参与到社会中去。由于知识的爆炸及社会各行各业发展对知识之依赖和需要,大学已经成为'知识工业'之重地。学术与市场已经结合,大学已不自觉地成为社会的'服务站'。"①如果将纽曼理念中的大学当作一个村庄,弗莱克斯纳心中的大学当作一个城镇,那么巨型大学理念则毫无疑问地将大学看作是一个变化无穷的城市。② 从以上探讨大学的经典专著中可以看出,大学与高深知识紧密地联系在一起。正如蔡元培所言:"大学者,研究高深学问者也。"③知识传授、科学研究抑或是社会服务,大学都离不开高深学问的支撑。

二、大学与高深知识生产

在学术界,不论是对于高等教育还是对于大学的理解和认识,人们都从各自的角度予以了形色多样的界定和阐释。如上部分所论述,从描绘高等教育和大学图景的经典著述来看,将知识尤其是高深知识作为理解大学的依据似乎形成了一种共识。高深知识不仅赋予了高等教育得以发生的可能性,而且也是大学得以合法存在的基础。布鲁贝克在《高等教育哲学》中开篇即阐明:"每一个规模较大的社会,无论它的政治、经济或宗教制度是什么类型的,都需要建立一个机构来传递深奥的知识,分析、批判现存的知识,并探索新的学问领域。凡是需要人们进行理智分析、鉴别、阐述或关注的地方,那里就会有大学。"④大学的存在是知识生产需要的结果,大学中的知识生产有其自身的内在价值。虽然大学绝不是生产知识的唯一场所,但是它们的角色一定是独特的。在伯顿·克拉克看来,"高等教育的任务是以知识为中心的,因为那令人眼花缭乱的高深学科及其自体生殖和自治的倾向,高等教育才变得独一无

① 金耀基.大学之理念[M].北京:生活·读书·新知三联书店,2008:7-9.
② 克拉克·克尔.大学之用[M].高铦,高戈,汐汐,等译.北京:北京大学出版社,2008:31.
③ 蔡元培.就任北京大学校长之演说[M]//高平叔.蔡元培全集:第三卷.北京:中华书局,1984:5.
④ 约翰·S.布鲁贝克.高等教育哲学[M].王承绪,郑继伟,张维平,等译.杭州:浙江教育出版社,1998:13.

二"。① 事实上，无论是人才培养、科学研究还是社会服务，大学活动发生的过程就是知识生产发生的过程。现代大学本质就是科学文化与文化知识的生产者和改革者。②

以知识为基础的新经济形态，不但凸显了创新对国家竞争力的意义，而且改变了科学系统和科学知识生产的传统使命。20 世纪 80 年代后期提出的国家创新系统理论为重新理解科学知识生产的新功能提供了分析框架。从这种新的框架出发，科学知识生产问题的研究被纳入国家创新系统的框架予以考察。③ 经济合作与发展组织（OECD）的相关研究亦表明：一方面，科学知识生产系统正在成为国家创新系统中日益重要的组成部分，科学知识生产正在与技术创新形成新的联系；另一方面，在知识经济中，知识的扩散和知识的生产同样重要。④ 生产高深知识不仅区别了大学同社会上其他组织类型的差异，同时使得大学与社会、国家、民族乃至人类的发展联系在一起并形成了一个"命运共同体"。无疑，大学尤其是研究型大学是进行知识生产的专门机构，对高深知识的研究与探讨促使大学在结构和性质上不断地发生演变及进化。有学者论证，自 19 世纪中期以来，在欧洲几乎所有的对人类发展产生重大影响的重要研究都是在大学里完成的，研究型大学被称为是知识社会的"发动机"。克拉克在后续的论述中亦指出："只要高等教育仍然是正规的组织，它就是控制高深知识和方法的社会机构，它的基本材料在很大程度上构成各民族中比较深奥的那部分文化的高深思想和有关技能。"⑤大学作为学术组织对高深知识有着很强的依赖性，不仅如此，高深知识还是维系大学生存和发展而不至于消亡的"一剂良药"，使得大学在历史的长河中屹立千年而不倒。

大学与高深知识生产之间的联系已近乎呈现出"剪不断，理还乱"的鲜明特征，当人们探讨大学的本质属性时，高深知识是一个再也无法避开的核心话题。即便是回到大学的起点——中世纪的大学，呈现在人们面前的依旧是有关高深知识的探讨和传播。"作为现代大学起源的中世纪大学在本质上是一

---

① 伯顿·克拉克.高等教育系统：学术组织的跨国研究［M］.王承绪，徐辉，殷企平，等译.杭州：杭州大学出版社，1994：313.

② 杰勒德·德兰迪.知识社会中的大学［M］.黄建如，译.北京：北京大学出版社，2010.

③ 李正风.科学知识生产方式及其演变［M］.北京：清华大学出版社，2006：18-19.

④ OECD. The knowledge-based economy［M］. Paris：Head of Publications Service，1996：25.

⑤ 伯顿·克拉克.高等教育系统：学术组织的跨国研究［M］.王承绪，徐辉，殷企平，等译.杭州：杭州大学出版社，1994：11.

种学者行会,它突出和追求的是学术的自由研究和知识的广泛传播,以至于有学者认为人才培养只是其副产品。"①不论如何,高深知识是理解高等教育的一把钥匙,高深知识是高等教育生发的种子,高深知识是高等教育复杂关系的网络链条,高深知识是高等教育的内在规定性、特殊性和高等教育的合法性存在。②

三、大学组织变迁的知识维度

马尔科姆·泰特(Malcolm Taylor)在《高等教育研究:进展与方法》中指出:"知识的探索、发展、分析、阐述、传承和传播都是高等教育活动的主题。"③的确,大学作为知识生产的场所一直都是社会的中心机构,反映现代性中一些与知识、知识生产、组织、功用和社会地位有关的重大变化。④ 从另外一个角度来看,知识生产方式的变化对大学是有反射效应的,换句话说,作为组织实体的大学,它的生成与变迁也是知识生产模式转型的结果。美国威斯康星大学科学史教授戴维·林德伯格(Lindberg D. C.)在探讨西方科学的起源时曾指出:"12世纪经院哲学的兴起点燃了人们重新认识古典文化的兴趣,对古典学术再认识的需要导致了一场学习热潮,而大学就是希腊和阿拉伯学术'制度上的庇护所'。"⑤12世纪的"知识复兴"促成了中世纪大学的诞生,而后知识生产模式的演进与转型,使得大学逐步呈现出不一样的概貌。英国19世纪在牛津、剑桥两所古典大学之外建立新大学便是知识生产转型的结果。⑥ 从知识生产的角度理解大学组织的转型是一种理智的选择,在历史长河的发展中,大学与知识生产之间形成一种良好的互动关系。专门的学术知识在大学里通过训练新的学者——大学的专门角色——再生产它自己。这一过程不仅产生了新一代的专家,而且也强有力地刺激着创造力,防止停滞现象的出现。⑦ 在某

---

① 张应强.高等教育现代化的反思与建构[M].哈尔滨:黑龙江教育出版社,2000:68.
② 张德祥 高深知识是理解高等教育的一把钥匙[J].高等教育研究,2015(12):22-23.
③ 马尔科姆·泰特.高等教育研究:进展与方法[M].侯定凯,译.北京:北京大学出版社,2007:184.
④ 杰勒德·德兰迪.知识社会中的大学[M].黄建如,译.北京:北京大学出版社,2010:15.
⑤ 戴维·林德伯格.西方科学的起源[M].王珺,译.北京:中国对外翻译出版公司,2001:220.
⑥ 王骥.大学知识生产方式研究[M].北京:中国社会科学出版社,2014:74.
⑦ 罗杰·盖格.大学与市场的悖论[M].郭建如,马林霞,等译.北京:北京大学出版社,2013:7.

种程度上,正是学术知识的价值吸引了它自己的资源,从而增强了经济与智力的原始基础。

20世纪90年代后期以来,随着知识生产模式的转型,高等教育机构变革也在悄无声息地发生着。齐曼提出的"学院科学"向"后学院科学"的转变,以及迈克尔·吉本斯等人提出的"模式Ⅰ"向"模式Ⅱ"的转变都无一印证了知识生产对大学组织变革所产生的深远影响。迈克尔·吉本斯等人坚信"模式Ⅱ"的到来,这不仅向人们表明了"模式Ⅰ"的学术研究与社会重大现实问题的脱节,而且以学科为基础的研究范式注定要向以交叉学科为基础的研究范式转变。不论是齐曼的论点还是吉本斯等人的解读,人们可以看到的是,知识生产模式的转型促进了研究型大学"第二次学术革命"。正如彼得·司格特(Peter Scott)所言:"现代知识生产模式已经由传统的社会价值、古典分析、纯理性或思辨知识转变到知识的改良和创造上来。大学中的科学研究活动也经历了根本性的变革,即由基础科学研究向基础和应用科学相结合的方向转型。"[①]知识生产模式的转型不仅带来了学术研究范式上的一次新革命,而且大学组织内部架构及其治理模式也发生了变革。作为回应,一批形式与职能多样的基层学术组织应运而生,典型的如跨学科组织便是为了适应交叉学科研究的产物。

知识生产为人们理解大学组织变革提供了一个很好的分析维度,而且这个维度是直接而有效的。从大学组织变革的历程来看,几乎每一次较大的组织变革都对应着知识生产模式的转型。"经院哲学"式的知识生产与中世纪大学的兴起,"实验型"知识生产与现代研究型大学的诞生,"企业型"知识生产与创业型大学的确立等。从知识的角度来说,大学的绝大多数活动源于学术知识的根基,如培育新手或羽毛未丰的专家、扩展知识前沿、应用知识于实践,或在学术界内外传播知识。学术知识的核心构成了大学大部分活动的基础。[②]除此之外,大学对发现、整合和传播新知识的承诺是无止境的挑战,开创新领域和拓展旧领域从大学诞生之日起就在不断地挑战着大学。

① BRETON G,LAMBERT M,UNESCO. Universities and globalization:private linkages,public trust[M].Paris:UNESCO Publishing,2003:211-222.
② 罗杰·盖格.大学与市场的悖论[M].郭建如,马林霞,等译.北京:北京大学出版社,2013:1.

第四章
大学起源与基层学术组织的历史演进

如果没有对大学的发展和悠久传统的深入认识，是不可能获得解决大学问题的真正有效方法的。[①]

——瓦尔特·吕埃格

第一节 大学的起源

以史为鉴，可知兴替。回顾大学的历史，不仅能够更加深入地了解大学发展过程中取得的成就，而且能促使人们对其中的问题加以总结与反思。作为一类学术组织，大学因何而生？因何而长？大学组织的降生有着怎样的历史渊源？在研究任何大学相关的问题之前，人们都有必要了解大学的历史，了解大学组织的来龙去脉。只有这样，才能从大学的源头理解大学建立的初衷，大学中的内生组织，以及大学组织背后的变革逻辑。

一、知识复兴与大学源起

古老的大学诞生于中世纪，彼时彼刻，有学者将"圣职主义、帝国主权以及高等学业"称作是一种"神秘力量"，正是这种"神秘力量"保障了基督教世界长久安定的生活空间。不论是"圣职主义"，还是"帝国主权"，它们所代表的都是

---

① 瓦尔特·吕埃格.欧洲大学史:第 1 卷[M].张斌贤,程玉红,和震,等译.保定:河北大学出版社,2008:10.

一种抽象的存在,相反,唯有"高等学业"是切实存在的实体组织。① 在中世纪这首鸿篇巨制的"乐章"中,"高等学业"作为其中独特的"音符",不仅点缀了中世纪这段神秘的历史,也为人们在讨论大学与研究大学过程中提供了一个不可回避的源头。有学者说,正如"所有的教士特权都可以溯源到'七丘城'(Seven Hills,罗马城的别称)的宗教领袖和宗教权威,同时所有的世俗统治最终也都要归结为神圣罗马帝国的荣耀"一样,"那些灌溉和滋润了普世教会的知识溪流也有着自己的源头——伟大的原型大学,尤其是巴黎大学"。② 大学在历史中的地位总是举足轻重的,尽管人们对于大学的诞生有着莫衷一是的解读,但是作为中世纪大学的典型,巴黎大学在高等教育历史的研究中无疑具有崇高的地位,对于研究中世纪的学者来说,更是如此。中世纪大学是如此的重要及不可获取,以至于有学者评论:"中世纪高等学府的起源、发展、衰败及其向现代模式的转型,都值得我们如同对待教皇权力以及神圣帝国历史那样持之以恒地进行大量深入的研究。"③

　　早期大学的起源是一个非常复杂的过程。继德尼弗尔(P. Denifle)之后,中世纪大学的早期历史学家又在大学起源的问题上遇到了分类与编年的困扰。④ 即便是博洛尼亚大学于 1988 年举行建校 900 周年庆典之际,仍有学者质疑:"不管是我们还是其他人对中世纪大学历史进行的研究,都没有发现任何证据证明博洛尼亚大学建于 1088 年。"⑤或许大学组织诞生的确切时间是一个为人们难以揭开的谜团,也或许人们本不该对于此有长久的纠结。但是正如中世纪教宗权力和帝国主权的兴起一样,大学的诞生和发展亦是特定历史时期各种偶然因素的结合。这种偶然性不仅体现在大学早期的组织形式和传统习俗上,同时还体现在其外在的生存方式。如何解释大学的起源?大学是它所依存的社会的产物还是塑造社会的因素?对于这些问题的回答,必须放在特定的历史氛围中才能被更好地理解。然而,无论对于大学的起源考究

① 海斯汀·拉斯达尔.中世纪的欧洲大学:大学的起源[M].崔延强,邓磊,译.重庆:重庆大学出版社,2011:1.
② 海斯汀·拉斯达尔.中世纪的欧洲大学:大学的起源[M].崔延强,邓磊,译.重庆:重庆大学出版社,2011:1.
③ 海斯汀·拉斯达尔.中世纪的欧洲大学:大学的起源[M].崔延强,邓磊,译.重庆:重庆大学出版社,2011:1.
④ 雅克·韦尔热.中世纪大学[M].王晓辉,译.上海:上海人民出版社,2007:7.
⑤ 瓦尔特·吕埃格.欧洲大学史:第 1 卷[M].张斌贤,程玉红,和震,等译.保定:河北大学出版社,2008:7.

到何种程度，人们都无可否认的一点是，大学是欧洲城市和经济复兴、社会活动激增以及商业繁荣使交通更为便利时期的产物。①

　　中世纪大学的起源仍旧是一个令人难以揭开的谜团，但人们发现的一个明确线索是：12世纪知识的再现及复兴无疑推动了大学诞生的进程，为大学的起源奠定了历史基础。正如哈斯金斯（Haskins）在《大学的兴起》中所提及的："大学兴起之际恰逢一场伟大的知识复兴，不过这次复兴不是我们通常所指的14世纪至15世纪的复兴，而是更早些时候的复兴。尽管人们对它知之甚少，但它在一定程度上与14世纪至15世纪的复兴同等重要。现在的历史学家把它称为12世纪的文艺复兴。"②随后不久，哈斯金斯又在《12世纪的文艺复兴》中道明："像三百年后的意大利后继者一样，12世纪文艺复兴从两个重要的源泉获得生命力：部分根植于已在拉丁西方显现的知识和思想，部分依赖于新学问和文献从东方的流入。"③不仅记载着哲学和科学源头的古典拉丁文献被重新发现，而且流落到东方的古典欧洲文化被重新输入欧洲。

　　古典著作带入欧洲后，之后基督教组织翻译家对这些古典作品开始了翻译和整理工作，形成了欧洲历史上文明的"古典翻译运动"。④ 12世纪的译者首先致力于希腊哲学和科学。几乎所有亚里士多德的著作（全部的《逻辑学》《物理学》《形而上学》）都于12世纪末被人所知，有待于13世纪发现的仅仅是《修辞学》、《伦理学》、《经济学》和《政治学》。此外，人们发现了希腊伟大学者欧几里得（Euclidé）、阿基米德（Archiméde）、托勒密（Ptolemée），更加了解了希波克拉底（Hippocraté）和伽伦（Calién）的著作。⑤ "古典文献翻译运动"取得的成就使欧洲人打开了视野，激发了欧洲社会压抑已久的求知欲望。在知识探索的过程中，大量的求知者聚集在一起，辨析天文地理，探讨经世哲学。久而久之，随着知识探求者的愈发增多以及不断的规范化和专业化，知识分子这一职业悄然出现了。法国著名史学家雅克·勒戈夫（Jacques Le Goff）在《中世纪的知识分子》中指出："知识分子为一个以写作或教学，更确切地说同时以写作和教学为职业的人，一个以教授与学者的身份进行专业活动的人。知识分

① 艾伦·B.科班.中世纪大学：发展与组织[M].周常明，王晓宇，译.济南：山东教育出版社，2013：20.
② 哈斯金斯.大学的兴起[M].张堂会，朱涛，译.北京：北京出版社，2010：9.
③ 哈斯金斯.12世纪的文艺复兴[M].夏继果，译.上海：上海人民出版社，2005：5.
④ 伍醒.知识演进视域下的大学基层学术组织变迁[M].杭州：浙江大学出版社，2016：38.
⑤ 雅克·韦尔热.中世纪大学[M].王晓辉，译.上海：上海人民出版社，2007：14.

子作为专业人员出现了,并'在实现了劳动分工的城市里安家落户'。"①

知识分子职业的出现对大学诞生的重要性不言而喻。"正是专门以思想和传播思想为职业知识分子的存在,使人们能够把中世纪大学与之前存在的那些往往依赖于地位相同人之间交流的教会学校和宫廷学校相区分。而知识分子的责任却是以知识探索和知识传播为目的,对学生的选择也没有门第和阶层的限制。"②知识的复兴、欧洲社会对知识的渴望、知识分子职业的出现等,在多重因素的影响下,设置专门化的机构成为一种现实需求。12世纪不仅是知识领域复苏的世纪,而且是新学术机构建立的时期,特别是高等教育机构建立的时期。③ 总结来讲,从历史文献的线索梳理中可以发现,11—13世纪的翻译运动给西欧社会带来了新的知识潮流。新的知识潮流打破了早期教会学校对知识的垄断,生发出知识分子的职业。"许多求知如渴的青年汇集到巴黎和博洛尼亚,他们组成众多行会组织,形成了最初的大学:教师和学生的行会。"④

错综复杂的历史背景所刻画出来的不仅是大学组织源起的因因果果,而且描绘出了大学这一"高等学业"在与"圣职主义"以及"帝国主权"通力协作中对于整个欧洲社会思想进步的贡献。中世纪大学这一神秘的组织及其所承担的神圣责任与使命,在整个欧洲社会进步与思想发展的进程中,扮演着独一无二且不可替代的角色。中世纪大学的整体发展史就是一部中世纪社会的思想史,从中世纪大学发展的痕迹与脉络上可以探寻当时整个欧洲激荡人心的蜕变历程。之所以这样说,是因为中世纪大学的发展完整地解释了欧洲四个世纪的财富生产、文化素养、经院哲学以及经院神学的发展历程;而且促使了民法研究的复兴,教会法的形成与发展,以及幽微、暗淡、正处于黎明前的昏暗下的现代数学、现代科学和现代医学的萌芽。⑤ 与罗马教廷以及神圣帝国统领下的欧洲封建等级制度相比较,欧洲中世纪大学毫不逊色地代表了一种将生活理念付诸具体实践的尝试。通过大学组织制度的发展和复刻,许多中世纪的理想逐步转化为影响社会的实在力量。毫不夸张地说,大学,如同宪政王

① 雅克·勒戈夫.中世纪的知识分子[M].张弘,译.北京:商务印书馆,1996:114.

② 伍醒.知识演进视域下的大学基层学术组织变迁[M].杭州:浙江大学出版社,2016:38.

③ 哈斯金斯.12世纪的文艺复兴[M].夏继果,译.上海:上海人民出版社,2005:5.

④ HASKINS C H. The rise of universities[M].New Brunswick:Transcation Publishers, 2001:4-5.

⑤ 海斯汀·拉斯达尔.中世纪的欧洲大学:大学的起源[M].崔延强,邓磊,译.重庆:重庆大学出版社,2011:1-2.

权、议会代议以及陪审判决等组织制度一般,毫无疑问正是中世纪最独特的组织建制之一。[①]

二、中世纪大学的称谓

当代大学的称谓几乎可以用"大学"(university)这个"放之四海而皆准"的词来形容。然而,在中世纪大学组织尚未成熟时,"行会"(universitas)、"学馆"(studium)、"大学馆"(studium general)等烦琐复杂的称谓也许会令人一时摸不着头脑,加之持有异议的学者相互之间的争论以及穿凿附会式的解读,导致人们在对中世纪大学早期的组织形态阐释的过程中出现了不少误解与误读。组织问题的研究尤其不能忽视组织所诞生的特殊背景,及其所涵盖的特殊意蕴。因其不仅能够解释某一类组织机构缘起的本质,而且也能够从历史演变的脉络梳理不同时期该类组织的内涵,对于大学组织研究更是如此。

(一)行会(universitas)

在中世纪,"universitas"是一个抽象的古典拉丁词语,其最初含义是"整体"或者"全部","universitas"往往被中世纪法学家用来指称各种类型的社团和法人(行会、商会、兄弟会等)。[②] 换言之,"universitas"在中世纪早期与大学之间似乎并没有直接的联系。实际上,作为"行会"适用的"universitas"一词,其出现时间远远早于大学组织的诞生。这个词演变为专门指称由"学者组成的学术性行会"的用法,即由泛指的"universitas"演变为特指的"universitas",后世专门指称"大学(university)"一词是 13 世纪之后的事情。[③]

从大学的起源史来看,行会在大学诞生的历史进程中扮演着举足轻重的角色。12 世纪末至 13 世纪初,随着知识的复兴以及知识分子职业的出现,早期的教会学校丧失了知识的垄断权。在此期间,来自不同城市的有志青年汇集到巴黎和博洛尼亚,他们组成众多行会组织,包括教师和学生的行会,并在此基础上探讨学问。差不多在这个时期,"行会"与大学群落产生了相互的联系,人们也逐渐把"行会"应用于高等教育中的教师团体或学生社群中。然而

① 海斯汀·拉斯达尔.中世纪的欧洲大学:大学的起源[M].崔延强,邓磊,译.重庆:重庆大学出版社,2011:1-2.

② 瓦尔特·吕埃格.欧洲大学史:第 1 卷[M].张斌贤,程玉红,和震,等译.保定:河北大学出版社,2008:40.

③ SCHACHNER N. The mediaeval universities[M].London:George Allen & Unwin Ltd,1938:42.

即便如此，"行会"依然不能被称为大学普遍意义上的代名词，这个时候的"行会"还带有早期特征，主要指行会组织及市政机构。除了"行会"这个称谓之外，"社群"（community）、"社团"（college）以及"行会群落"（universitas vestra）等也常常被早期的学者行会使用。在已有欧洲中世纪大学历史研究的文献中，常见的一种说法是：当时所谓的"大学"，是一定数量的、身份多元的人们所聚集的地方。据史料记载，在中世纪社团收到的一封信件中，大学当时的称呼——"行会群落"（universitas vestra）——具体含义只是表示"你们全体"（the whole of you）。①

通常意义上来讲，行会是具有"保护性和凝聚力"的组织特征，能够为那些来自外地的学生和教师提供一个物质和精神上的庇护所，这在当时复杂纷乱的环境中是尤为必要的。在中世纪时期，行会最初是由各式各样手艺人所组成的一个群体，当时行会的运行模式，有点类似师傅带徒弟的方式，即想要学艺的人从学徒做起，跟师傅学习，等学艺精通后，便可以成为师傅，然后带徒弟。对于大学来讲，学者行会的运行模式只不过是将手艺更换为知识而已。学生跟随大学教师学习某门学科的知识，求学者也需要拜师，任何期望成为教师的人都需要在权威教士指导下度过求学生涯。②

在中世纪大学早期的组织形态中，行会、教会与修道院和各类称谓如同形形色色的网络一样交织在一起，有着千丝万缕的联系，相互影响并相互渗透。即便到了今天，仍然可以在大学组织内部找到相应的痕迹。随着政权的更迭以及知识的复兴，行会、教会以及修道院这三类特有的社会组织也在随着历史的潮流，逐渐"破茧"与转型，发展成为一类特有的学术组织——大学。大学的诞生不仅满足了社会政治的需要，而且促使了人类文明的快速传播与发展。作为欧洲中世纪大学这篇"乐章"中的独特"音符"，行会、教会及修道院就像刻在大学躯体上的烙印一样，深深影响着今天大学的品性与特征，这种品性与特征也成为今天的大学无法抹去的痕迹。比如行会的独立与自我保护意识似乎可以诠释为什么大学需要自由独立和学术自治，从组织层面来说，这种需求似乎又能够为大学组织内部讲座制与学院制存在的合法性提供一定的根据与基础。相较于行会，教会对大学的影响更为透彻与深远，不仅体现在今天大学内

① 海斯汀·拉斯达尔.中世纪的欧洲大学：大学的起源[M].崔延强，邓磊，译.重庆：重庆大学出版社，2011：1-2.
② 海斯汀·拉斯达尔.中世纪的欧洲大学：在上帝与尘世之间[M].崔延强，邓磊，译.重庆：重庆大学出版社，2011：9.

部可看得见的物理建筑风格上，而且体现在看不见的大学文化上，诸如大学的校训以及学位授予仪式等便是对教会仪式礼节的一种模仿、继承和发展。而就修道院对大学的影响而言，人们似乎可以知晓大学"象牙塔"的称谓似乎又与修道院那种"与世隔绝、远离世俗"的特征有着"斩不断、理还乱"的亲密联系。大学脱胎于行会、教会与修道院，与此同时，大学又借助于行会的独立组织制度与自我保护意识、教会的建筑布局与仪式礼节、修道院的特殊地理位置等品性与特征来发展和完善自己。当然，今天的大学经过上千年的演化与发展，很难再说完全形同于上述组织中的任何一种，大学在自我发展与适应社会的需求中在不断地矫正与调整，取其精华，摒弃糟粕。正如涂尔干把大学和教会进行比较时所说："大学不仅仅是一所教授一定量学科的学校，而且是最如实、最具代表性地反映这个时期的机构，甚至可以说是强于教会和封建制度。欧洲民众的精神生活所支配的器官，从来没有这样的精准，从来没有获得过这样普遍认可。"①

（二）学馆（studium）

从12世纪开始，就已经有了学馆这个概念，但它除了本身具有的古典和某种抽象的"研究"意义之外，学馆在当时的语境中被赋予更多"学校"机构的含义。② 所谓"studium"，主要指进行教育教学的场所，在概念指向上相当于"学舍、学校、学苑"等。12世纪早期，新知识的传入和知识分子群体的出现为新型教育机构的出现奠定了基础。一些著名学者在新知识传入欧洲的中心地区（如博洛尼亚、巴黎、萨莱诺等城市），开始集中的知识传授活动，在他们的周围聚集了来自欧洲各地的学生，这就产生了早期大学的最初形态，即"学馆"。③ 以上部分的论述中可知，学馆与行会诞生的背景几乎是一致的，但是这两个词语之间的内涵却有着一定程度的不同。法国教育史家雅克·韦尔热曾对"universitas"和"studium"两者之间的异同做过区分。他指出："studium"指进行教育的学舍（场所），"universitas"指管理运营在该学舍所展开的各种教育活动的自律性行会组织。④ 从雅克·韦尔热的区分可以知晓，"studium"一词主要指"大学"外在显性的物理空间，即探讨学问和真理的场所，而"universitas"主要是建筑群落之外的行会组织。相较于"studium gen-

① 爱弥儿·涂尔干.教育思想的演进[M].李康,译.上海:上海人民出版社,2003:107.
② 瓦尔特·吕埃格.欧洲大学史:第1卷[M].张斌贤,程玉红,和震,等译.保定:河北大学出版社,2008:39.
③ 伍醒.知识演进视域下的大学基层学术组织变迁[M].杭州:浙江大学出版社,2016:41.
④ 张磊.欧洲中世纪大学[M].北京:商务印书馆,2010:13.

eral","studium"的规模较小,学生来源地主要局限于附近区域。因此,在这类大学中,很少有同乡会的存在,即使有同乡会,其规模也不大。

在中世纪,虽然"studium"并不能涵盖所有的大学类型,但不可否认的是,"studium"是用来指称大学的关键词语之一。比如,中世纪大学史研究者亚历山大·盖伊斯托尔(Aleksander Gieysztor)曾经强调:"在涉及中世纪大学的组织称谓时,有两个重要的拉丁语概念:(1)studium(或 studium general);(2)universitas scholarium。"前者指的是那些自发形成的或者由教皇颁发特许状,并且可以给毕业生授予在基督教世界普遍有效的教师资格证的大学。而后者则包含了更为广泛的内涵。①

(三)大学馆(studium generale)

大学馆并非指一个可以攻读所有科目的研究场所,而是致力于广聚天下学子于一堂的文化圣殿。在整个中世纪,几乎没有任何研习所能够概括所有的学科,即使是全盛时期的巴黎,也缺少民事法学。② 就大学馆这一概念的基本特征而言,至少体现在以下三个方面:(1)致力于吸引,或者至少邀请世界各地,而不是某国某地区的学子前来研究学习;(2)提供高层次的学科教育,也就是说,至少提供神学、法学、医学三大高等学科其中之一的教育;(3)拥有相当多位不同学科(至少两个以上)的教师进行教学和研究。③ 大学馆不同于那些修道院学校和主教座堂学校,"它的生源并不限于特定的地域,而是来自众多的国家和族群;它至少在一个以上的高层次(法学、神学、医学)学问领域里拥有一批高水平的教师队伍"。④ 从历史学家的观点看,大学馆的概念或多或少允许大学划定边界,并把大学和同时期存在的其他类型的学校(主教学校、城市学校、托钵僧教团学校、私人法律学校等)严格区分开来。⑤ 此外,大学馆在学术上的影响力更加广泛,且传播的知识层次更为高深,更具有现代高等教育的特征。根据国外学者的研究,中世纪各种重要文献中提到那些档次比较高的"大学",通常使用的概念就是"studium general"。比如,英国著名史学家科

---

① 张磊.欧洲中世纪大学[M].北京:商务印书馆,2010:9.

② 海斯汀·拉斯达尔.中世纪的欧洲大学:大学的起源[M].崔延强,邓磊,译.重庆:重庆大学出版社,2011:4-5.

③ 海斯汀·拉斯达尔.中世纪的欧洲大学:大学的起源[M].崔延强,邓磊,译.重庆:重庆大学出版社,2011:5.

④ 张磊.欧洲中世纪大学[M].北京:商务印书馆,2010:14.

⑤ 瓦尔特·吕埃格.欧洲大学史:第1卷[M].张斌贤,程玉红,和震,等译.保定:河北大学出版社,2008:37.

班(Cobban)认为:"在 1200 年,只有博洛尼亚、巴黎、牛津和萨莱诺这样的中心地区才能提供高级学科的教学,所以通常也只有这几个地方的大学才能被称为是'studium general'。"①大约在 13 世纪中期,这种经教会和世俗权力认可的,主要传播法、神、医等知识的教育机构"studium general"流行开来。②

在一些研究中世纪大学的学者看来,如果非要在中世纪找出一个能够与英语语言体系中"大学"这个词相接近或者相对应的概念,相较于"行会"这个术语,"大学馆"应是最为合适的选择。正如有学者所言:"真正能够与英语世界中的'大学'这个含混模糊的概念相对应的,区别于一般意义上的学校、神学研究班以及私立教育机构等拉丁语概念,应当是'大学馆',而不是'行会'。"③

三、中世纪大学的内部组织

今天的大学里还可以见到一些组织机构的名称,比如,"university""college""faculty"等,都能追溯到中世纪时期。虽然这些名称还在使用,但它们所指的组织性质及内涵却发生了很大的变化。

(一)同乡会(natio,nation)

同乡会属于一种自卫性、互助性组织,它一方面向组织成员提供各种帮助,另一方面以某种法人资格与社会其他组织或利益集团打交道。"同乡会的基本作用表现为促成全体成员在同胞之爱的基础上团结起来,帮助并关照生病者,为死难者送葬,以及迎送参加学位考试的同胞等活动。"④在原型大学初创早期,欧洲学子聚集于博洛尼亚或巴黎,构筑学术共同体。那些学习法律的外籍学生为了共同利益而自发形成了同乡会,同乡会后来发展成为学生行会,并融入大学的体制中,构成博洛尼亚大学的原初形态。⑤ 在博洛尼亚大学,同乡会由外籍学生构成。最初阶段有阿尔卑斯山以南地区学生所组成的 3 个同

① COBBAN A B. The medieval universities:their development and organization[M].London·Methuen & Co.Ltd.,1975.25.

② 瓦尔特·吕埃格.欧洲大学史:第 1 卷[M].张斌贤,程玉红,和震,等译.保定:河北大学出版社,2008:38.

③ 海斯汀·拉斯达尔.中世纪的欧洲大学:大学的起源[M].崔延强,邓磊,译.重庆:重庆大学出版社,2011:4.

④ 威廉·博伊德,埃蒙德·金.西方教育史[M].任宝祥,吴元训,译.北京:人民教育出版社,1985:138.

⑤ 艾伦·B. 科班.中世纪大学:发展与组织[M]. 周常明,王晓宇,译.济南:山东教育出版社,2013:79.

乡会。博洛尼亚大学的同乡会之所以由学生单独构成,是因为教师大都是博洛尼亚的市民,拥有各种市民能够享受的特权,他们没有必要再成立同乡会这类自卫性组织。[①]

巴黎大学以教学和学术为业的教师社团为基础,围绕教师特定的研究兴趣而组成共同体。在组织架构上,巴黎大学既有"学部"(faculty)设置,又有同乡会组织,这种双重组织结构的产生源自两方面需求。首先,大批教师和学生的学术活动需要得到强有力的组织保证,而以专业或学科为基础组建的学部则能够保障教学及学术活动的有序开展,抵御教会或世俗权力的干预。其次,学者们除了研究和教学外还需要得到人身及财产的保护,需要安全的住所,并避免受到伤害。同乡会不仅能够为身处异地的教师或学生提供物质帮助和精神慰藉,而且能够为师生的正当权益提供组织护佑。巴黎大学组建初期,学生只是大学的"随从",教师统领大学的组织建构,掌控大学的管理权。巴黎大学主要包括由 4 个教师同乡会组成的基础学部(the faculty of arts)和由神学部(the faculty of theology)、法学部(the faculty of law)及医学部(the faculty of medicine)组成的高级学部。基础学部虽然属于高级学部的预科学校,但教师数量却占到了巴黎大学教师人数的六分之五,[②]而神学部、法学部和医学部的教师人数较少,势单力薄。起初,4 个学部的教师作为一个团体行动,后来由于基础学部的四大教师同乡会人多势众,推选出的首领常以教师行会共同领袖的姿态出现,因而取得大学的主宰地位。教师行会领袖负责受理大学里的诸多诉讼,执行大学的法令。作为合法的学术组织,高级学部拥有自己的院长、法团印章、会议制度和组织章程。在学校重大事务上,校长召开各学部、同乡会和其他教师参加的联席会议,只有大多数成员达成一致意见才能通过学校决议。

一般而言,同乡会是独特的法人团体,拥有自己的规章制度、财政、印章和聚会地点,能够推选自己的代表作为领袖,这些首领负责处理各种纠纷或突发事件,参与甚至掌控大学的管理事务。如果外籍教师或学生没有一个严密的同乡会或行会组织,他们在这个城市的地位、待遇及人身安全便无法保障,后果甚至是不堪设想的。根据中世纪罗马法精神,任何一个职业都自然拥有组建合议制社团并自主选举裁判官的权力。这些裁判官对于组织内部事务的治

---

① 张磊.欧洲中世纪大学[M].北京:商务印书馆,2010:132.
② 爱弥儿·涂尔干.教育思想的演进[M].李康,译.上海:上海人民出版社,2003:145.

理权是经由市政当局自然认可的，不需要颁布任何形式的宪章或直接的律法任命。① 罗马法及城市法赋予教师行会和同乡会的组织特权为大学自治奠定了合法基础，并最大限度地保护自己的成员，构成抵制外来威胁的防御机制。同乡会这一组织形式与学部几乎同时出现，但其命运比学部、学院等组织短暂得多。它的形成与区域意识、国民性或民族性的觉醒等因素有很大关联。随着大学布点的增加，学生在家门口也可以上大学，同乡会便开始消失。②

（二）学部（faculty，facultas）

通常来讲，"faculty"（facultas）一词意指某个学科或某一领域。而在中世纪时期，"faculty"主要指在某个学科领域从事教学活动的教师群体，是中世纪大学内部的一类重要组织。③ 在最具代表性的博洛尼亚和帕多瓦（Padua），大学由两个学生行会构成：一个是 the universitas legistarum，指攻读法学的学生行会，也可称为法学部（the law faculty）；另一个是 the universitas artistarum et medicorum，可以称之为综合学部（the faculty of arts and medicine），它是基础学部与医学部的综合体。在博洛尼亚大学，法学部（the law faculty）和综合学部（the faculty of arts and medicine）都有自己的首领（rector），它是由学生代表大会（consiliarii）和同乡会会长选举产生。对于博洛尼亚大学而言，由于 universitas 与 faculty 都是学生组织。因此，学部（faculty，facultas）与大学（university，universitas）就成为同义语了。④

与博洛尼亚大学不同，巴黎大学主要由教师行会组成。巴黎大学组织内部，一共包含有四个学部：基础学部（the faculty of arts）、神学部（the faculty of theology）、法学部（the faculty of law）及医学部（the faculty of medicine）。在巴黎大学，基础学部的规模较大，与其他高级学部相比，基础学部的人数众多，在整个大学占有的比例具有压倒性优势。因此，巴黎大学的校长由基础学部的部长兼任逐渐成为巴黎大学的传统。在德国的大学里，受巴黎大学模式的影响，各学部一直处于不平等的状态，经过洪堡的大学改革，学部结构发生了变化，由基础学部演变而来的哲学部与其他三个学部呈现出了同等地位。⑤

① 海斯汀·拉斯达尔.中世纪的欧洲大学：大学的起源[M].崔延强，邓磊，译.重庆：重庆大学出版社，2011：117.
② 张磊.欧洲中世纪大学[M].北京：商务印书馆，2010：131-135.
③ 张磊.欧洲中世纪大学[M].北京：商务印书馆，2010：135.
④ 张磊.欧洲中世纪大学[M].北京：商务印书馆，2010：131-135.
⑤ 张磊.欧洲中世纪大学[M].北京：商务印书馆，2010：139.

（三）学舍（collegium，collége，college）

在同乡会和学部之外，还有一种组织叫 collegium，collége，college，除了"学舍"这个译法之外，也有学者将其译为"学寮"或"学院"。① 需要注意的是，虽然有些学者将其译为"学院"，但这个称谓与今天大学中所设置的专业学院无论在组织内涵还是组织功能上都有着很大的区别。中世纪的学舍是一种民间的慈善性和奖学性机构，主要为那些贫苦学生提供住宿或生活方面的帮助，有点像救济院，因此，也有学者将其翻译为"学寮"。② 中世纪最初的大学没有统一住宿，教师和学生往往分散居住在城市各处。对于外地学生而言，找寻住处是一件非常头疼且不容易的事情。通常是几个朋友一起租借一个房间，大家在一起共同生活。在巴黎，这种形式被称为"hospitium"，在牛津被称为"hall"。正当越来越多的学生为住宿问题发愁时，一些慈善家的出现改变了这种现状。慈善家认为，为贫困学生提供生活上的帮助属于敬畏神灵的行为。因此，他们捐款修建各种收容所、医院、养老院等慈善性设施，并为那些找不到或租不起房屋的学生提供了安身之所。1180 年，在一名伦敦人的帮助下，一所大教堂附属的慈善设施疗养院为贫困学生开办了专门的"寮舍"。③ 这类机构叫"Collegium"，即后来被称为"college"组织机构的雏形。

到了中世纪后期，学舍超越了单纯的住宿功能，开始从事与教学有关的活动。中世纪后期，欧洲北部各地的大学出现了众多学舍，它们之间存在着若干不同之处。比如海德堡大学的 Collegium Artistarum（1390）为几乎全体基础学部的有薪酬教师提供住宿；鲁汶大学的基础学部则被分为四个教学区；在人们的理解中，面向本科学生的格拉斯哥学舍（the College of Glasgow）则一直就是大学本身，因为该学舍的全部学生都属于基础学部。④ 随着学舍组织的规范化与制度化，此时的"hospitium"和"college"逐渐得到大学方面的认可，获得了比较权威的支持。⑤ 另外，中世纪"学舍"组织的出现使得原来没有任何不动产的大学开始拥有建筑物，这意味着当初能够自由迁移的大学受到了限制，中世纪大学所享有的建立在自由基础上的那种意志表达能力也因此削弱。尤其是进入由君主设置大学的时代之后，曾经是独立自主的"自由行会"的大学开始朝着对城市和君主越来越依附的大学转变。

---

① 张磊.欧洲中世纪大学[M].北京：商务印书馆，2010：7-16.
② 张磊.欧洲中世纪大学[M].北京：商务印书馆，2010：130-131.
③ 张磊.欧洲中世纪大学[M].北京：商务印书馆，2010：130-139.
④ 张磊.欧洲中世纪大学[M].北京：商务印书馆，2010：141-142.
⑤ 张磊.欧洲中世纪大学[M].北京：商务印书馆，2010：148-149.

第二节 学科制度化与讲座制、学系制的变迁

19 世纪以来,大学取得了辉煌的发展成就。就基层学术组织而言,回顾西方大学基层学术组织的历史发展脉络,讲座制与学系制作为西方大学基层学术组织的典型与代表,不仅刻画了各自时代及国别的高等教育概貌,而且它们的兴起、衰落以及改革等发展特征也能够从某种程度上向人们描述政治、学术以及社会需求三者之间在大学博弈与抗争的图景。

一、知识发展与学科制的成形

解读学科的内涵一般有两种方式或者两种角度:从学术属性的角度和从社会属性的角度。从传递知识、教育教学的角度来看,学科主要指"教学的科目"(subjects of instruction),即"教"的科目或"学"的科目;从生产知识、学术研究的角度,学科的含义则是"学问的分支"(branches of knowledge),即科学的分支或知识的分门别类;从大学教学与研究组织的角度,学科又可作为"学术的组织单位"(units of institution),即从事教学与研究的机构。[①] 至今学科已经广泛存在于人们的视野之中,关于学科的探讨也屡见不鲜。然而学科从雏形初现到学科制的成熟与知识的发展有着不可分割的关联。

知识的分门别类从古典时代就业已开始,例如哲学的古典划分(逻辑、伦理和物理)和中世纪的七艺(语法、修辞、辩证、算数、几何、天文、音乐)。13 世纪以前,此七艺涵盖了知识的划分种类,长期存在于中世纪大学的课程结构中。"整个学院结构,尤其是北方的教会大学,皆依赖于七艺,即使这些科目的教学只是属于启蒙性质,但科目本身却被涂上神圣的光环,是学习神学——全部知识的知识高峰——的必要前提。"[②]到了 13 世纪,学院课程结构依然以七艺为基础,但是大学所实际教授的东西与七艺渐行渐远。新的学习由辩证法

---

① 胡建雄.学科组织创新[M].杭州:浙江大学出版社,2001:243-244.
② 华勒斯坦,等.学科·知识·权力[M]. 刘健芝,等译.北京:生活·新知·三联书店,1999:14.

和哲学主导,而非逻辑、语法和修辞。① 从 16 世纪开始,欧洲大学的课程结构之间的共性逐步减少,"在法国、英国和德国,自然哲学方面的内容逐步取代传统'七艺'的地位。巴黎大学开始传授伦理学、物理学和近代数学等新内容,笛卡尔的二元论和先验论,牛顿的机械论、动力学、解析几何等近代自然科学逐步进入法国大学的课程。德国大学的变化更加典型,哥廷根大学在文学学部中新设政治学、自然历史、地理、外交学、数学、科学、艺术、古典和近代语言等课程"。② 17 世纪中叶,科学学会的成立标志着知识划分史上的突破。1662 年,英国皇家学会(Royal Society)成立,学会的宗旨是:"通过实验手段增益关于自然万物的知识,完善一切手工工艺、制造方法和机械技术,改进各种机器和发明……无涉于神学、形而上学、伦理学、政治学、语法学、修辞学或逻辑学。"③由此可见,皇家学会不再执着于经院哲学式的课程划分,而是投入到自然科学的研究中。伴随着新领域而来的还有新的探究方法:不再是经院论争而是"实验哲学"。④ 新的科学继续被称为"自然哲学",但却厘清了自然知识跟其他知识的界限,这为日后的学科专门化提供了可能性。

18 世纪末,自然哲学断裂为各门独立的自然科学,这也预示着现代意义上的学科正式诞生。随后不久,社会科学从道德哲学中分裂出来,现代人文学科则首先以古典语文学的形式出现,进一步衍生出历史、现代语言甚至艺术史。⑤ 到了 19 世纪初,研讨班(seminar,1737 年始于德国大学)、实验室(1780 年间始于法国高等学府)、课室(classroom,1760 年始于苏格兰的格拉斯哥大学)三种教学法取得了快速的发展,这不仅促成了新的人文学科、自然学科和社会学科的诞生,形成了诠释性理论、自然科学和社会科学的研究范式,而且还培养了学科新人。⑥ 随着 19 世纪初三种教学法的成熟,学科制度已经悄然成形,知识的学科化和专业化得以实现,一种以生产新知识、培养知识创造者

① 华勒斯坦,等.学科·知识·权力[M].刘健芝,等译.北京:生活·新知·三联书店,1999:12-13.
② 黄福涛.欧洲高等教育近代化的类型与道路分析[J].高等教育研究,1999(1):91-95.
③ 华勒斯坦,等.开放社会科学:重建社会科学报告书[M].刘锋,译.北京:生活·读书·新知三联书店,1997:4.
④ 华勒斯坦,等.学科·知识·权力[M].刘健芝,等译.北京:生活·新知·三联书店,1999:16.
⑤ 华勒斯坦,等.学科·知识·权力[M].刘健芝,等译.北京:生活·新知·三联书店,1999:16.
⑥ 鲍嵘.学科制度的源起及走向初探[J].高等教育研究,2002(4):102-106.

为宗旨的永久性的制度结构确立起来了。正如华勒斯坦等人指出:"19世纪思想史的首先标志就在于知识的学科化和专业化,即创立了以生产新知识、培养知识创造者为宗旨的永久性制度结构。"①此后,各学科从哲学母体中分离出来,成为独立的学科。从学科组织的角度来看,学科制度化的实现标志着大学机构的内外部变革。比如:(1)在大学里设立一些讲座职位,以保证学科教学、研究的权威性;(2)在大学里建立一些相关学习开设学科课程,以保证学科知识的传承;(3)大学颁发学位证书,以保证学科教学和研究的质量标准;(4)按学科建立各种学会,以保证学科的群体知识消费性;(5)编辑学术期刊,以保证学科知识生产的前沿性和成果的交流;(6)建立按学科分类的图书收藏制度。②

伴随着学科制度化的成形,大学的教师角色也逐渐呈现出分化的态势,诞生了一批围绕学科开展学术活动的教师群体,大学内部的知识生产活动亦被分割在不同的知识领域。反映在大学内部的组织架构上,则设置了形式不一的学科型组织。知识生产发生于学科的范畴之内,而生产出的知识又会不断朝着专业化和日益相互分割的方向发展。同时,在学科内接受训练的人为了谋求学科的专业地位,则可能会在学科间内树立不必要的界限,以巩固自身的利益需求等等。这是19世纪后大学知识生产活动最为显著的特征。

二、讲座制的兴盛与衰落

(一)讲座制的溯源

讲座制最早出现在欧洲中世纪的大学,这一点在已有的研究文献中可以得到相应的证实。行会是欧洲中世纪大学雏形的重要形式之一,在欧洲中世纪特定的历史背景下,行会的形成与发展有其自身的历史原因。社会秩序的混乱、不同文化与文明之间的冲突以及自我保护的需求导致了种族群体部落的自发形成,社会商人以及手工业者为了避免外来人员的攻击与掠夺,自发聚集在一起组建成特定的群体组织——行会。这一组织模式后来得到人们的认可和赞赏,因其不仅能够保护自身的利益不受损失,而且同时还能在一起相互切磋手艺,交流信息,互帮互助,共同成长。随后诞生的学者行会(universitas)

① 华勒斯坦等.开放社会科学:重建社会科学报告书[M].刘锋,译.北京:生活·读书·新知三联书店,1997:8-9.
② 朴雪涛.知识制度视野中的大学发展[M].北京:人民出版社,2007:136-137.

正是基于这种模式而模仿生成的,当时的教授(师傅),组织一些助教(工匠)和一批学生(学徒)成立了行会。在学者行会组织中,教师授课的座椅(cathedra)事实上就隐喻着讲座教职(professorial chair)。这种座椅,最先为基督教主教布道所专用。而后,教会中的牧师,在获得高级职位后被称为讲座。当时的教师行会,借用该称谓,在获得教授职位时亦称为讲座。①

讲座制隐喻着对学术声望的追寻。亦即早期的学生在大学尚未形成明确的建制与组织之时,追寻的是讲座教师的声誉和名望。也就是说,名师便是名校,名师的地位象征着学校的声望。在当时来看,学生的归属不是学校,而是名师。比如,当名师从一所学校迁往另一所学校,学生也会随风而动。教师讲座所在之处,便是学生聚集之处。② 后来梅贻琦先生的"大学者,非谓有大楼之谓也,有大师之谓也"与此理念有异曲同工之妙。大学组织的诞生也与讲座制有着不可割断的联系。博洛尼亚大学、巴黎大学等原型大学生成的关键因素之一便是受到了讲座制的渗透与影响;讲座制象征着讲座教职的学术地位。有学者在研究中提及,当时只有授课教师坐在带有靠背的椅子上,学生只能坐在简陋的长凳上,部分幸运者才可以靠在墙边听课。③ 也有研究者指出,中世纪大学在教室设施的配置上,并不会为全部师生都提供桌椅。而通常只为教师配备一把椅子和一张书桌,偶尔在神学、法学和医学等高级学院,为学生配有长凳和书桌,但是文科学院的学生通常只能席地而坐。④ 种种历史迹象无不表明,讲座教职在中世纪所处的地位是非常之高,甚至属于教学过程中的绝对权威,而这种现象与今天我们看到的西方大学教室座次安排以及师生平等早已大相径庭。

讲座席位的获得不是一个简单容易的事情,一般意义上而言,在成为讲座教职之前,是要经过层层筛选和把关的。对于一个获得了学位的中世纪大学生来说,首先需要在特定教师的监督培训下给予新生相应的辅导,偶尔会被允许授课。而在可以申请进入正式教职行列之前,则需要经过长达五至六年的

① CLARK W. Academic charisma and the origins of the research university [M]. Chicago:The University of Chicago Press,2006:4-5.
② SCHACHNER N. The mediaeval universities[M]. London:George Allen & Unwin Ltd,1938:2-6.
③ CLARK W. Academic charisma and the origins of the research university [M]. Chicago:The University of Chicago Press,2006:5.
④ PEDERSEN O. The first universities:studium generale and the origins of university education in Europe[M]. Cambridge:Cambridge University Press,1997:211.

培训学习时间。之后,才可以申请领取教学许可证,此时要面临的是严格的公开答辩考试。领取教学许可证之后,还需经过教师行会的仪式认可之后方可以授课。在仪式上,他要面对全体教师进行一次正式的就职演讲,接受主持教师给予的方形帽、书本、戒指以及祝福之吻后,方可坐在教师座椅上。次日便可登台授课,享受中世纪赋予教师的特权。[①] 讲座的出现在中世纪具有重要的意义,为后来德国大学的发展以及得到大学的改革打下了坚持的基础。

（二）讲座制的兴盛

自 19 世纪学科制度形成以来,讲座制成为欧洲大学基层学术组织的一种重要形式与典型代表。对于德国的研究型大学来讲,讲座制长期屹立于德国大学组织体系中,并在特定历史时期内对德国大学的发展以及德国高等教育的强盛做出了突出的贡献。伴随着学科的制度化进程,讲座制在 19 世纪取得了长足的发展和成就。19 世纪初期以来,德国大学实施了一系列的改革,在这场改革运动中,以施莱尔马赫(Friedrich Schleiermacher)、费希特(Fichte)、洪堡(Humboldt)等为代表的新人文主义者发挥了主导作用。19 世纪,德国大学处于鼎盛时期,彼时的世界高等教育中心正是位于德国,这在很大程度上便是得益于讲座制。通常而言,讲座教授具备深厚的教学资质,在其领域内拥有绝对的权威,并且是讲座制度下唯一的教席持有者和负责人。对于围绕该讲座所设立的研究所而言,虽然拥有完备的教职人员和教学设备,但是研究所的各项事务均处于讲座教授的控制之下,包括课程的设置、考试的安排、教师的聘用以及科学研究工作等都由讲座教授直接领导。讲座制虽然不是一种完美的制度设计,甚至自身带有很多缺点,比如最常为人们诟病的就是讲座教授权力的过度集中。然而在当时的德国,人们却普遍认为,讲座制有效促进了科学研究职能的发挥,保证了学术自由。由洪堡主导创办的具有现代里程碑意义的柏林大学便在很大程度上采纳了讲座制。柏林大学创办之初的根本思想是:"大学最主要的原则是尊重自由的学术研究",[②]在此基础上,洪堡倡导并提出大学的教学应当与科学研究相结合,洪堡认为教学不应该是大学唯一的职能,而应在教学的基础上实施科研。教学应该是一种创造性活动,而科研便是保障教师创造性的一种重要途径。

在洪堡思想的影响下,柏林大学一度引领了大学办学的风潮,尊重科学研

① SCHACHNER N. The mediaeval universities[M]. London: George Allen & Unwin Ltd, 1938: 128-131.

② 阿什比.科技发达时代的大学教育[M].滕大春,译.北京:人民教育出版社,1983:125.

究的精神理念成为柏林大学的办学主旨。柏林大学尤其重视科研,从海外聘请各领域的专家学者,设立了神学、法学、医学、化学、农业、语言和数学等多个学科的讲座,随后围绕讲座成立了若干个研究所,这些研究所一般同时具备教学与科研功能。柏林大学的确立,使得科学研究成为大学新的职能,讲座制也成为后来影响深远的基层学术组织制度。西方学者曾这样描绘柏林大学:"柏林大学的创办像一个燃烧点发出耀眼的光芒,一切光线全部从这里发出。"① 讲座制在德国大学汲取了新的能量,成为德国大学重要基层学术组织形式,为德国大学的快速发展奠定了基础。

19 世纪以来,以讲座制为代表的基层学术组织成为研究型大学中典型的学术机构模式,并为 19 世纪大学的辉煌创造了坚实的根基。随着世界高等教育中心地位在德国的确立,这种辉煌渗透和影响着世界高等教育的格局与图景。讲座制的影响是如此深远和广泛,以至于 19 世纪的英国大学教师向往德国同僚,既是一名教师,也是一位专家学者、一位哲学家。② 尽管讲座制在英国因学术寡头的特征饱受诟病,但是讲座与学院并存的折中模式,最终在英国得以形成。③ 日本高等教育机构仿照德国模式实施改革,不但追求"纯粹科学"的理念,转化成为社会服务的思想,而且"讲座"也逐渐演变为一劳永逸的"沙发"。④ 日本名牌国立研究型大学的最小单位便是讲座,每个讲座由 1 名正教授负责,还包括 1 名副教授和 1 ~ 3 名助教。讲座既进行科研活动,又向本科生和研究生授课。讲座主持人对讲座的控制程度随大学学部具体情况的不同而有很大不同。⑤ 此外,讲座也是意大利以及瑞典等欧洲国家的高等教育的基层单位。⑥

讲座制在高等教育历史上画下了浓重的一笔,事实证明,讲座制影响了 19 世纪和 20 世纪上半叶许多国家,包括法国、日本、西班牙、葡萄牙、瑞典和意大利。最重要的是由于亚洲和非洲殖民地政府或民间移植了德国、法国、意

① C W 克劳利.新编剑桥世纪近代史:第 9 卷[M].北京:中国社会科学出版社,1992:169.
② 胡钦晓.大学讲座制的历史演变及借鉴[J].现代大学教育,2010(6):77-81.
③ CLARK W. Academic charisma and the origins of the research university [M]. Chicago:The University of Chicago Press,2006:457.
④ FOREST J,ALTBACH P. International handbook of higher education[M]. Dordecht: Springer,2006:191.
⑤ 伯顿·克拉克.高等教育系统:学术组织的跨国研究[M].王承绪,徐辉,殷企平,等译. 杭州:杭州大学出版社,1994:210.
⑥ 郭培霞.试论德国讲座制[J].和田师范专科学校学报(汉文综合版),2007(2):54-55.

大利、西班牙、葡萄牙和英国的学术组织模式,讲座制俨然已遍及全世界。[①]
讲座制的影响是广泛且深远的,作为西方大学组织体系内一种典型的基层学
术组织,讲座制如一面镜子一样映射了19世纪德国大学的学术生态与样貌。
讲座制是特定历史时期的产物,在讲座制的制度模式下,行政权力与学术权力
合二为一,不存在严格的界限。作为一种典型的基层学术组织形式,讲座制虽
然存在很多弊端,但不可否认,从19世纪初至20世纪上半叶,讲座制为德国
大学的发展与强盛立下了汗马功劳,也为世界高等教育发展做出了杰出贡献。

（三）讲座制的衰落

讲座制在19世纪取得了辉煌成就,然而随着时代发展,讲座制终究没有
经得住考验,逐渐退出历史的舞台。讲座制是学科分化的产物,适应了知识分
化与细化等基本态势。20世纪下半叶以来,随着高等教育规模的扩大以及学
生人数的增加,以及人们对知识综合化的呼唤,讲座制与时代之间的鸿沟愈发
扩大,愈来愈不适应日益发展中的研究型大学。讲座教授集权领导及绝对权
威相悖于日益显现的民主治理,两者之间的矛盾愈发难以调和;此外,由于学
生规模的迅速扩张,适用于小规模的讲座制显然力不从心,难以有效满足学生
及学校的需求。而若只是依靠讲座的个数的简单增加及不断加重讲座教授的
负担,讲座制便会失去原有的意义;再者,讲座制度下的教授一般身兼数职,既
是教授、学者,又是管理者,既需要教学,又需要科研。这种制度设计在规模较
小的情况下往往能发挥出独特优势,因为讲座制所赋予的自给自足而又高度
自治的管理特征,能够使得教授享有较大自主权,进而为教学和科研提供一种
自由宽松的学术氛围。但自高等教育规模扩张以来,讲座教授一人挑起诸多
担子显然已经不合时宜。随着大学的发展和知识的分化,人们不断呼吁打破
学科壁垒,实现协同创新,而相对保守且明显带有"围墙"的讲座制难堪重任。

二战结束以来,为了应对外部环境的变化,世界各国基于自身国情与高等
教育生态开始对大学基层学术组织实施改革。20世纪60年代,德国高等教
育对曾赋予其辉煌的讲座制进行了调整。诺贝尔奖获得者鲁道夫·穆斯堡尔
(Rudolf Mossbauer)在慕尼黑技术大学组建了物理系,该系由5名讲座讲授
及其研究所组合而成。学系成立三人管理委员会,每年遴选主任。不过很快

---

① 伯顿·克拉克.高等教育系统:学术组织的跨国研究[M].王承绪,徐辉,殷企平,等译.
杭州:杭州大学出版社,1994:211.

在国家整体变革影响下,"学系"被易名为"学域"。① 20 世纪 90 年代以后,日本政府为改变讲座制为大学发展带来的诸多困境,推出了一系列改革措施。包括建立研究中心等讲座之外的新型组织、改变讲座的依附组织以及合并原有的讲座转换为"大讲座"等等。② 在整个 20 世纪后半期,大学讲座制发生了世界范围性的整体变革。瑞典在保留讲座的同时,强化了学系建制;法国新建教学科研单位(UERs)取代了传统学院,讲座为学系所取代。③ 从讲座制的发展来看,讲座制虽然取得了辉煌的成就,但却终究没有经得起历史的考验。20世纪下半叶以来的种种现实告诉人们,讲座制已逐渐走向没落与萧条。

三、制度借鉴与学系制的诞生

20 世纪后半期,改革讲座制已成大势所趋,取而代之的是另一种影响广泛且深远的基层学术组织类型——学系。学系制产生于 19 世纪的美国,与此同时,美国也是实施学系制这一基层学术组织的代表性国家。1825 年,哈佛学院率先在美国建立了系级机构。到 20 世纪初,"系"作为大学最低一级单位已经形成,到了 1900 年,系在美国大学和学院里占据了稳固的地位,成为美国大学组织体系里典型的基层学术组织。④

学科是作为大学制度的一个组成部分而形成和发展起来的,对于美国研究型大学来说,学系制构成了大学制度的核心。美国之所以选择创设学系制,而没有在 19 世纪直接移植德国的讲座制,是有特定历史背景和原因的。其中较为显著的背景之一便是美国民主式的政治环境及价值观,这直接导致了美国对学系制的选择与发扬。讲座制虽然最大限度上保障了讲座教授的学术自由,但是这种权威式管理与运行同样会造成很多严重的问题。比如无法实现较好的人员流动,不利于年轻学者的成长成才等等。而相对于讲座制,学系制

① VAN DE GRAAFF J H. Can department structures replace a chair system? comparative perspectives on university organisation[J]. A journal of comparative and international education,1982,12(1):29-40.

② OGAWA Y. Challenging the traditional organization of Japanese universities[J]. Higher education,2002,43(1):85-108

③ CLARK B R. The higher education system:academic organization in cross-national perspective[M]. Berkeley:University of California Press,1983:188.

④ 马超.从讲座制的兴衰透视大学内部管理的新趋势[J].清华大学教育研究,2005(4):27-32.

中系的权力比较分散,学术事务和行政事务由不同的人负责,避免了学术权力与行政权力的交织与融合,这种情况下,系主任难以成为"学术寡头",保障了基层组织和教授享有广泛的学术自治和民主,更为贴合美国的政治精神和价值观。此外,南北战争之后,美国高等教育在随后的半个世纪里奠定了坚实的发展基础,这一时期也被誉为是美国高等教育走向强盛及走向世界高等教育中心的关键时期。内战结束之后,不论是美国大学的数量,还是大学的入学人数,都得到了史无前例的增加。统计数据显示,仅在 1900 年,美国的高等教育机构就已有 400 多所,在校生规模也达到约 23.8 万人,与 1850 年相比,整整增长了 19 倍。[①] 1935 年,美国高等教育机构数量增至 1600 所,在校生数量达到 120.85 万人。[②] 到了 1958 年,高等教育机构数量由 1600 所增至 1900 所,在校生人数 306.8 万人。高等教育规模的增加亟须高等教育组织的创新与改革,以应对新时期的挑战,而学系制的形成和发展正好适应了这一需求。

1933 年,随着纳粹的上台,德国的大学也开始逐步走向衰落。而在 1934 年,美国诞生了 4 位诺贝尔奖获得者。因此,有学者认为,1933—1934 年被看作既是德国大学走向衰落之际,也是美国大学崛起并走向兴盛之时。[③] 同一时期内,世界高等教育中心逐渐由德国转向美国,实现了世界高等教育中心的又一次转移。如同讲座制一样,美国的学系制在世界范围内也产生了深远的影响,后来被移植到许多国家的大学组织体系中,时至今日,这种制度仍然存在着,而且学系也成为今天大学内部常见且典型的组织性形式。

随着世界高等教育中心的转移,大学基层学术组织也面临着系列改革。在 19 世纪后半叶至 20 世纪上半叶近乎一个世纪的时间跨度内,德国讲座制的影响和成就都是有目共睹且举世瞩目的。人们甚至一度将德国的大学公认为是以结合教学和科研并以科研为基础的高等教育领导者。然而,讲座体制下僵化的组织形式以及集权的组织管理特征成为阻碍科研创新的屏障。正如伯顿·克拉克所说:"从 19 世纪 20 年代发展起来的操作层次,特别是它的'讲座'形式的局部控制,到 19 世纪末,有许多已经变得僵化,已经变成凝固的权力。负责管理的教授已经发展成为他们的既得利益,使在他们领域内兴起的新专业作为亚专业保留在他们自己研究所以内,而不允许它们成为新的研究

①　CARMICHAEL O C. Universities:common wealth and american:a comparative study [M]. New York:Harper & Brothers Publishers,1959:45.

②　滕大春.美国教育史[M].北京:人民教育出版社,1994:410-411.

③　贺国庆.德国和美国大学发达史[M].北京:人民教育出版社,1998:183-184.

所或独立的讲座。"①可以看出的是,"急剧改变了的环境对牢固地树立的框架施加巨大的压力。古老的方法不仅在德国越来越受到挑战,特别是在 1960 年以后的几十年,而且它们已经被美国新的大学制度远远地抛在后面"。②

自 20 世纪 60 年代起,以欧洲大陆国家为代表的大学基层学术组织开始从讲座制向系科制转变。③ 以法国为例,1968 年 5 月,法国发生了震撼世界的学生运动——五月风暴,此时的法国是全球瞩目的焦点,波澜壮阔的社会运动正在吞噬着法国。此次运动之后,法国高等教育领域内实施了针对大学学术组织的系列改革。反映在基层学术组织层面内,则是以系科代替了讲座,把教师和研究人员不分资历深浅一律安排在新的教学科研单位(UERs)里。新的教学科研单位可以是一个系,也可由几个系组成;在瑞典,其大学虽然并无完全摒弃讲座制,但是在保留讲座制的同时加强了学系的建设。④ 即便是对于德国而言,也难逃革新讲座制的命运。20 世纪 60 年代,德国深化改革了高等教育体制,其经典的讲座制和研究所也逐渐被诞生于美国的学系制所取代。在德国的语言体系中,虽然它们一般将调整后的学术单位称作"科"(sek-tionen),但是性质上却相当于英美大学的系。而原来以讲座教授为中心所成立的各种研究所也逐渐被予以取缔,其中有许多合并成系。比如,全国整个高教系统大约有 190 个系代替了原来的 960 个研究所。以柏林的洪堡大学为例,它现在由 26 个系组成,代替了先前那种由 169 个研究所和 7 个学部组成的格局。⑤

20 世纪下半叶起,讲座制向学系制的转变成为一种普遍趋势。学系制对欧洲国家来说,其影响在某种程度上与讲座制难分伯仲,但是为人们所共同认可的是,"系比欧洲的讲座更加灵活和易于扩展,以学科群体的学院式控制取

---

① 伯顿·克拉克.探究的场所:现代大学的科研和研究生教育[M].王承绪,译.杭州:浙江教育出版社,2001:20.

② 伯顿·克拉克.探究的场所:现代大学的科研和研究生教育[M].王承绪,译.杭州:浙江教育出版社,2001:20.

③ 伯顿·克拉克.高等教育系统:学术组织的跨国研究[M].王承绪,徐辉,殷企平,等译.杭州:杭州大学出版社,1994:210.

④ 约翰·范德格拉夫.学术权力:七国高等教育管理体制比较[M].王承绪,张维平,徐辉,等译.杭州:浙江教育出版社,2001:139.

⑤ 伯顿·克拉克.高等教育系统:学术组织的跨国研究[M].王承绪,徐辉,殷企平,等译.杭州:杭州大学出版社,1994:211.

代了一位教授的霸权"。① "对任何东欧国家的高等教育体制来说,系科的引进是一场最剧烈的变革,它还是最成功的改革之一。"② 从讲座制到学系制,不仅象征着大学内部权力的变更,同时也是大学的一部兴衰史。

第三节　时代的新宠:跨学科组织

一、交叉融合: 学科发展的趋势

19 世纪中叶至 20 世纪上半叶,随着市场经济的普及化及劳动分工的细化,劳动过程被区分为不同的领域,每个领域成了不同学科的研究对象。科学从一种总体性的研究进入更为细化、实证化的研究,以总体性为取向的哲学理想,在"形而上学"的标签下被放逐了。③ 20 世纪中期以来,学科有加速分化的趋势,专门学科和专题研究领域越来越多,各学科变得越来越支离破碎,研究机构、高等学校和社会机构越来越分化。新的学科名称层出不穷,并且均获得了适当的制度性基础:在大学里产生了新建的系,新的学术团体,新创办的期刊,以及各图书馆制定的新的分类书目。④ 一方面,学科分化提高了知识生产效率,促使知识产量大幅提升,英国技术预测专家詹姆斯·马丁(James Martin)曾做过一个测算,即"人类知识总量在 19 世纪每 50 年翻一番,20 世纪初大约每 30 年翻一番,50 年代每 10 年翻一番,70 年代每 5 年翻一番,20 世纪末每 3 年翻一番"。⑤ 另一方面,学科过度分化却为科学的进一步发展带来了障碍,不仅加固了学科壁垒,而且导致了知识上的破碎和人才上的单一。

① 伯顿·克拉克.探究的场所:现代大学的科研和研究生教育[M].王承绪,译.杭州:浙江教育出版社,2001:181.
② 伯顿·克拉克.高等教育系统:学术组织的跨国研究[M].王承绪,徐辉,殷企平,等译.杭州:杭州大学出版社,1994:211.
③ 仰海峰.从分化到整合:重申人文社会科学研究中的总体性方法[M]//全国高校社会科学科研管理研究会.跨学科研究与哲学社会科学发展.武汉:武汉大学出版社,2009:45.
④ 华勒斯坦,等.开放社会科学:重建社会科学报告书[M].刘锋,译.北京:生活·读书·新知三联书店,1997:51.
⑤ 丁润生.无尽的宝藏[M].重庆:重庆出版社,1988:342.

与此同时，也造成了阶层的隔阂与文化的对立，斯诺（C. P. Snow）提出的两种文化便是最好的例证。

社会科学面临着各种问题，人们对学科的结构方式也从学术上提出了一些异议。1945年至今，社会科学内部也在对学科分化进行着一系列争论，在讨论世界变化的基础之上，华勒斯坦等人提出了三个问题：[①]（1）各门社会科学之间的区分是否有效？（2）社会科学遗产在多大程度上是偏狭的？（3）"两种文化"之间的区分是否具有实用性和现实性？对于大学而言，知识分割带来的是新兴学科的诞生，新兴学科产生新的学系。在由知识分割产生新兴学科，由新兴学科带来新兴学系的这一模式中，"知识""学科""学系"三者之间相互渗透，相互影响。但是学科发展的内在逻辑决定了在学科分化已经趋向极致的今天，重大的科学发现往往更多地发生在学科的交叉地带，这样的例子不胜枚举。由于研究一些复杂的问题需要多个学科的知识，学科发展又出现了融合的趋势，传统经典学科间的界限被不断打破，学科的边界被重新划分，一些交叉学科（如物理化学、分子生物学）和多学科的研究领域（如女性研究、城市研究、脑科学研究）开始大量出现，并且在大学中也逐渐确立了学科的合法性。学科发展正在走向新一轮的"复合"，即在承认学科差异的基础上不断打破学科边界，促进学科间相互渗透、交叉的活动。"有一点很清楚，自然科学、社会科学和人文科学的三分法已经不像它一度显示出的那样不证自明了。同样，各门社会科学也不再是站在自然科学和人文科学这两个对立的家族之间、不知该投靠那一方的'亲戚'，恰恰相反，它们业已成为自身潜在调和的场所。"[②]在社会科学领域，分化的学科正在朝着综合性社会科学的方向汇合，产生了丰富多样的成果，而这正是社会科学对学术发展趋势所做出的回应与反应。

自然科学亦面临着同样的境遇，学科的交叉融合越来越被重视。物理学家、量子论的创始人普朗克（Max Planck）曾说："科学是内在的整体，被分解为单独的部门不是取决于事物的本质，而是取决于人类认识能力的局限性。实际上存在着由物理学到化学、通过生物学和人类学到社会科学的链条，这是一个任何一处都不能被打断的链条。"[③]德国著名物理学家、量子力学的主要

---

① 华勒斯坦，等.开放社会科学：重建社会科学报告书[M].刘锋，译.北京：生活·读书·新知三联书店，1997：39.
② 华勒斯坦，等.开放社会科学：重建社会科学报告书[M].刘锋，译.北京：生活·读书·新知三联书店，1997：50-51.
③ 左金凤，温新民.基于学科交叉的科研平台建设策略[J].经济与社会发展，2006（3）：169-171.

创始人海森伯格（Werner Karl Heisenberg）也认为："在人类思想史上，最有成果的发现常常发生在两条不同思维路线的交叉点上。"在自然科学界，诸多重大的科研发现几乎都是学科交叉的结果，从诺贝尔奖获得者的学术背景亦可察觉这种现象。1953年，正是由于化学家鲍林（Linus Carl Pauling）、分子生物学家沃森（James Dewey Watson）、物理学家克里克（Francis Crick）、富兰克林（R.E. Franklin）以及威尔金斯（Maurice Hugh Frederick Wilkins）等不同领域专家的跨学科甚至是跨地域合作，才有了DNA双螺旋结构的重大发现。1986年，诺贝尔基金会主席在颁奖词中说："从近几年诺贝尔奖获得者的人选可明显看到，物理学和化学之间，旧的学术界限已在不同的方面被突破。它们不仅相互交叉，而且形成了没有鲜明界限的连续区，甚至在生物学和医学等其他学科，也发生了同样的关系。"[①]

自然科学、社会科学和人文科学三分鼎力的局面变得日益模糊起来，学科交叉融合的发展趋势似乎变得明朗，不管人们对此做出何种评价，但跨学科到来是不可避免的事实，它对原有学科结构体系产生的影响也是显而易见的。多学科之间相互作用，相互渗透，不仅有利于综合性解决人类面对的重大现实问题，还能创造出世界性的前沿成果。1962年，波拉尼（Polanyi）设想"一连串的相互欣赏……整个科学被相互交叠的比邻学科呈线性或网络状的覆盖……那种在你情我愿之下建立的联系连接着所有其他成员"。1969年，坎贝尔（Campbell）提出了"鱼鳞模式"，在这种模式中，各专门研究领域就像鱼身上的鳞一样相互交叠，从而促成"集体交流、集体竞争和宽容"的出现；1972年，克兰（Crane, D.）说每个专业领域似乎都与几个别专业领域相关，但是相关的方式是所有领域以一种蜂窝状结构互锁。所以，在这些鱼鳞、链条和蜂窝汇聚一处时，就可能让人想起从不连贯回归连贯、从碎片化回归到整体化的景象：合众为一。[②]

二、知识生产模式的转型

知识生产模式的转型在研究型大学基层学术组织变革中扮演着重要的角色，同时其也是促进研究型大学基层学术组织改革的一个重要因素。作为知

---

① 李喜先.21世纪100个交叉科学难题[M].北京：科学出版社，2005：11.
② 托尼·比彻，保罗·特罗勒尔.学术部落及其领地：知识探索与学科文化[M].唐跃琴，等译.北京：北京大学出版社，2008：70.

识创新、传播与传承的重要组织,大学从诞生之日起就与知识的生产建立了不可分割的关系。随着社会的车轮不断向前推进,似乎方方面面都在发生着悄无声息的改变与革新,变革甚至成为当今社会的一个关键主题。在这期间,知识的生产模式亦随着社会的变革而发生转型。

透过大学的发展史可以知晓,19 世纪的大学还是人们眼中的象牙塔,教学是大学的唯一职能,聚集于象牙塔的学者教授们关注的是对经典学科知识的教学及传授,科学研究对于大学来说还是一件陌生且遥不可及的事情。人们习于坐而论道,在知识方面所发挥的作用更多的也仅是教授与传承,并没有太多的主观意识进行知识创新。直到 19 世纪,随着高等教育中心地位的转移,德国教育学家洪堡将科研引入大学,倡导并提出大学的教学应当与科学研究相结合,与以往只关注教学的大学理念不同的是,洪堡认为教学不应该是大学唯一的职能,而应在教学的基础上实施科研。教学是一种创造性活动,而科研便是保障教师创造性的一种重要途径。洪堡思想的提出与实践促使学者通过规范的学科制度,进行知识生产,即在大学内部通过科学研究的方式,创造出更多的新知识、新理念、新方法,以促使教学的有效进行。人们将这一知识生产模式称之为模式Ⅰ。模式Ⅰ的提出打破了教学与知识经验传授一统大学的局面,并逐步将科学研究与社会利益联结起来。虽然科学研究的引入对大学而言是一次革新,但这个时期的科学研究在很大程度上来讲,仍然囿于学院或者学科范围内,关注的多是一些理论问题,对现实情境的考虑显得略有不足。

在该时期,人们对待知识以及知识的生产,更多的是一种哲学论的维度,知识生产往往被视为是基于个人兴趣的个体行为,而这种行为模式下所生产的知识,与实际的社会需求往往是相互脱节的。总的来说,模式Ⅰ下的知识生产模式呈现出以下基本特征。其一,纯粹为了知识而生产知识,除了知识之外,没有其他实际目的,知识生产的目的带有很强的纯粹性和单一性。其二,知识的生产不能与社会需求建立有效的链接,该模式生产出的知识难以被应用于社会需求,知识生产上缺乏实用主义的理念。其三,就知识生产的场所而言,主要发生在大学内部,一般是大学中的教授及学者群体,他们通常在自身的学科专业领域内进行知识的生产与创新,不同学科领域之间的交流与合作较少。总的来看,洪堡模式下的知识生产是发生于学者群体中的一种基础性及理论性的研究,基于学科自身的相关认知规律展开,知识生产一般源于研究者自身的兴趣。

随着社会经济的发展,科学技术日新月异,人们逐渐意识到将科学研究与社会问题结合起来并用科学研究解决社会问题的重要性。从知识生产的角度而言，人们迫切需要矫枉过正，走出旧有的知识生产模式，并开始思考知识生产如何应对社会的需求。自 20 世纪中叶以来，这种认识愈发深刻，并逐渐改善科学研究的理念，人们有意识地将知识生产看作是一种具有极强意蕴的社会情境活动，认为知识的生产应该以社会的需求为导向，应该满足社会的需求。对于这一科研认识上的变化与转型，在新的历史时期，也有学者专门著书立说，为知识生产模式的转型提供相应的理论基础。

20 世纪末期，迈克尔·吉本斯等人提出的知识生产模式 Ⅱ 意味着新的知识生产模式不再仅限于基础的学科理论研究，而是以重大的研究问题和研究领域为中心，以相互协作及跨学科的方式展开，模式 Ⅱ 将知识生产应用到现实情境，并将科学研究同社会需求联结起来。相较于模式 Ⅰ 知识生产的单一性和纯粹性，模式 Ⅱ 则呈现出了异质性、灵活性以及弥散性等基本特点。同一时期，知识经济理念的强力牵引和国家对科学事业的重视都对新时期的知识生产提供了的较大支持，包括政策上的支持和财政上的支持等等。一个基本的事实和趋势是，科学知识生产模式正在发生着巨大的变革，以科学为基础的"模式 Ⅰ"似乎已不能适应国家和市场的需要，而以重大问题交叉学科为基础的"模式 Ⅱ"则成为时代的新宠，促进了研究型大学"第二次学术革命"。正如彼得·司格特所言，"现代知识生产模式已经由传统的社会价值、古典分析、纯理性或思辨知识转变到知识的改良和创造上来。大学中的科学研究活动也经历了根本性的变革，即由基础科学研究向基础和应用科学相结合的方向转型"。[①]

如果人们仔细探究，还会发现知识生产模式转型过程中所蕴含的另外一个重大的转型，即由学科到跨学科的转型。跨学科是模式 Ⅱ 中知识生产的首要形式，它在知识背景的形成、调动资源的方式以及组织研究、交流研究结果以及评价科研结果上是一种超越学科结构的活动。模式 Ⅱ 的推动力与专业化的学科研究那种占主流的知识模式是完全不同的，模式 Ⅱ 是从　个高度跨学科的背景之中发展出来的。此时的特点体现为一种统一的、超越学科的术语学或者共同方法论的详细阐述。科学合作尽管针对不同主题，但遵循一个由

---

① BRETON G，LAMBERT M，UNESCO. Universities and globalization：private linkages，public trust[M].Paris：UNESCO Publishing，2003：211-222.

所有参与学科共同分享的一般框架。① 从知识生产的"模式Ⅰ"到"模式Ⅱ"，知识生产的方式经历了一次革命性转型，尤其在知识经济时代，这种转型尤为必要。在现代社会，人们无时无刻不在感受新事物的诞生以及旧事物的消亡，社会上诸多新的议题甚至不能靠大学自身解决，更不用仅靠单一学科。因此，大学也越来越走向社会的中心，并开始与企业、政府等展开协同合作。总的来说，"模式Ⅱ"的知识生产模式更好地适应了现代社会发展的要求，对现代社会的革新有积极的影响。

向知识生产模式Ⅱ的转变意味着高等教育的持续变革，变革的动力指向知识及其生产和传播的模式。此外，知识生产模式的转型伴随的是学科边界的日趋模糊，在许多领域和项目中，如人类基因组计划，跨学科的工作成为一种规则，同样的趋势也能在社会学科领域看到。人们普遍认为，采取单一学科方式无法解决现实社会的重大问题。传统上，认为专业化纯粹是劳动分工的产物，是科研活动依据学科内部逻辑不断发展的必然结果。在学科内部，知识源源不断地生产出来，新的研究成果又使得大量新问题出现，这会要求科研工作者必须专门化。这样的过程至今依然存在，但已经远不能概括知识生产的现况了。因为，如果仅仅将目光聚焦于某些专业的研究机构，而不关注灵活多变的沟通渠道如何产生，就会显得不合时宜了。总之，新知识的生产已经不再局限于学科内部，而是同样发生在已有学科分野的缝隙之中，产生于不同学科的交互过程中，并随着影响边远地区的科研实践的仪器和方法的传播应运而生。②

三、跨学科组织的确立与发展

已有的研究文献显示，跨学科一词最早出现在 20 世纪 20 年代由美国社会科学研究理事会（Social Science Research Council）所召开的一次会议中；随后不久，哥伦比亚大学心理学家伍德沃斯（Woodworth）首次公开使用了跨学科这一术语；到了 20 世纪 50 年代，"跨学科"在社会科学界普遍使用。③ 20 世

① 迈克尔·吉本斯,等.知识生产的新模式:当代社会科学与研究的动力学[M].陈洪捷,沈文钦,等译.北京:北京大学出版社,2011:25.

② 迈克尔·吉本斯,等.知识生产的新模式:当代社会科学与研究的动力学[M].陈洪捷,沈文钦,等译.北京:北京大学出版社,2011:130-131.

③ 邢新主,柳卸林,陈颖.跨学科制度对博士后科研创新能力的影响[J].科学学与科学技术管理,2008(11):181-183.

纪上半叶,对于何为"跨学科",人们的理解是比较模糊的,在学科占主导地位的时代背景下,人们并未对跨学科展开系统的研究。直到 20 世纪后期,人们才逐渐认识到"跨学科"的重要性。1979 年 9 月 7—12 日,经济合作与发展组织(OECD)下属的"教育研究与改革中心"(CERI)与法国教育部合作,在法国尼斯大学召开以"跨学科"为主题的国际学术研讨会。21 个国家代表和部分的跨学科专家共 57 人参加了会议。① 会议对跨学科研究及跨学科教育等问题进行了探讨,随后还出版了《跨学科学——大学中的教学和研究问题》。

长期以来,以学科为中心成为大学组织建制中的一个重要依据与标准。对于学科,伯顿·克拉克曾形象地说:"当我们把目光投向高等教育的'生产车间'时,我们所看到的是一群群研究一门门知识的专业学者。这种一门门的知识称作'学科',而组织正是围绕这些学科确立起来的。"②然而,固化的学科思维容易滋生一系列的问题。学科人往往将学科作为归属,只对学科负责,很少关注环境、生态、文明等关乎人类命运同时又需要协同合作的重大问题。多年来基于学科的院系组织建制仿佛一个个"鸽笼"一样将学者及知识加以切分与隔离,殊不知,鸽子的成长不仅需要鸽笼,而且更加需要一个开阔的广场,对于大学中的人才培养而言,亦是如此。加之单个学科领域内的研究问题趋于穷尽,很难取得重大创新。针对该现象,不少学者基于各自的立场给出了相应的论述,比如西方学者托尼·贝彻(Tony Becher)极力主张实施跨学科战略,以跨越传统的学科分解,最终实现知识的统一。③ 盖格从传统学系这一组织方式的局限性出发,阐述知识的发展要求通过跨学科组织的形式进行,并提出了在研究型大学建立"有组织的研究单位"(organized research units,ORUs)的主张,以适应一些由于规模、时间和目标等而不适宜在系结构中进行的研究形式。④ 人们试图打破学科壁垒,强调"学科之间的合作",亦即"跨学科"(interdisciplinary)。

随着跨学科研究的发展,大学的学术组织架构也在发生着深层次的变革。反映在基层学术组织结构上,人们将批判的矛头指向基于学科或专业建立的

① 刘凡丰.跨学科研究的组织与管理[M].上海:复旦大学出版社,2014:4.

② 伯顿·克拉克.高等教育新论:多学科的研究[M].王承绪,徐辉,郑继伟,等译.杭州:浙江教育出版社,1988:119.

③ BARNETT R. Academic community:discourse or discord? [M]. London:Jessica Kingsley Publishers,1994:55.

④ GEIGER R L. Organized Research Units—their role in the development of university research[J]. Journal of higher education,1990,61(1):1-19.

学科型组织的封闭性上,呼吁打破学术壁垒,开放学术组织边界。面临这一现实问题,诸多大学实施了组织改革,设置了各式各样的跨学科研究平台。这样的例子不胜枚举,二战之后的美国研究型大学在联邦政府的资助下,短时间内设置了一大批的跨学科组织单位,包括实验室、研究中心以及研究所等。20世纪80年代,随着《贝杜法案》(Bayh-Dole Act)的颁布,美国政府统一把资助研究所获得的知识产权交给了大学,肯定了大学申请专利和研究成果向企业转让、进行市场推广的做法。在政策的支持下,美国研究型大学加强了与企业之间的联系,研究型大学与企业之间的合作再次推动了跨学科组织的发展。二战后,麻省理工学院对学系加以整合,组建了一批跨系研究中心。为了更为有效地开展跨学科研究,还专门设置了独立的跨学科研究机构,诸如研究中心、研究生以及实验室等。[①] 同样,哥伦比亚大学也是跨学科研究实践的典范,为了鼓励跨学科研究,学校规定跨学科机构的设置无须理事会和校长的批准,学院可以自主实施。在学校的支持下,哥伦比亚大学跨学科机构数量快速增长,由1996年的105个,增至2001年的241个,2004年更是达到277个之多。[②] 此外,诸如哈佛大学、加州大学伯克利分校、伊利诺伊大学香槟分校等世界一流大学均在跨学科组织与跨学科研究方面实施了不同程度的改革,引领了跨学科研究的风潮。

21世纪以来,跨学科研究成为世界学术发展的重要趋势之一,世界各国的高等教育机构都逐渐意识到跨学科研究的重要性,并在该领域进行了理论上的探讨和实践中的尝试。从政策支持到资金投入,从制度设计到理念营造等,各国的高等教育机构均予以了必要的关注。我国也不例外,随着我国对跨学科研究的重视,以清华大学、北京大学为代表的研究型大学在近些年来均成立了若干跨学科研究组织机构。从跨学科的组织特征来讲,跨学科组织机构呈现出多元的建制类型,有学者根据与现有院系的关系,将跨学科组织分为独立建制型、利益分享型和独立预算型等若干类型。[③] 跨学科组织取得显著的发展成就,诸多大学开始建立各种类型的跨学科组织,呈现出繁荣发展的基本态势。为了挣脱原有院系体制束缚,打造一个更为开放、更有活力的合作研究

① 陈涛.跨学科教育:一场静悄悄的大学变革[J].江苏高教,2013(4):63-66.
② 中国社会科学文献信息中心.跨学科研究系列调查报告选登之一 跨学科研究:理论与实践的发展[EB/OL].(2011-08-03)[2018-02-22].http://www.npopss-cn.gov.cn/GB/220182/227704/15318717.html.
③ 陈亚玲.大学跨学科科研组织:起源、类型及运行策略[J].高校教育管理,2012(3):45-49.

社区，哈佛大学突破传统，在校内组建了 24 个专门的跨学科研究机构。这类机构的研究员均来自不同的院系、不同的领域以及不同的学科。在谈及这类跨学科组织机构时，时任哈佛大学校长德鲁·福斯特（Drew Faust）说："科学的变化是具有戏剧性的，这些试验对我们发展科学事业是至为关键的，它促使我们挣脱原有体制的囚牢。"①

斯坦福大学跨学科研究机构的历史悠久，国际事务研究所、经济与政策研究所以及人文研究中心，是斯坦福大学最早兴建的一批跨学科研究组织机构，为斯坦福大学实施跨学科研究打下了坚实的根基。近些年建立的生物材料研究所、神经科学研究所以及医药化学研究中心等均引起了世人的瞩目。发展至今，斯坦福大学一共在全校范围内组建了 18 个跨学科研究组织机构。在麻省理工学院，跨学科理念已经形成一种趋势和共识。随着全球知识经济时代的到来以及知识生产模式的转型，科学工作者愈发觉得需要改变用单一学科知识解决复杂问题的思维方式。基于此，麻省理工学院在跨学科研究的开展以及跨学科组织的设立方面进行了积极的探索，并形成了运行有效的跨学科研究组织机构。麻省理工学院跨越了传统学系甚至学院的界限而建立了各种各样的跨学科中心、实验室以及跨学科计划或课题组等。麻省理工学院跨学科实验室目前已发展到 14 个，除此之外，还有基于院系创建的各类跨学科研究中心、项目等。

---

① 李江.学科交叉，我们能做些什么？［N］.中国科学报，2016-12-01（07）.

第五章
第五章
美国研究型大学基层学术组织的改革

许多大学内传统的学科分野已经被大学外更灵活、贴近现实的研究活动所淡化。同世界上其他国家相比，美国大学在学科研究中心的发展上，抱有更开放和灵活的态度。因此，在知识生产模式转型的这一背景下，许多美国大学都将跨学科研究与更广阔的社会环境联系起来。①

——迈克尔·吉本斯等

第一节　美国研究型大学的学系：从"纯粹"到"混合"

一、学系在美国的诞生与发展

对于美国研究型大学而言，学系在大学组织体系中依旧占有相当的分量。学系的存在不仅提高了大学管理的效率与运行的效率，而且对学科的成长与发展也起着重要的推进作用。学系在为大学带来了诸多显赫业绩与卓越地位的同时，也较好地适应了外部不断变化以及充满着挑战的社会经济环境。学科制度化以来，诞生于德国的讲座制取得了辉煌的成就并影响了世界上大多数国家的高等教育体制。学系制而非讲座制何以能够在美国的研究型大学生根发芽并茁壮成长？回顾高等教育发展的历史，正如大学自身的发源一样，美

---

① 迈克尔·吉本斯,等.知识生产的新模式:当代社会科学与研究的动力学[M].陈洪捷,沈文钦,等译.北京:北京大学出版社,2011:132.

国大学学系的诞生与发展也是多重力量影响下的产物。[①]

在美国学术界,学系诞生的具体背景属于一个难以解开的谜团,相关的文献少之又少。简单地用"对德国大学讲座制的借鉴"这样一个理由显然不能涵盖学系确立的全部成因。殖民地学院时期,欧洲的大学在有形与无形之中都对当时美国的高等教育机构进行文化与制度上的渗透。这种渗透也不可避免,因为大学的创建者多数缘于欧洲。然而,即便如此,诞生在美国殖民地时期的学院依然要呈现出那种特立独行的气势,呈现出了与欧洲大学组织系统并不完全相同的组织架构与大学理念,这点不同则要从建校的特许状与组织结构说起。与欧洲大学不同的是,殖民地学院的创建并没有皇室所颁发的特许状;此外,哈佛学院建立的时候也没有完全复制剑桥大学的整个组织系统,而是以其中的单个学院为范本。据史料记载,哈佛大学在1782年以前甚至没有医学院,直到1816年才建立了神学院,1817年建立了法学院。[②]

几乎与世界各国高等教育发展的历程类似,早期的美国大学规模都是极其小的,小到根本不可能为学系这一基层学术组织的孕育提供土壤。以哈佛学院为例,1640年到1654年间,哈佛学院的人员构成仅仅包括了亨利·旦斯特(Henry Dunster)校长、五个寄宿的教员和导师,以及当时的研究生。[③]1642年,哈佛学院模仿英国大学模式,举行了第一届毕业生的毕业典礼,这次典礼也只有9名学生。从1642年到1689年哈佛学院成立的半个世纪里,共有388名毕业生(见表5-1),平均每年毕业7~8名学生。

表 5-1　1642—1689 年哈佛学院毕业生数量及职业情况表

职业	年份		
	1642—1658	1659—1677	1678—1689
牧师	76	62	42
医生	12	11	4
政府官员	13	17	12
教师	1	8	4

① DRESSEL P L, REICHARD D J. The university department: retrospect and prospect [J].Journal of higher education,1970,(41)5:387-402.

② MORISON S E. Three centuries of Harvard,1636—1936[M]. Massachusetts:Harvard University Press,1937:243.

③ DRESSEL P L, REICHARD D J. The university department: retrospect and prospect [J].Journal of higher education,1970,(41)5:387-402.

续表

职业	年份		
	1642—1658	1659—1677	1678—1689
商人	3	6	1
种植园主、士绅	4	5	2
士兵海员	0	1	4
不定	2	6	0
夭亡	11	5	11
职业不详	27	35	6
合计	149	156	86

资料来源:郭健.哈佛大学发展史研究[M].保定:河北教育出版社,2000:14.

1708 年,董事会选择约翰·列维利特(John Leverett)出任哈佛学院校长,作为第一个非清教成员的校长,约翰·列维利特一改往常综合教学的传统,开始集中致力于科学这一单个领域的教学与研究。在研究者看来,正是约翰的这一举措,专门化或者说是专业化首次在美国大学中出现了。1721 年,哈佛学院设立了第一个霍利斯神学教授席位(the Hollis Professorship of Divinity)的资深教席。在随后的 1729 年至 1764 年间,增加了若干其他领域的教授席位,到了 1767 年,这种专业化愈发增多,专业化的现象也愈发明显。[1]

1823 年,哈佛大学中的一场学生叛乱使监事会对学院组织进行了审视与反思,这场叛乱成为哈佛大学设立学系的转折点。作为这场学生叛乱的处罚结果,在一个总人数为 79 人的班级中,共有 43 个学生遭到开除。[2] 事件之后,哈佛大学监事会重新审视了原有的组织结构,同时评估了设立学系的可能性。1825 年,这种可能性变成了现实。这一年,哈佛大学共组建了六个学系。[3] 哈佛大学设立学系的行动在全国高等教育领域内开辟了先河,为那些面临同样问题的大学提供了示范。随后有若干所大学在组织内部创建了学系这一组织类型,1826 年,佛蒙特大学分成了四个系,并且允许学生在某个特定

---

① DRESSEL P L, REICHARD D J. The university department:retrospect and prospect [J].Journal of higher education,1970,(41)5:387-402.

② THWING C F. The American and the German university:one hundred years of history [M]. New York:Macmillan Company,1928:311.

③ STORR R J. The beginnings of graduate education in America[M]. Chicago:University of Chicago Press,1953:21.

的学系学习;1837年,威斯康星大学成立了四个学系,1857年,又增加了农业化学系、理论和实践工程系、物理天文系、医学系以及法学系等。① 学系使大学的专业教育成为可能并得到有效发挥,为大学中的教师和学生提供了一个联系更为紧密的场所。

除了学生规模增加以及组织管理优化等因素以外,学系的发展还与科学研究思潮的兴起有着不可割裂的联系。1876年,约翰·霍普金斯大学的创建使得研究型大学真正进入人们视野,为了较好地发挥科学研究这一职能,在董事会授权下,约翰·霍普金斯大学建立层级分明的行政管理体系,行政与学术分离,并将学术事务交予学系并赋予其相应的学术权力。1880年,系在康奈尔大学和约翰·霍普金斯大学获得了自治权。此时,"系"也作为正式的基层学术组织得以充分发展并受到诸多大学的纷纷效仿。哈佛大学于1891年至1892年间进一步深化了学系制度;哥伦比亚大学于19世纪90年代末期基本全面实现了学系化,随后不久,耶鲁大学和普林斯顿大学也全面实行了学系制度。②

从1825年学系的建立到19世纪末期人们对学系制度的推崇,学系的发展不仅是一个渐进的过程,同时也是一个漫长的过程,多重力量的交织使得学系这一基层学术组织类型在美国各研究型大学落地生根。1905年,卡内基教学提升基金会(Carnegie Foundation for the Advancement of Teaching)成立,在政策文本的制定中,将学系这一组织因素纳入其中,并规定参与资助申请项目的学校,必须至少拥有6个学系。③ 可以说,在20世纪的第一个十年,曾经充满着质疑与不确定的学系,在美国大学中已经根深蒂固地确立了。与此同时,一个教授传授包括从修辞学到自然哲学等综合知识的时代则一去不复返了。④

二、共同参与: 学系治理的基本特征

同讲座制比较,系的权力比较分散。"那些古老国家的行会形式,给予大

① CURTI M, CARSTENSEN V. The university of Wisconsin, 1848—1925: a history [M].Wisconsin:University of Wisconsin Press, 1949:77-81.

② VEYSEY L R. The emergence of the American university[M]. Chicago:University of Chicago Press, 1965:320-321.

③ HOLLIS E V. Philanthropic foundations and higher education [M]. New York: Columbia University Press,1938:136-137.

④ HECHT W D,HIGGERSON M L,GMELCH W H,et al. The department chair as academic leader[M]. Phoenix:The Oryx Press,1999:4.

学基层组织的师傅,即主持讲座教授以很大的权力,这种形式在美国的大学从来没有立足之地。"①然而,如果将学系的历史回溯至二战之前的那段岁月里,在治理特征上,美国研究型大学历史中的学系并不像现在一样民主。19世纪与20世纪的交替之际是明显的系部独裁时期。也许是因为作为创设者在某个学院创立了新领域,系主任在绝大多数的研究型大学中"一人独大",迅速成长为重要的人物,并且在挑选合作伙伴方面有着非同寻常的影响力。在20世纪初的康奈尔大学,心理系主任铁钦纳(E. B. Tichener)用铁腕统治着心理学。同样,在加州大学伯克利分校,哲学系主任乔治·福尔摩斯·豪威逊(George Holmes Howison)要求他的职员对他个人效忠,不能在教室里表达不同的观点。② 这样的例子也许还有很多,系主任曾在一时拥有至高的权力。很多系主任基于自身为建立某个领域所做出的贡献,追求有关任命和提升的特权,认为这是他们角色理所应当的结果。作为回应,大学校长有时候开始变得害怕部门领导所造成的分裂性。为了提高年轻教师的士气,芝加哥大学在1911年削减了系主任的权力,并允许选举系主任而不是由管理层直接任命。③随着二战的结束,联邦政府对大学进行了数额巨大的资助,大学基层学术组织面临转型与变革,学系的性质与使命得到重塑,与此同时,还诞生了形式多样的研究所、研究中心等新型基层学术组织,学系的霸权地位逐渐被削弱,治理范式上也趋于民主化。

今天,在美国大学学系的治理体制中,虽然其治理方式、权力配置及组织结构不尽相同,但总的来说民主治理是学系治理的基本特征。通常来讲,系主任(The Chairman)在学系治理中依然扮演着重要的角色且发挥着关键作用。系主任现在的角色更多是成为连接系与学院行政事务及学术事务之间的"桥梁"。对于系主任来说,保持与维护系与学院的关系是至关重要的。在学系中,如果系与学院之间缺乏彼此尊敬和信任的基础,那么系主任则较难有效发挥其应有的权力与影响。作为系里老师、员工以及学生的主要发言人,学校层面也越来越依赖系主任去贯彻及实施学校的各种政策,以促进大学有效地完成其应有的使命。系主任一般由其学科领域内具有较大声望的学者担任,任期一般为每届三年。系主任的工作和职能主要包括学系治理及办公室管理、

① 约翰·范德格拉夫.学术权力:七国高等教育管理体制比较[M].王承绪,张维平,徐辉,等译.杭州:浙江教育出版社,2001:114.
② 劳伦斯·维赛.美国现代大学的崛起[M].栾鸾,译.北京:北京大学出版社,2015:340.
③ 劳伦斯·维赛.美国现代大学的崛起[M].栾鸾,译.北京:北京大学出版社,2015:340-341.

课程及项目的发展、教师事务及学生事务、与外部公众的沟通、财政及设施管理、数据管理及组织支持等内容。[1] 在需要承担如此职能的情况下,系主任在一些具体事务上也是掌握着一定的权力,包括教师薪酬上调建议、教师晋升、评定终身教职、教学任务分配等等。除此之外,系主任还有权在特定事宜中为需要协助的教师提供帮助。比如,帮助教师成员完善职业认证、推荐教师任命一定的职位、提名教师任命重要的职位、帮助他们获得旅行津贴等等。[2]

　　杜克大学政治科学系主任迈克尔·曼格(Michael C. Munger)曾说,"学系采用主任制度(Chair System)是民主治理的体现。作为一名系主任,你不能在教师群体的反对中强行通过某一项政策,这样的尝试是错误的。而如果你能够冷静地面对批评,并且能够透明且公平地召开相应的会议,那么你将会赢得选票,得到支持,因为它们希望有一个真正做事的系主任"。[3] 共同治理是美国研究型大学学系治理过程中的基本特征,学院中的决策行为基本上都是在系主任和系里老师共同商讨的基础上制定的。一般而言,系主任在整个学系中不仅仅是一名领导者,而是扮演多种多样的角色。对于系主任来说,既是老师也是学生,既是学者也是顾问,重要的职责就是帮助学系营造一种良好的且持续的工作环境,并且使之成为一种常态与规范。[4] 学者安德森中肯地说:"学系的诞生是一种必然,通过明晰系主任的角色定位,以及规定支持性的服务和人事,学系的自治应该被加强。或许这会复杂化管理体系以及组织结构的秩序,但是学系自治任何程度的削弱都会导致教授职业精神的萎靡。"[5]

　　以杜克大学社会学系为例,为了有效地自我治理,杜克大学社会学系所有教员共同制订该系章程(Department of Sociology,Bylaws),为实现本系科学研究、教学以及社会服务的基本职能提供了结构上的治理框架。在章程中,有不少关于"共同决策,学术自治"的条款。比如,不论是关于教师聘任、终身教

①　HECHT W D,HIGGERSON M L,GMELCH W H,et al. The department chair as academic leader[M]. Phoenix:The Oryx Press,1999:28-32.

②　HECHT W D,HIGGERSON M L,GMELCH W H,et al. The department chair as academic leader[M]. Phoenix:The Oryx Press,1999:33-34.

③　MUNGER M C. 10 suggestions for a new department Chair[EB/OL].(2010-04-08) [2018-03-22].https://www.chronicle.com/article/10-Suggestions-for-a-New/64963.

④　SCHUH J H, KUH G D. What department chairs can do[EB/OL].(2009-10-20) [2018-03-22]. http://nsse. indiana. edu/institute/documents/briefs/DEEP%20Practice %20Brief%2010%20What%20Department%20Chairs%20Can%20Do.pdf.

⑤　ANDERSEN K J. The ambivalent department[J]. Educational record,1968(spring): 211-213.

职的评定,还是在教师的晋升决定中,系里老师都享有投票权,即便是在遴选新的系主任时,也需要经过系里老师同意之后,才可以正式任命①(见附录1)。除此之外,该系还会定期召开教师会议,以共同商讨系中的相关事宜。在美国研究型大学的学系治理中,教师和学生也发挥着积极的作用,而教师和学生参与治理主要体现在学系重要事务的投票权上。比如说,在学系的治理体系中,都会单独设有关于投票权的规章条例。一般在涉及系主任的遴选、教师面试及雇佣、教师的晋升以及终身教育的评选等的最后决策中,系里老师和学生都可以参与投票抉择,这在学系的治理体系中也是赋予教师与学生的一项基本权利。比如,在密歇根州立大学英语系的治理规章中,就明确了教师和学生的治理角色及治理权利,以及如何参与治理等内容。② 总之,“民主治理”是系一级学术组织单位的一大特色,也是学系在治理过程中遵循的基本理念。

三、从“纯粹学系”到“混合学系”

二战之前,学科日益呈现出专门化和精细化的基本特征,学系作为学科专门化的产物,在设置上也基本上遵循这样的逻辑:基于某一学科并用之来确定学系的名称。诸如基于物理学而设置的物理系、基于化学而设置的化学系、基于数学而设置的数学系、基于历史而设置的历史系、基于社会学而设置的社会学系等等。正如伯顿·克拉克所说:“系首先是一个社团式机构,即一个围绕某一学科的共同利益而组织起来的相对统一的机构。”③聚集在这类学系的教师一般具有相同的学术背景,从属于某一个具体的学科,并在同一学科范围内展开教学和研究。对于这类学系,有学者将其称为“纯粹学系”(pure department)。④ 虽然最初学系设置的逻辑起点大多都是学科,但事实上各学系之间却是高度异质化和复杂化的,学系之间的组织结构及管理体制也不尽相同。

① DUKE UNIVERSITY. Department of Sociology, Bylaws[EB/OL]. [2018-04-01]. https://sociology. duke. edu/sites/sociology. duke. edu/files/file-attachments/sociology-bylaws-3april2015.original%281%29.pdf.
② Michigan State University. Department bylaws[EB/OL]. [2018-04-02]. http://www.english.msu.edu/about/department-bylaws/.
③ 约翰·范德格拉夫.学术权力:七国高等教育管理体制比较[M].王承绪,张维平,徐辉,等译.杭州:浙江教育出版社,2001:114.
④ HECHT W D,HIGGERSON M L,GMELCH W H,et al. The department chair as academic leader[M]. Phoenix:The Oryx Press,1999:5.

比如,在一个研究型大学中,化学系会将其大量的资源分配到实验室内的相关研究,而美术系则会聚集于有创造力的艺术作品和成果。而且不论化学系的教授,还是美术系的教授,当他们在晋升或者评终身教职时,虽然都会依据同行的评价,但是他们所要满足的标准和要求也都是独特且相异的。

　　作为一类典型且主要以学科为主的基层学术组织,学系在人们心中有着各种各样的称谓和比喻。有学者将学系描述为"基本的组织单元",①"组织中基本的操作单元",②也有学者将学系形象地比喻为"美国大学中核心的建筑基石"③,还有学者把学系称为是大学组织系统内学者群体居住的"家"。④ 不管是何种比喻抑或是何种称谓,人们都无法否定的是,学系作为常见的学科型组织已经根深蒂固地存在于大学之中了。学系像"部落"一样,为"族性"相同的人提供一个可供聚集的场所。特定领域内的教授、教师以及学生在学系定居,围绕特定的学科展开科学研究、教学及社会服务,这种景象长期活跃在美国研究型大学的学术组织体系中。直到现在,学系仍然发挥着这种功能与作用,在大学中占有重要的一席之地。是学系构成了大学,独立运行的学系,发挥着协调和管理学术事务的功能。⑤ 的确,学系对于大学来说,不仅是典型的学科型组织,也是占据着核心地位的基层学术组织。因为几乎所有类型的美国大学和学院都高度依赖学系,不论是在课程的设置还是内容优化上,不论是在教师的任命还是晋升上,不论是在员工的管理还是教师及学生的服务管理上,学系都发挥着重要的作用,于学院如此,于大学也是如此。

　　二战之后,由于实用主义哲学思潮的兴起以及对科学研究范式的重新认识,人们逐渐意识到,作为学科型组织的学系面临着自我封闭、停滞不前、难以突破学科界限的问题。20 世纪五六十年代,哈佛大学的精英教师开始崛起,

① AUSTIN A E. Faculty cultures, faculty values[M]//TIERNEY W G. Assessing academic climates and cultures. San Francisco:Jossey-Bass,1990:63.
② CLARK B R, The academic life:small worlds, different worlds[M]. New Jersey:The Carnegie Foundation for the Advancement of Teaching,1987:259.
③ TROW M. Departments as contexts for teaching and learning[M]//McHenry D E. Academic departments:problems, variations, and alternatives. San Francisco:Jossey-Bass,1977:12.
④ HARRINGTON F H. Shortcomings of conventional departments[M]//McHenry D E. Academic departments:problems, variations, and alternatives. San Francisco:Jossey-Bass,1977:54.
⑤ TUCKER A. Chairing the academic department:Leadership among peers[M]. 2nd ed. New York:Macmillan Press,1984.

成为哈佛大学稳固其核心地位的一股不可或缺之力量,然而这些精英教师都分散在各个院系中,而不是一个联合的整体。以社会科学为例,在哈佛学科发展的全盛时期,社会科学部门尤其光彩夺目。不只是社会科学界本身,人们都普遍认为只有社会科学的研究者才有实力探求有关人性和社会的深层问题。为了破除学科藩篱,实现学科之间的交叉与融合,1946 年哈佛大学的社会人类学家、社会心理学家和社会学家共同组建了社会关系学系。得益于社会关系学系的特殊背景,该系能够突破传统的学科界限广征人才。[①] 受这种理念的影响,视觉和环境学系于 1968 年在哈佛大学成立,学生们不仅可以学会如何欣赏艺术,还可以学会如何创造艺术。[②] 此后一段时间,美国研究型大学中的学系进行了一系列的合并和更名,即便是新成立的学系也不像之前那样"纯粹",而是带有"混合"的特征。20 世纪 60 年代末 70 年代初,第三次黑人文化和政治运动,促使哈佛大学成立了非洲和美非研究学系。20 世纪 70 年代中期,哈佛大学地质学系面临着气氛沉闷、自以为是、研究匮乏以及无力与麻省理工学院竞争的挑战。1986 年,地质学系更名为地球和行星学系,旨在将地下研究和天上的行星研究结合起来。[③] 20 世纪 80 年代,哈佛大学认为一个独立的生物系变得越来越少意义了。加之生化学家和细胞发展学派的生物学家在技术和课题上有许多重叠之处,1994 年,生物学系与化学系合并,组成了分子和生物细胞学系。[④]

　　这种形式的学系在现代美国研究型大学中已经成为一种常见的现象。比如纽约大学斯坦哈特文化、教育、人类发展学院就下设的"管理、领导力以及技术学系",杜克大学三一文理学院下设的"卫生、健康及体育教育学系"等。相较于"纯粹学系"(pure department),有学者将这类学系称为"混合学系"(mixed department)。[⑤] 其基本特征是不完全基于某个具体的单一学科设置,而是多学科共同合作协同的结果,是学系中一种综合且较为灵活的组织单元。

① 莫顿·凯勒,菲利斯·凯勒.哈佛走向现代:美国大学的崛起[M].史静寰,等译.北京:清华大学出版社,2007:314-315.

② 莫顿·凯勒,菲利斯·凯勒.哈佛走向现代:美国大学的崛起[M].史静寰,等译.北京:清华大学出版社,2007:614.

③ 莫顿·凯勒,菲利斯·凯勒.哈佛走向现代:美国大学的崛起[M].史静寰,等译.北京:清华大学出版社,2007:574.

④ 莫顿·凯勒,菲利斯·凯勒.哈佛走向现代:美国大学的崛起[M].史静寰,等译.北京:清华大学出版社,2007:572.

⑤ HECHT W D,HIGGERSON M L,GMELCH W H,et al. The department chair as academic leader[M]. Phoenix:The Oryx Press,1999:5.

以哈佛大学全球健康和人口系为例,该系的使命是以人口为视角通过教育、研究和服务提高全人类的健康。以人类学、生物统计学、人口学、生态学、经济学、流行病学、伦理学、医学、政治学、社会学和生殖生物学等学科知识研究社会和经济发展、健康政策、预防和控制传染性和慢性疾病及地理信息系统等问题。①

总结起来,战前美国研究型大学的学系一般是根据学科的类别建立起来的。正如帕埃尔(Pahre)所说:"学术性学科组建的主要依据是学科的成员们能对正在设法解释的一些一般现象达成共识。如此一来,政治学家们团结在一起努力解释政治现象,这样就组成了政治学系;经济学家们聚在一起试图解释经济现象,于是就组成了经济学系;心理学家们联合起来试图解释心理现象,因而组成了心理学系。"②然而这种特定的印象并非一成不变的,共识需要被定义以及重新定义。战后在学系的设置上,基本上形成了这样的观念:允许基于很多不同的组织原则将教师分组成"系",其中有些组织原则可能反映了教师们正在研究或关切的某些课题。例如,教师们可以按社会问题的不同类别分组,可以有卫生保健系、城市问题系、环境问题系等。当然,还有其他的组织原则可能反映出人们不同的个人特质,诸如:性别、种族和宗教信仰等,并由此产生出关注妇女研究、非裔美洲人研究、西班牙人研究和犹太人研究之类的单位。③

如前部分所述,基于这种逻辑成立的学系一般被称之为"混合学系"(mixed department)。在麻省理工学院,便存在大量的"混合学系"(见表5-2)。"纯粹学系"到"混合学系"的演变历程使人们窥探了美国研究型大学基层学术组织变革的内在逻辑,即在知识生产模式发生转型的情况下,基层学术组织的形式和性质随之进行了相应的调整与变革。知识生产模式Ⅱ时代的到来,加快了基层学术组织结构调整的步伐,在学系自我革命的基础上,新的基层学术组织形式如研究所、研究中心等面向具体问题和情境的组织单元应运而生。

① 徐来群.哈佛大学史[M].上海:上海交通大学出版社,2012:242.
② PAHRE R. Positivist discourse and social scientific communities:towards an epistemo-logical sociology of science[J].Social epistemology,1995(9):243-244.
③ 罗纳德·G.埃伦伯格.美国的大学治理[M].沈文钦,等译.北京:北京大学出版社,2010:74.

表 5-2　麻省理工学院院设学系情况表

学院	学系、项目及部门
建筑与规划学院	建筑系、传媒艺术与科学系、城市研究与规划系
工程学院	航空航天系;生物工程系;化学工程系;文明与环境工程系;数据、系统和社会系;电子工程与计算机科学系;材料科学与工程系;机械工程系;医学工程与科学系;原子科学与工程系
人文与社会科学学院	人类学系;比较媒体研究与写作系;经济学系;全球研究和语言系;历史系;人文和工程、科学学系;语言学系;文学系;音乐和剧场艺术系;哲学系;政治科学系;科学、技术与社会学系
管理学院	管理系
科学学院	生物学系;大脑和认知科学系;化学系;地球、大气与行星科学系;数学系;物理学系

资料来源:根据 MIT 官网整理。

第二节　二战后美国研究型大学知识生产的外部景观

一、高涨的实用主义哲学思潮与科学研究范式的转变

二战结束后,美国社会开始对大学的功能及其与政治经济体制的关系进行反思。到 1946 年,无论是保守主义还是自由主义的大学管理者,都把大学理解为"公共服务的机构"。[①] 此时人们口中所说的公共服务机构主要有两种含义,一方面表明战后的美国研究型大学开始考虑国家及社会的需要,并自觉融入其中;另一方面,这意味着大学与美国高等教育传统理念的割裂,大学不再被视为脱离美国社会需要和利益的象牙塔。尽管战前的美国大学也并非完全意义上的象牙塔,然而这个隐喻似乎触及人们脆弱的神经,大学这种被赋予的特定形象在战后招来了很多不满和抨击。甚至有评论家把"为知识而知识"的思想与德国大学联系在一起,指出大学对社会的远离要为纳粹主义的兴起

---

① 丽贝卡・S. 洛温.创建冷战大学:斯坦福大学的转型[M].叶赋桂,罗燕,译.北京:清华大学出版社,2007:82.

负一定责任。① 1954 年,美国教育学会在一份报告中指出,"如果不将科学研究与国家命运联系在一起的话,那么对于科研上的经济支持就无法得到适当的使用。科研已经成为维护社会福利及国家安全重要保障的主要手段,科研在公共卫生的维护中也扮演着基础的角色,同样科研在我们的经济发展上也发挥着极为重要的影响。基于这些显而易见的原因,鼓励和支持科学研究已成为一项基本国策"。② 二战之后,可以看到的一个明显改变是,美国的研究型大学开始有意识服务国家的需要,将社会需求与大学发展紧密联系在一起。

　　继 19 世纪 60 年代中期实用主义哲学思潮的萌生以来,美国高等教育模式可见的变化都表现出向实用型改革要求的让步。对于二战后的美国研究型大学来说,这种让步的表现尤为明显。实用主义与后现代哲学思潮相结合,对科学知识观念进行了更加彻底的批判。③ 那些依旧停留在象牙塔中并且对纯粹知识抱有期待的理想主义者在大时代的潮流中被逐渐"吞噬",他们的声音不再具有号召力,他们的理念也不再像之前那般受人推崇。后现代哲学思潮使人们从传统的知识生产模式中清醒并挣脱出来,许多评论者都认为知识生产在 20 世纪后半期发展到了一个新的阶段。有关这一论题的著作中,新知识生产模式被称为模式Ⅱ,即以自反性(reflexivity)、跨学科性(transdiciplinary)和异质性(heterogeneity)为特征的知识生产。而关于这一论点的主要含义是:现代大学不再是知识生产领域的支配者,并且其地位不断下降。④ 早在 19世纪末,知识的"危机"便表现出种种迹象并出乎意料地迅猛发展,这种发展本身也是技术进步和资本主义扩张的结果。各科学领域的传统界限重新受到质疑:一些学科消失了,学科之间的重叠出现了,由此产生了新的领域。"知识的思辨等级制度被一种内在的、几乎可以说是平面的研究'网络'所代替,研究的边界总是在变动。过去的'院系'分裂为形形色色的研究所和基金会,大学丧失了自己的思辨合法化功能,被剥夺了研究的责任(它被思辨叙事扼杀了),仅

---

① 丽贝卡·S. 洛温.创建冷战大学:斯坦福大学的转型[M].叶赋桂,罗燕,译.北京:清华大学出版社,2007:82.

② American Council on Education. Sponsored research policy of colleges and universities: a report of the committee on institutional research policy[R]. Washington D C:American Council on Education,1954:74.

③ 伍醒.知识演进视域下的大学基层学术组织变迁[M].杭州:浙江大学出版社,2016:130.

④ 杰勒德·德兰迪.知识社会中的大学[M].黄建如,译.北京:北京大学出版社,2010:125.

满足与传递那些被认为可靠的知识,通过教学保障教师的复制,而不是学者的复制。"①

在实用主义哲学思潮兴盛的大环境下,由科学家主导的科学研究范式也在努力跟上变革的步伐,这种转变在研究型大学中尤为明显。1962 年的麻省理工学院校长报告指出,必须对科学革命及其带来的范式转换有充分的敏锐性:"我们早期有很多孤立分散且又相当成功的研究项目,但是这些成功不断地阻止我们做出成长与扩张的决定。一个新的发展突然间为我们打开了一片广阔的新视野、为我们带来了一个新的领域。我们不能回避这一事实,因为这里有我们的未来。工程与科学——包括社会科学和物质科学,都有这样的一个本质。一些传统的学术领域可能缺乏这种敏锐性,但麻省理工学院始终有这种活力。"②1963 年,加州大学伯克利分校校长克拉克·克尔从学校最近的历史发展中推演出大学未来的远景。他使用"多元巨型大学"(multi-versity)来涵盖现在大学各种迅速发展的活动。传统的按学科分类的院系设置被交叉学科研究中心打破,这些交叉学科覆盖了很多新兴研究领域,使大学形成了矩阵结构。此外,与克尔发现的趋势相并行,并部分建立在这一趋势之上的另一种转变,正沿着大学研究商业化的发展方向积聚力量。

麻省理工学院首席物理学家约翰·斯莱特(John Slater)对科学研究范式的转变很早就有着敏锐的观察,差不多在战争结束前一年,他便提议创建一个战后电子学研究实验室(Research Laboratory in Electronics,RLE)。约翰·斯莱特的目的不是简单地继续辐射实验室曾经活跃的那些领域的基础研究,而是要延续辐射实验室的合作和跨学科的研究风格。因为这种类型的战后实验室可以弥补学院系科结构的不足,优化大学内部的学术组织结构。在这种科学研究范式的倡导下,斯莱特的建议迅速得到麻省理工学院领导层的认可,校方在财政上给予有力的支持。虽然约翰·斯莱特在麻省理工学院的改革行动具有某种超前性,但这却代表了大学战后发展的趋势。像斯莱特这样的物理学家,在战后的研究范式中大多发生了普遍的转化——大型的、跨学科的研究小组,对综合问题的联合攻关,日益精致和昂贵的设备——简言之,大科学

① 利奥塔尔.后现代状态:关于知识的报告[M].车槿山,译.北京:生活·读书·新知三联书店,1997:83.
② 曾开富,王孙禺.战略性研究型大学的崛起:1917—1980 年的麻省理工学院[M].北京:科技文献出版社,2016:88.

(Big Science)。① 战后的美国研究型大学正在经历一场新的变革,这场变革被称为是第二次学院革命。在人们看来,其规模和范围与 19 世纪末 20 世纪初大学将科研和教学结合起来形成的第一次学院革命相比有着相当的分量。

二、美国政府对大学的影响——联邦拨款大学的实现

二战后,另外一个可见的显著变化是美国研究型大学与联邦政府之间的伙伴关系的形成。战后美国经济形势一片良好,美国联邦政府逐渐取代私人慈善发展成为大学最大的"金主",并进一步发展为战后美国教育和科技人力资源的最大投资者。战后的数十年里,联邦政府向高等教育提供科研经费的规模迅速扩大,被称为美国大学发展的黄金年代。统计数据显示,1954 年,联邦机构占大学研究总预算的 69%,私人基金会和企业仅分别提供 11% 和 9% 的大学研究预算,而大学自身的资金只占 8.5%。② 1955 年,联邦政府向高等院校提供的科研经费占到高等院校科研总经费的 55%。③ 在苏联人造卫星取得成功发射之后,联邦政府对美国研究型大学研究经费上的投入更是达到了前所未有的水平。从 1959 年到 1966 年,每年的研究经费数额几乎以 20% 的比例增长。而 1958 年至 1968 年这短短的 10 年间,大学的研发经费便增长了 371% 之多,而其中近 80% 的增长由联邦资金提供。④

高等教育在 1960 年从联邦政府得到约 15 亿美元的资助,20 年间增加了 100 倍。这 15 亿美元中,约 1/3 提供给大学所属的研究中心;约 1/3 提供给大学内的研究项目;另外约 1/3 提供给其他方面,诸如住读宿舍贷款、奖学金以及教学计划。提供给研究的 10 亿美元,虽然只是联邦总的"研究与发展(R&D)"资助经费的 10%,但却占大学研究与发展全部开支的 75% 和大学预算总额的 15%。⑤ 基于这样的良好形势,大学对政府张开怀抱并且高度依赖

① MENDELSOHN et al. Science, technology and the military[M].Norwell:Kluwer Academic Publishers,1988:47-85.
② DAVIS G H, NANCY D. The rise of American research university:eliters and challengers in the postwar era[M]. Baltimore:The Johns Hopkins University Press,1997: 31-32.
③ 乔卉.美国哈佛大学资金筹措方式研究[D].北京:首都师范大学,2007:28.
④ GEIGER R L. Organized Research Units——their role in the development of university research[J]. Journal of higher education,1990,61(1):19.
⑤ 克拉克·克尔.大学之用[M].高铦,高戈,汐汐,译.北京:北京大学出版社,2008:31.

联邦政府的资助,以至于联邦资助一度成为许多研究型大学总体绩效评估中的一个主要因素,涉及的数额也巨大。在此背景下,克拉克·克尔甚至把这一时期接受联邦政府资助的研究型大学称为"联邦拨款大学"。①

从经费资助的指向来看,联邦政府重点关注两个方面:(1)专门化的研究中心,1963 年,这样的中心达到了 14 个。(2)研究项目。资助那些相对短期和有特定目标的项目。② 从经费的具体来源及占比分布来看,联邦政府给大学的研究经费首先从六个机构来的,分别为卫生、教育与福利部(也称之为国家卫生研究所),国防部,全国科学基金会,原子能委员会,农业部和国家航空航天局六个部门。如图 5-1 所示,从 1961 年联邦政府机构给大学研究经费的百分比分布来看,卫生、教育与福利部和国防部的总拨款占到了 70% 之多,这是由于战后国家对医学研究以及国防军事高度重视的结果。

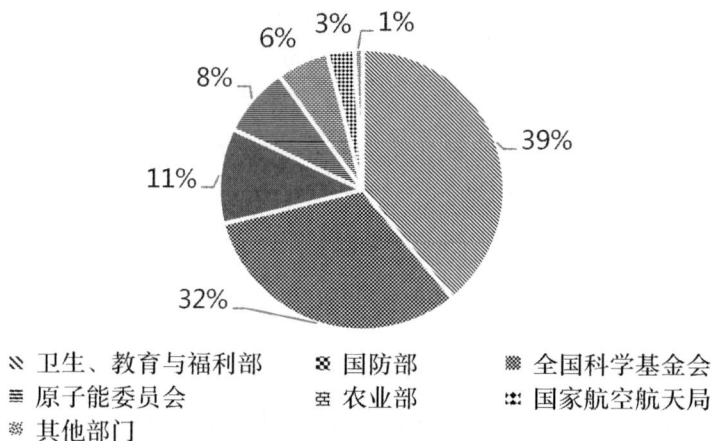

图 5-1　1961 年联邦政府机构给大学研究经费的百分比分布③

联邦政府出于国防、军事或者医疗的需要,将大量的研究经费用于战后美国研究型大学的建设。与此同时,政府的影响逐渐渗入到大学,与大学签订了一系列的合同条款。大学对自身命运的控制已大大削弱,而联邦政府对大学的影响却大大增强。在大学内部,学术生态也随着合同教育与学术市场的发展而发生了显著的变化。与二战前相比,对大学发展有显著影响的力量更加

① 克拉克·克尔.大学之用[M].高铦,高戈,汐汐,译.北京:北京大学出版社,2008:32.
② 克拉克·克尔.大学之用[M].高铦,高戈,汐汐,译.北京:北京大学出版社,2008:32.
③ 克拉克·克尔.大学之用[M].高铦,高戈,汐汐,译.北京:北京大学出版社,2008:31.

多元化了,尤其是以教授为主体的基层学术组织发挥更加重要的作用。[①] 合同教育时代对美国研究型大学文化心态的一个重要影响是推进了整个大学组织形成了一种外向型、开放型的文化。[②] 1983 年的校长报告曾经指出,私立研究型大学中的教授承担多面角色:"研究型大学中的教授都与罗马神话中的双面神杰纳斯(Janus)相似,他们一面向里看着校内的景象,一面向外看着周围的世界。"[③]

虽然有些研究型大学还持有学术自由与独立的理念,但事实上在当时的大环境下,放弃联邦资助并接受合作条款并非一件容易的事。拒绝"联邦部门提出一个项目,一个大学可以不接受——但是实际上它往往会接受。不让一个教授接受他刚和华盛顿同伴谈妥的条款,会马上使他拂袖离职"。[④] 由于这个现实,产生了许许多多联邦支援大学的结果,数额巨大。这些结果很细微,积累得很慢很温和,因而最终越来越强大。显然,大学研究的形式与性质受到了联邦资金的深刻影响。对于大学与政府之间这种特殊的"暧昧"关系,克拉克·克尔形象地说:"联邦政府是求婚者,研究型大学中的教师则是心急如焚的未婚少女。"[⑤] 在联邦政府的巨额资助下,旧的教学型大学几乎一夜之间都变成了研究型大学。研究型大学在第二次世界大战末大约有十几所,其中尤以麻省理工、芝加哥和伯克利为代表,到 20 世纪末剧增到 100 所。在该时期,人们愈发感受到联邦拨款大学已经来临这样的事实。如图 5-2 所示,二战之后有不少研究型大学从联邦政府获得了数百万美金的资助,而其中获得超过300 万美金资助的大学就有 10 所,签订的合同条款多达 502 个。再如图 5-3所示,在 1956 年至 1967 之间的十多年里,不论是拨款总额,还是研究捐赠,抑或是培训和奖学金方面的投入,联邦政府对美国研究型大学的资助一直保持着增长的趋势。

二战结束以来,政府力量的介入动摇了大学独立自治的根基,使大学与政府之间产生了一种微妙的关系。正如克拉克·克尔所说:"向来以独立自主为

---

① 曾开富,王孙禺.战略性研究型大学的崛起:1917—1980 年的麻省理工学院[M].北京:科技文献出版社,2016:130.

② 曾开富,王孙禺.战略性研究型大学的崛起:1917—1980 年的麻省理工学院[M].北京:科技文献出版社,2016:132.

③ 曾开富,王孙禺.战略性研究型大学的崛起:1917—1980 年的麻省理工学院[M].北京:科技文献出版社,2016:132.

④ 克拉克·克尔.大学之用[M].高铦,高戈,汐汐,译.北京:北京大学出版社,2008:45.

⑤ 克拉克·克尔.大学之用[M].高铦,高戈,汐汐,译.北京:北京大学出版社,2008:204.

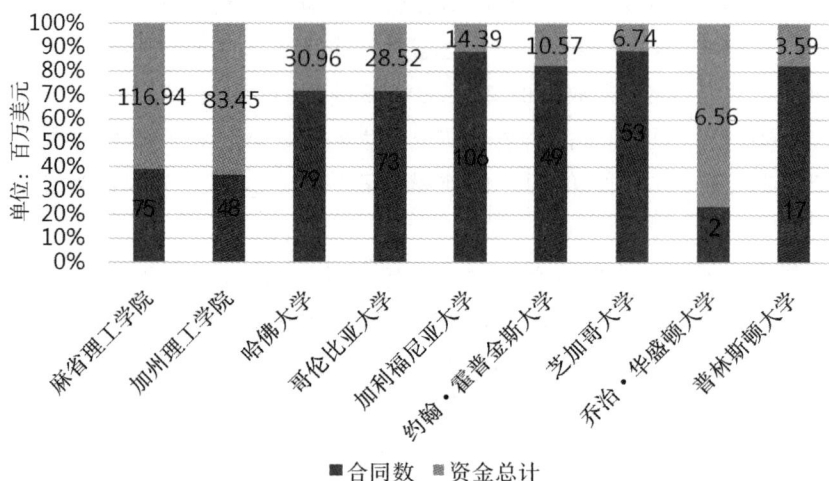

图 5-2　战后从战略研究与发展办公室获得巨额合同的大学

数据来源:罗杰·盖格.研究与相关知识:第二次世界大战以来的美国研究型大学[M].张斌贤,孙益,王国新,译.石家庄:河北大学出版社,2008:33.

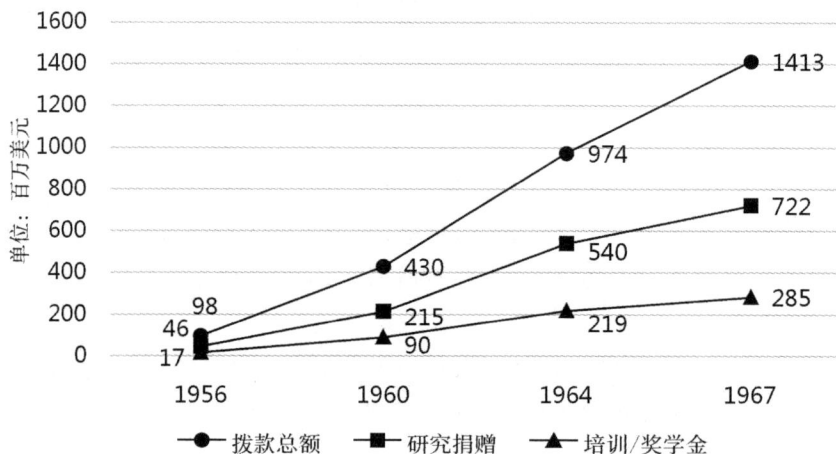

图 5-3　国家卫生研究所对大学的拨款(1956—1967)

数据来源:罗杰·盖格.研究与相关知识:第二次世界大战以来的美国研究型大学[M].张斌贤,孙益,王国新,译.石家庄:河北大学出版社,2008:130.

豪的美国大学竟使他们的特性既受自身内部愿望的支配,又同样受其环境压力所左右;这些把自身定位'私立'或'州立'的机构竟然发现他们最大的刺激力来自联邦政府;作为高度分散和多样化的美国大学竟然如此忠诚和乐意地响应国家的需要;这些以培养'绅士'为其历史渊源的机构竟然如此充分地献身于为粗野的技术服务。"①1981年麻省理工学院的校长报告中也曾经指出这种变化:"二战结束之后,大学就成为美国基础科学研究的主要承担者,而联邦政府则成为几乎所有研究领域的赞助人和合作者。"②之所以会出现这种情况,主要有两个方面的原因:(1)二战结束之际,没有其他类似研究型大学这样的组织和机构有兴趣和能力来支持和开展如此广泛并且可以为整个国家强盛带来巨大潜力和动力的基础科学研究以及应用科学研究;(2)政府意识到与大学的合作是一种双赢的关系,也清楚地知道将联邦资助与教育、研究以及应用相互结合起来的益处。在联邦政府的财政资助下,政府不仅可以收获能够转化为国家实力的科研成就;而对于大学来说,通过积极争取及合理使用联邦政府的资助,能为大学的评价、发展和壮大乃至于迈向世界一流打下坚实的基础。

　　20世纪50年代期间,出于为军事服务的目的,美国联邦政府机构不断扩大研发资助计划,大力倾注研究资金于研究型大学,资助研究型大学在各个重要的领域展开科学研究。联邦研究拨款在20世纪对美国大学的影响至少像联邦赠地在19世纪对美国大学的影响那么重要。事实证明,联邦政府的这一创举,使大学服务于研究功能大大受益。大学与联邦政府之间非正式结合取得了不平常的功效。1950年,联邦研究拨款大学处于幼年时期,自1950年以后,所有诺贝尔奖与菲尔兹奖的55%给了居住在美国的学者;在20世纪80年代,全世界主要科学期刊所有引文的50%也是这批人;1990年,在美国注册的全部专利权中的50%源自美国;在1990年,美国有18万名来自国外的研究生。③ 从以上论述可以得知,二战之后,美国研究型大学的学术生态与组织生态发生了重要的变化。美国联邦政府以市场手段介入研究型大学的办学,使得大学校园里教师、学生、管理者之间的关系发生了变化,也使得大学校园内和校园外的关系发生了变化。大学正在以更大的步伐走出象牙塔,以更快的脚步迈入社会中心。

---

① 克拉克·克尔.大学之用[M].高銛,高戈,汐汐,译.北京:北京大学出版社,2008:28.
② 曾开富,王孙禺.战略性研究型大学的崛起:1917—1980年的麻省理工学院[M].北京:科技文献出版社,2016:129.
③ 克拉克·克尔.大学之用[M].高銛,高戈,汐汐,译.北京:北京大学出版社,2008:151.

三、高等教育市场化：研究型大学与企业的"联姻"

20 世纪 70 年代之后，联邦政府给大学的研究经费逐渐减少，大学的未来前景不定，依靠战后经费支持大学发展的论调已经过时（见图 5-4）。但实际上这种影响并没有阻碍大学持续性地向外部拓展，政府力量在大学中的角色逐步淡化时，市场力量开始介入大学，并与大学相互"结亲"。之后的一段时间里，大学与企业之间的"联姻"呈现出了另外一份景象，大学管理层和大学中的科学家更青睐于接纳与企业之间的合作关系。70 年代中期，史密斯（Smith）和卡莱斯基（Kalecki）写道：企业与大学研究之间的紧密关系刚刚开始变得明显，虽然这种试探性的和睦状态是充满争议并受人误解的。[①] 但实际上，在联邦政府削弱了对研究型大学的资助之后的若干年里，有不少高等教育机构都试探性地与企业之间建立某种合作的关系，希冀借助市场力量获得财政上的资助和收益。

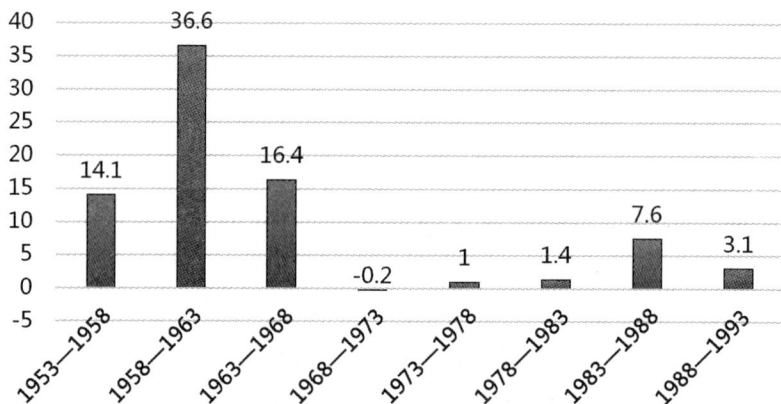

图 5-4 联邦政府对大学与学院（不包括联邦实验室）研发经费的百分数变化

数据来源：美国国家科学局《1993 年科学指数》（U. S. National Science Board，Science Indicators 1993，Appendix 4-3.）

美国研究型大学与企业之间的关系最显著的变化发生在 20 世纪 80 年代。1980 年，国会通过了《贝杜法案》（Bayh-Dole Act），该法案允许大学从联邦政府资助的研究中获得的知识产权转化成为无形的资产，有效且直接促使

---

① 罗杰·盖格.研究与相关知识：第二次世界大战以来的美国研究型大学[M].张斌贤，孙益，王国新，译.石家庄：河北大学出版社，2008:327.

了美国研究大学从市场获取科学研究上的经费支持。在法案的支持下,美国的研究型大学与商业领域中的企业进行了大规模的合作。尤其是像麻省理工学院、斯坦福大学以及加州大学伯克利分校这些著名的研究型大学,更为受到外部企业以及商业领域的青睐。反映在研究型大学中,之前那些从事基础领域研究的教师,从前与商业应用相距甚远,在 80 年代也逐渐向实际应用靠近。不可否认,《贝杜法案》的颁布为大学提供了从知识产权许可中转化的机会,与此同时,大学努力将研究成果投入使用,因为此举是获得联邦资助的条件。作为回应,大学修改了专利授予的规定,将所有权授予研究。大学建立起相应的办公室和行政程序对研究成果进行授权和市场推广。随着领先的几所大学开始涉足知识产权的商业运作,其他大学也迅速开始。在短时间内,几乎所有拥有强大研究能力的大学都发展起了鉴定知识产权并将其推向市场的能力。[①]

　　由图 5-5 可以看出,20 世纪 80 年代以后,与联邦政府财政削弱形成鲜明对比的是,企业在研究与开发(R&D)上的资助一直保持着强劲、不断增长的势头,两者之间形成了显著的"剪刀差"。在学术研究与开发上,同样可以看出类似的发展趋势(见图 5-6)。企业的研究投资在 20 世纪的后二十年经历了数量增长,这种趋势和现象暗示了大学与企业双方关系之间的重大改变,尤其是在企业需要和大学接受能力方面。联合起来,两个方面的发展在大学研究体系中形成了主要的变革。[②] 大学—企业合作会随着以技术为基础的企业的增长而增长。基础研究与应用研究由显著分离的活动趋向于互相关联。市场与科研相互作用,设计超越传统边界并在生产中起着催化作用,思想、资金、技术、通讯、资源和人员都趋向于全球化。在这种背景下,大学—企业这种合作关系将为之提供更多的机会。[③] 从全球的角度来看,这种变化在美国最为显著,从图 5-7 中可以看出,美国的商业企业在公共领域研究系统中的投入要远超德国、法国、意大利、英国、日本等发达国家。研究技术的激增,R&D 向产业的迁移,使大学在国家的知识生活中扮演了广泛的角色,远远超过了它们的教育使命。

　　即便最初有很多顶尖的研究型大学排斥过于明显的市场行为,但事实上,在不断地协商与磨合下,原有的态度得到了根本性的转变。战后的斯坦福人

---

① 亨利·埃兹科维茨.麻省理工学院与创业科学的兴起[M].王孙禺,袁本涛,译.北京:清华大学出版社,2007:160.

② 罗杰·盖格.研究与相关知识:第二次世界大战以来的美国研究型大学[M].张斌贤,孙益,王国新,译.石家庄:河北大学出版社,2008:330.

③ 弗兰克·H.T.罗德斯.创造未来:美国大学的作用[M].王晓阳,蓝劲松,译.北京:清华大学出版社,2007:214.

学就极为赞赏这种特定的资助方式,他们对战后以研究合同为基础的继续构建联邦政府以及与高等学校合作关系持乐观态度。大学管理者对战后联邦和私人企业资助的双重拥护,表明依赖于慈善家和私人基金会捐赠的旧经济体制将终结;同时也表明了大学接受了新的大学观,即它们不仅是政府服务的供给者,也是商业服务的供给者,同时从中获取经济回报,为大学提供财政支持。

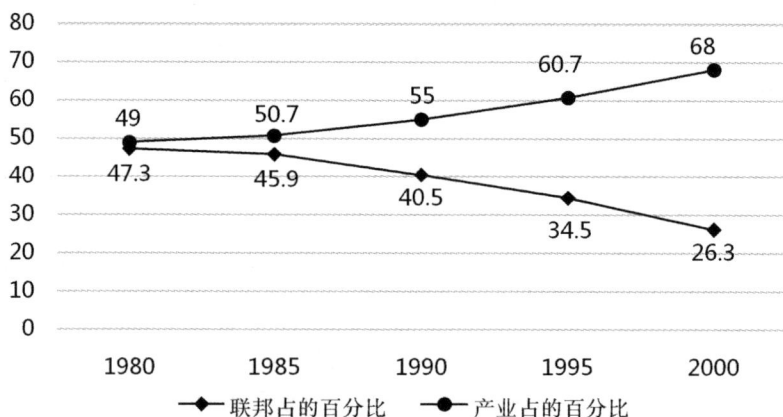

图 5-5　联邦与产业在研究与开发(R&D)上的占比趋势

资料来源:罗杰·盖格.大学与市场的悖论[M].郭建如,马林霞,等译.北京:北京大学出版社,2013:135.

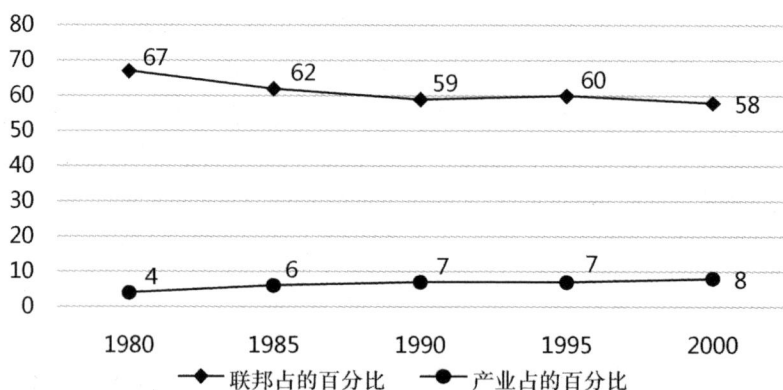

图 5-6　联邦与产业在学术研究与开发上的占比趋势

资料来源:罗杰·盖格.大学与市场的悖论[M].郭建如,马林霞,等译.北京:北京大学出版社,2013:137.

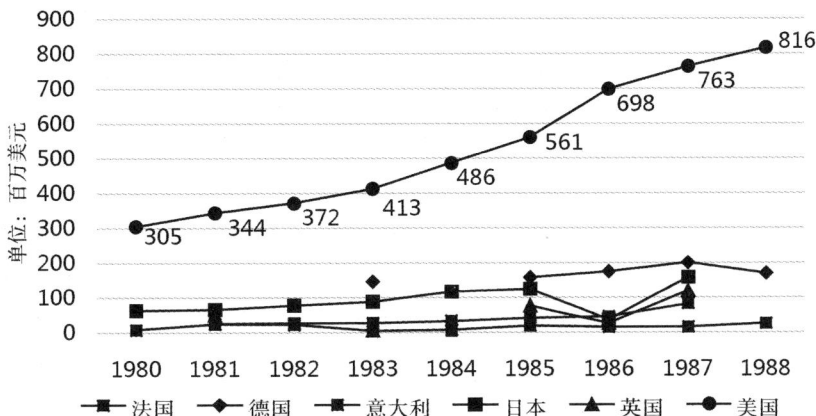

图 5-7 商业企业在公共领域研究系统中的投入

资料来源:迈克尔·吉本斯,等.知识生产的新模式:当代社会科学与研究的动力学[M].陈洪捷,沈文钦,等译.北京:北京大学出版社,2011:51.

20 世纪 80 年代的市场力量影响着大学的变革,不论是大学对市场的态度,还是从大学的内部组织调整来看,这种变革都很显著。但与此同时,高等教育市场化也饱受诟病与质疑。与市场的过度亲密导致人们声讨"市场中的大学失去了本质",对科研的过度重视使得人们呐喊"市场中的大学失去了灵魂"。当大学把越来越多的各式各样的任务强加给自己时,它们基本的教育使命似乎将受到威胁。高等教育市场化以及大学与企业之间的"结亲"弱化了研究生教育和科研之间的关系,尤其对本科生教育而言,这种影响更为深远。在本科生教育中,对研究的重视和对教学的忽视相互冲突与背离,因此抱怨变得司空见惯。当德里克·博克称大学是"过分扩张的组织"时,他总结道:"如果不使他们的管理严重超负荷并腐蚀教学质量,大学和教授到底能承受多少责任。"[1]然而事实是,"无论是福是祸,抑或是福祸双至,市场的力量和道德标准改变了美国的高等教育……选择逃离市场来退出角逐是不切实际的……新的教育技术,有着不同期望的学生和有着不同要求的教员,在市场中活着或死去的不同竞争对手,不断要求新的基金和新的收入来源以代替越来越少的公共资助,头脑中真正的全球性市场:这些力量在将大学重塑成一个有着不同称谓的场所——'学术资本主义'、'企业家的大学'和'企业大学'"。[2]

---

① 罗杰·盖格.研究与相关知识:第二次世界大战以来的美国研究型大学[M].张斌贤,孙益,王国新,译.石家庄:河北大学出版社,2008:360.

② 大卫·科伯.高等教育市场化的底线[M].晓征,译.北京:北京大学出版社,2008:2-8.

第三节　改革的时代：知识生产模式
转型背后的组织革新

　　知识生产不是一种孤立的存在，其方式的转型与变革也受到外部因素的影响。诸如国家政府的干预、社会需求、企业的渗透等等。从本章第二节的论述可知，二战后美国高等教育知识生产的外部景观在观念、政府以及市场三个方面都发生了显著的变化。这不仅预示着知识生产的场所正从大学传统的学术组织转向更为广阔的领域，如工业实验室、研究中心、智囊团和咨询机构等，也意味着知识生产正在从理论情境向应用情境过渡。后现代社会是一个不断生产和传播知识的"知识社会"。换句话说，知识不再局限于智力活动，而是进入了生产过程，并且在应用的过程中不断再创造。[1] 古老学科之间的界限逐渐模糊，交叉学科领域的态势趋于明朗。反映在科学研究范式上，人们不再用已经建立起来的学科模型而是以研究应用的情境来确定知识的性质，在应用中由目标顾客和用户群决定。知识是具体情境下的，并且常常是以问题为中心的。[2] 这一状况导致了科学中新的共性，即重大现实问题的解决需要超越学科界限，以一种新的研究范式加以应对。吉本斯等人同样认为，由于知识生产模式的转型，"学科之间的界限正在消失并让位于更加开放的组织结构，在新的组织结构中各种不同的知识和竞争又以全新的方式联合或重新结合起来"。[3] 这正好解释了战后美国研究型大学在基层学术组织改革上的策略和行动，人们意识到他们应当在一个领域而不是在一个学科中工作。总之，知识生产模式的转型促使大学改革，对于基层学术组织而言，二战以来，美国研究型大学主要在以下三个方面做了调整和革新。

一、重塑学系的性质与使命

　　二战之后，美国高等教育的内外部环境均发生了变化。在涉及大学组织

---

① 杰勒德·德兰迪.知识社会中的大学[M].黄建如,译.北京:北京大学出版社,2010:127.

② 杰勒德·德兰迪.知识社会中的大学[M].黄建如,译.北京:北京大学出版社,2010:134.

③ GIBBONS M, LIMOGES C, NOWOTNY H, et al. The new production of knowledge:the dynamics of science and researh in contemporary societies[M].London: Sage Publications Inc.,1994:48-49.

内部调整与改革的讨论时,有学者指出:"讨论二战之后学术改革的几种竞争性方案之前,一方面要看看这些方案之间的关系和正在发生变化的学院,另一方面也要看看新成立的学术系部(department)。"①原本在研究型大学中占据着核心地位的学系面临着被削弱的挑战,这无不预示着一个新的时代即将来临。一位大学管理者在战后不久就赞许地称道:"大学中系强化的时代即将结束,教学贬值、不依资历而基于获得资助与否所形成的教师分层、系主任权威的削弱——这些发展是二战后美国大学所发生的公认的变革。"②二战之后,随着联邦政府与市场力量的介入,传统学系的性质和职能首先受到挑战。那些获得巨额资助的科学家正在逐步削弱系主任的权威,权力与地位的获得渠道发生了本质上的变化,获得外部资助被认为是一种荣耀和威望,而大学中手持研究合同的单个教授取代了系成为大学有意义的组织单位(meaningful unit)。③

　　当意识到科研对国家社会的发展是极为重要甚至必不可少的时候,大学使命重塑及与之匹配的组织调整就成为一种现实需求。功利主义及其任务导向并不是大学组织设计中的主要因素,然而当面对一系列社会领域特定的问题时,学系恃才傲物的性情被人们拿来调侃,即"社会有它的问题,大学有它的学系"。④ 社会对科研的支持与重视也预示着,社会有权利期待大学对社会重大问题解决上所做出的贡献。随着科学研究的进步与发展,社会及科技领域内重大问题的解决靠单一学科或者单一的学系已经很难实现,而是需要靠来自各个学科及各个部门的人才携手合作。比如,太空计划(space program)这项研究课题,不仅需要有顶尖的工程师、物理学家、数学家,同时也需要生物学家、地质学家、化学家、电子技术学家、冶金学家、经济学家、心理学家以及社会学家等。⑤ 正如詹克斯(Jencks)和莱斯曼(Riesman)所言:"大学之外委托方的课题项目,不管是想象中的,还是现实中的,几乎不会交予单一的学系

① 劳伦斯·维赛.美国现代大学的崛起[M].栾鸾,译.北京:北京大学出版社,2015:58.
② 丽贝卡·S.洛温.创建冷战大学:斯坦福大学的转型[M].叶赋桂,罗燕,译.北京:清华大学出版社,2007:83.
③ 丽贝卡·S.洛温.创建冷战大学:斯坦福大学的转型[M].叶赋桂,罗燕,译.北京:清华大学出版社,2007:83-84.
④ IKENBERRY S O, FRIEDMAN R C. Beyond academic departments:the story of institutes and centers[M]. London:Jossey-Bass,Inc.,Publishers,1972:13.
⑤ IKENBERRY S O, FRIEDMAN R C. Beyond academic departments:the story of institutes and centers[M]. London:Jossey-Bass,Inc.,Publishers,1972:14-15.

解决。"①

　　改革学系的呼声在斯坦福大学的案例中尤为明显。1949年,华莱士·斯特林(J. E. Wallsace Sterling)成为斯坦福大学第五任校长,他勒住了机构发展的缰绳,不得不"调整其慢性营养不良的体格"。② 华莱士·斯特林在执掌斯坦福大学之初,就提出需要确立新的学术领导人以克服现有学系的懒散状态,同时招募有声望的教师。不仅华莱士·斯特林校长意识到二战之后学系问题的所在,大学中的很多教授以及教师都愈发对学系表现出了不满的情绪。斯坦福大学教授弗里德里克·特曼(Frederick Terman)在写给斯坦福大学秘书长保罗·戴维斯(Paul Davis)的一封信中指出:"战后数年将是斯坦福大学非常重要也是非常关键的时期。"斯坦福大学有机会取得"在西部类似哈佛大学在东部的地位",但特曼也警告,如果斯坦福大学的管理者不对学校的办学模式和办学理念进行必要的改革,斯坦福也有可能沉沦到"有些类似达特茅斯的水平"。③ 特曼认同戴维斯关于斯坦福大学必须强调应用科学的观点。他们都认为"系"是一种过时的组织形式,希望能围绕实际问题的解决而产生一种新的组织形式,而不再以学科为中心。

　　1944年至1946年间,时任斯坦福大学校长的唐纳德·特里希德(Donald Tresidder)构思了一种新的管理结构,创办新的研究所和机构来吸引企业家入驻,并引导学系重新定位以更好地服务于本地企业。虽然特里希德的想法经过深思熟虑,但是如果事先没有得到教师的支持,他的改革是难以取得成功的。这些教师之所以支持特里希德,是因为他们共同持有这样一个改革前提:系的自治传统和学科割裂必须被打破。④ 基于这样的理念,唐纳德·特里希德、保罗·戴维斯、弗里德里克·特曼等人都一致决定对原有那些没有在实际应用中发挥功效的学系实施改革。以地质学系为例,二战结束前一年,地质学系主任埃利奥特·布莱克维尔德(Eliot Blackweider)表示要退休,遗憾的是,在他的领导下,地质学系成为被石油公司认为是"纯粹学术的和不切实际的"

① IKENBERRY S O, FRIEDMAN R C. Beyond academic departments:the story of institutes and centers[M]. London:Jossey-Bass,Inc.,Publishers,1972:15.

② 罗杰·盖格.研究与相关知识:第二次世界大战以来的美国研究型大学[M].张斌贤,孙益,王国新,译.石家庄:河北大学出版社,2008:129-130.

③ 丽贝卡·S. 洛温.创建冷战大学:斯坦福大学的转型[M].叶赋桂,罗燕,译.北京:清华大学出版社,2007:89.

④ 丽贝卡·S. 洛温.创建冷战大学:斯坦福大学的转型[M].叶赋桂,罗燕,译.北京:清华大学出版社,2007:92.

地质学研究及人才培养,丝毫不重视地质知识的实际应用。① 唐纳德·特里希德等人认为,这恰恰是重新定位地质系学术方向的一个机会。随后唐纳德·特里希德邀请以石油勘探学而闻名并就职于石油公司并担任石油经纪人的首席地质学家阿尔维尔·莱沃森(Arville Levorsen)出任地质系系主任一职。弗里德里克·特曼对莱沃森的任命感到高兴,他认为这是"朝向解决主要实际问题的真正开始"。②

除了地质系之外,斯坦福大学在战后的若干年中,对其他系也都分别不同程度上实施了改革。特曼坚持认为,那些无法获取外部资助又没有其他出路的院系,都只是对学校资金的单纯消耗,这恰恰说明了他们没有多大的价值。在特曼看来,像生物系、化学系以及经济学完全有机会成为强大的系,可是他们现在的做法却在使他们自己不断弱小下去,特曼谴责了这些系并责令他们做出改革。虽然这种做法往往带有侵蚀院系自治的风险,并经常会遭到那些恪守自身学科领域人的强烈抨击和大力反对,但战后系的改革是一个不可避免的趋势。杰出的物理学系曾经不断地把自身限制在纯研究上面。当线性加速器项目最后被批准时,物理系更倾向于把它看作是对他们自治的威胁而不是促进科学进步的机会,物理系甚至通过限制加速学术任命和研究生数量的方式来阻碍与加速器实验室的合作。然而这种偏于固执的做法并没有得到斯坦福大学管理层的支持,面对改革是无法避开的趋势。正如斯坦福大学物理学家保罗·柯克帕特里克(Paul Kirkpatrick)所说:"战后的系主任需要是那种'熟练且热心推动资助联系和资助合同的人',而不是过多关注资助合同的研究性质是什么、物理系的教师是否应该兼具教学和研究的职责以及物理系决定其未来发展的方式是什么的人。"③

对于战后的麻省理工学院而言,传统的学系同样面临着被革新的命运。20世纪的后五十年里,放弃孤立主义、在不同学术领域建立更多的联系在麻省理工学院成为一种趋势。由于学科间相互依赖、相互联系的增加,学科型组织必然会发生一定程度的变革,其中最为显著的就是对大学传统组织结构中学系这一传统学科型组织的革新。在跨学科时代,虽然学系仍旧是麻省理工

---

① 丽贝卡·S.洛温.创建冷战大学:斯坦福大学的转型[M].叶赋桂,罗燕,译.北京:清华大学出版社,2007:95-96.

② 丽贝卡·S.洛温.创建冷战大学:斯坦福大学的转型[M].叶赋桂,罗燕,译.北京:清华大学出版社,2007:98.

③ 丽贝卡·S.洛温.创建冷战大学:斯坦福大学的转型[M].叶赋桂,罗燕,译.北京:清华大学出版社,2007:107-108.

学院的基本学术单位和管理单元,但学系要适应跨学科时代并做出变革。按照麻省理工学院的传统,学系的名称来自核心的课程。然而,课程和学系的名称并不能反映技术世界的复杂性——技术从来不是按照某一种精确的模式细分的。① 在创造性活动更加深入发展以后,所有专业化模式的界限都开始呈现出模糊的基本态势。麻省理工学院工学院院长索德伯格(Soderberg)以工学院为例指出,工学院所属各学系的面向不应再局限为课程,而应该面向复杂、多维的技术需求;学系之间的区分更多的是通过方法而非领域;学系的教学范围将涉及应用科学的主要分支;学系还将逐渐发展成为一种管理单元。进入跨学科时代以后,学系越来越需要代表性人物站出来体现学科的价值,由此逐渐形成学系中的管理体系。索德伯格相信:"这些变化趋势……带来了很多管理问题,但却是学校健康、茁壮发展的可喜标志。"②实质上,系中的所有这些变化都是教师参与工业界和政府资助研究的产物。二战之后,麻省理工学院的学系需要适应和迎接这种变化,并鼓励以资助形式为主的研究。麻省理工学院具备工程领域的优势,不少工程相关的学系开始兼顾学术和应用两个方面。20 世纪 60 年代,麻省理工学院的工程系和科研实验室至少创办了175 个新企业,对区域经济发展做出了巨大贡献。③

从以上的讨论可以看出,二战之后,美国研究型大学学系的性质和使命得到了重塑,学系的性质由封闭走向开放,其使命由致力于学科建设转向为学科建设的同时兼顾社会服务。由此可以得出的结论是,系和学科如果不与大学外部的支持者保持联系,学术活动就只能在自己的小圈子里打转进而造成自我封闭。而如果它们能够向外面的世界渗透,那么它们就会将随着时代的发展而发展。以医学为例,二战之后,一个教师如果想要获得全美卫生研究院(National Institutes of Health,简称 NIH)的资助,他就必须选择能得到 NIH认可的研究课题和研究方法。并且,因为 NIH 受制于美国国会,国会又对全美人民负责,外界社会的新发展就会注入医学院,并影响医学研究。④

---

① 曾开富,王孙禺.战略性研究型大学的崛起:1917—1980 年的麻省理工学院[M].北京:科技文献出版社,2016:85.

② 曾开富,王孙禺.战略性研究型大学的崛起:1917—1980 年的麻省理工学院[M].北京:科技文献出版社,2016:85.

③ 伯顿·克拉克.大学的持续变革:创业型大学新案例和新概念[M].王承绪,译.北京:人民教育出版社,2008:185.

④ 罗纳德·埃伦伯格.美国的大学治理[M].沈文钦,等译.北京:北京大学出版社,2010:68.

二、设置专门的跨学科组织

二战之后,美国研究型大学的内部组织复演了知识生产模式转型背景下对科学研究态度的转变,系和学院日益成为管理的单位而不再以传统的学科为基础,系逐渐被削弱为研究的场所。[①] 学科间的界限变得逐渐模糊,学科呈现出了相互交叉与融合的趋势。加之知识生产模式的转型,美国研究型大学在对学系性质与使命重塑的基础上,力图打破传统学科型组织的藩篱,尝试设立跨学科研究机构。系不再是唯一的基层学术组织形式,大学设立了很多研究中心、研究所等跨学科组织。新型基层学术组织的诞生与发展丰富了基层学术组织的类型,并在美国研究型大学的发展进程中发挥了关键作用。正如盖格所说:"研究中心以及研究所是战后大学研究系统扩张过程中的决定性因素,而且在'大科学'项目发展的过程中扮演着领导者的角色。"[②]

案例一:麻省理工学院

战后的跨学科合作要求大学做出科学研究范式上的转变并在传统组织结构中增加新的部门和机构。1949 年,麻省理工学院校长报告指出:"大学必要设计新的组织方法、形成跨系实验室和研究项目等,从而为原子能科学、国际关系、电子学和公共管理等领域提供整合途径。"[③]纵观麻省理工学院战后的发展史,跨学科研究中心的大批创建是最重要的组织结构变化。根据校长报告统计,战后组建和完善的跨学科实验室或者研究中心包括计算与分析中心、核科学与工程实验室、光谱实验室、声学实验室、仪表实验室、机械装置实验室、绝缘研究实验室、电子研究实验室、林肯实验室、材料科学与工程中心、通信科学中心、地球科学中心、交通研究中心、癌症研究中心、航空航天研究中心、生命科学中心等。二战之后,麻省理工学院从联邦资助中获得了大量的经费,1968 年更是遥遥领先于斯坦福、哈佛等研究型大学(见图 5-8)。巨额的经费资助意味着学校和政府之间签订大量的合同,以服务政府、军事及国家安全的需要。因此,战后麻省理工学院在院系的基础之上,必须增设新的、面向实际问题的研究机构,以实验室、研究所、研究中心为主要形式的跨学科组织便

---

① 杰勒德·德兰迪.知识社会中的大学[M].黄建如,译.北京:北京大学出版社,2010:130.
② GEIGER R L. Organized Research Units—their role in the development of university research[J]. Journal of higher education,1990,61(1):1-19.
③ 曾开富,王孙禺.战略性研究型大学的崛起:1917—1980 年的麻省理工学院[M].北京:科技文献出版社,2016:85.

是这个时代背景下的产物。数据统计,20 世纪 60 年代,麻省理工学院是拥有科研机构数量第二多的研究型大学。而同期拥有此类机构第一多的加州大学伯克利分校,也在大学的发展与进步中起到了关键的作用,使得伯克利在美国一流的研究型大学中占有一席之地。[①] 二战结束后到 1987 年的四十多年里,麻省理工学院成立的跨学科研究机构共有 56 个。到 1987 年,其中的 36 所还在运行当中。[②] 截至 2014 年年底,麻省理工学院拥有或者管理的跨学科研究机构仍然高达 57 个。[③]

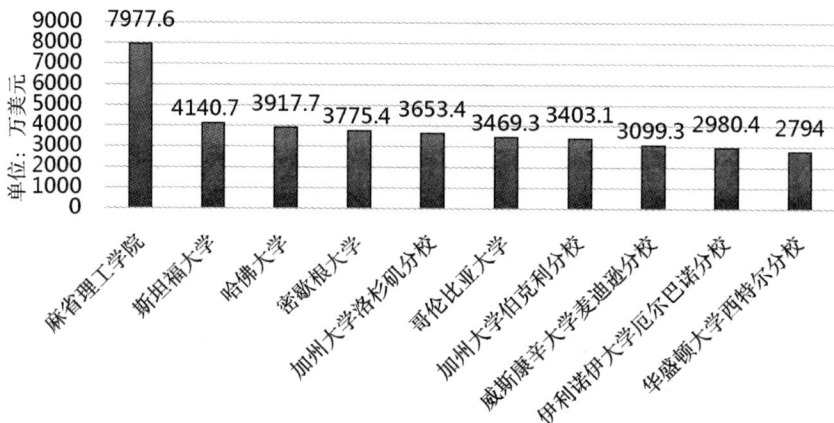

图 5-8　1968 财政年度获得联邦研发资助资金最多的 10 所大学

资料来源:休·戴维斯·格拉汉姆,南希·戴蒙德.美国研究型大学的兴起:战后年代的精英大学及其挑战者[M].张斌贤,等译.保定:河北大学出版社,2008:47.

战后新建的跨学科研究机构称谓不尽一致,根据麻省理工学院校长报告所指出的,麻省理工学院的跨学科研究活动基本都参照跨学科研究中心进行组织。一方面,跨学科研究中心不仅破除院系与学科的界限,聚集不同领域的教师在一起从事科研活动;另一方面,跨学科研究中心还承担着人才培养的功能。虽然在人才培养活动的课程阶段,麻省理工学院仍然靠常规院系提供学科训练,但在综合性的论文设计阶段,跨学科研究中心逐渐发挥更重要的作

① GEIGER R L. Organized Research Units—their role in the development of university research[J]. Journal of higher education,1990,61(1):1-19.

② 盖格.研究与相关知识:第二次世界大战以来的美国研究型大学[M].张斌贤,孙益,王国新译.石家庄:河北大学出版社,2008:69.

③ MIT Facts. Centers, Labs & Institutes[EB/OL].(2015-01-15)[2018-08-31].http://web.mit.edu/facts/research-centers.html.

用。统计显示，电子研究实验室在 1960 年共计完成了 16 篇博士论文，8 篇工程硕士论文，35 篇硕士论文，以及 65 篇学士论文。自成立以来，电子研究实验室的研究型人才培养规模在麻省理工学院常年位列前茅，平均每年有超过 250 名研究生和近 60 名本科生开展研究工作。[①] 根据康普顿（Compton）校长的观察，除了学位教育之外，"跨学科研究中心"另外一方面的意义被总结为反射效应。各院系在与跨学科研究中心密切合作的同时，跨学科研究中心也将对各参与院系和整个大学形成类似于光线反射一样的影响。跨学科研究中心所形成的最前沿、最先进的技术进展，将刺激常规院系和整个大学更新教育教学计划、使其现代化。[②]

跨学科研究在起步阶段的组织形态并不是实体化的。很多跨学科研究都是以政府的资助项目为起点。为适应项目研究，麻省理工学院在参与项目的每个系设立一位协调员，主要负责的工作为：（1）把不同院系的合作人员融合在一个工作单元里；（2）提供各参与院系的师生共同需要的专业性研究设备。[③] 在研究活动进入到一定阶段以后，需要整合各方力量建立一个新的基层学术组织——跨学科研究组织。在此过程中，跨学科研究中心与传统院系之间的关系是一个值得探讨的问题，在科学活动进入到跨学科时代以后，以学科为基础的传统院系在大学处于何种地位？这在基层学术组织改革是无法被忽视的。麻省理工学院明确指出，传统院系仍然是不可或缺的，保存一些传统的结构形式，对于大学稳定、连续地正常运作具有重要的意义。跨学科组织有很大的不确定性，而传统院系的不确定性要小很多。因此，麻省理工学院认为，一方面，传统的院系体制必须保存；另一方面，这种传统院系结构必须适应跨学科研究活动的发展、不断地通过新途径进行补充完善。[④] 基于上述认识，跨学科学术组织扩展了传统院系的发展机会，但它们并不取代传统的院系。这种双重性的治理结构是麻省理工学院组织模式的一次显著演变，在办学实践中需要组织和个体都不断平衡和适应。

---

① 曾开富，王孙禺.战略性研究型大学的崛起：1917—1980 年的麻省理工学院[M].北京：科技文献出版社，2016：86.

② 曾开富，王孙禺.战略性研究型大学的崛起：1917—1980 年的麻省理工学院[M].北京：科技文献出版社，2016：86-87.

③ 曾开富，王孙禺.战略性研究型大学的崛起：1917—1980 年的麻省理工学院[M].北京：科技文献出版社，2016：90-91.

④ 曾开富，王孙禺.战略性研究型大学的崛起：1917—1980 年的麻省理工学院[M].北京：科技文献出版社，2016：90-91.

麻省理工学院并不是一个有着很强烈的学科界限的大学。以媒体实验室为例,实验室通过专注于技术、多媒体、科学、艺术和设计等相互融合的跨学科研究,不断革新技术,并改变了人们的生活方式和思维方式。现如今,在实验室步入第四个十年之际,将继续对传统的学科研究范式和思维方式作出反思。实验室系主任伊藤(Ito)甚至倡导"反学科"(antidisciplinary)的研究路径,提出了"反学科"口号。在过去,媒体实验室通常处于一个专注于特定学科或研究问题的封闭式学术环境,或者作为大公司的学术资源,在这些公司的支持下为其谋取商业利益。而如今,正如系主任伊藤明确指出:"再也不会这样了,更高的透明度,伴随以在制造、生物技术、人工智能、机器学习,加之互联网和 3D 打印工具等领域内取得的进步,使我们能够以令人兴奋和强大的方式重塑技术领域。"①"反学科"的观点正在为实验室开辟一条新的创新之路,系主任伊藤鼓励每个人将这种思维方式融入他们的日常研究之中。

麻省理工学院教师和学生都愿意穿越学科和院系界限进行实现跨学科合作,这一点也极为难能可贵。在谈及跨学科的重要性时,曾任电子学研究实验室的主任维斯纳(Wiesner)这样评论道:对于那些对信息感兴趣的人来讲,电子学研究实验室或许是这个世界上最令人激动的地方。在这里,我们研究神经生理学,研究电子噪音问题,研究编码问题,我们也研究信息理论,我们甚至还思考计算机问题。② 由此可以看出,维斯纳不仅对研究信息有着极大的热情,同时他对于跨学科研究也有着非常积极的肯定态度,该实验室后来也取得了非常大的成功。其实维斯纳的描述只是麻省理工学院众多参与跨学科研究教师群体中的一个缩影,麻省理工学院在跨学科研究上之所以能够取得令人瞩目的成就,除了麻省理工学院本身所具有的智力资源以外,还与教师群体的这种外向与开放的心态有着莫大的关系。正如媒体实验室主任内格罗蓬特(Negroponte)所说,"媒体实验室之所以能够取得成功,是与智力(intelligence)、外向性(extroversion)以及开放性(open-mindedness)三个关键的因素息息相关的。③

① Innovation research interchange. Ito speaks about "antidisciplinary" innovation at IRI annual meeting[EB/OL].[2018-07-27].https://www.iriweb.org/articles/joi-ito-mit-media-lab-director-awarded-iri-medal.

② STEWART B. The Media Lab:inventing the future at MIT[M]. New York:Viking,1987:134.

③ Interdisciplinary research and education:preliminary perspectives from the MIT media laboratory[EB/OL].[2018-05-26].http://thegoodproject.org/wp-content/uploads/2012/09/GoodWork13.pdf.

麻省理工学院在第二次世界大战结束至 20 世纪末之间所逐步发展起来的是一个意义重大的模式,即一所大学如何能够把一个提供连续性和质量的"传统学术性的学系结构"和提供支持一个"有生气的科研项目"机制的跨学科实验室和中心的聚集体进行相互结合。[1] 改革之后的麻省理工学院,在组织结构方面采用了矩阵制的管理模式,主要有两类组织构成。一类是基于学科设置的传统学术组织,主要负责教学和人才培养。在麻省理工学院,学系被看作是"稳定的核心",是基本的"砌块"。另一类是跨越传统学科界限的教学和科研机构,由大量的跨院系、跨学科计划的实验室和研究中心组成。这些科研单位是灵活的组织,它们以不同的方式与主要的学术组织发生关系,有些由院长负责,有些由管科研的副校长负责,有些则是共同管理。研究中心、研究所、实验室等跨学科组织对麻省理工学院开展跨学科研究发挥着不可或缺的作用。麻省理工学院基层学术组织多样,功能强大且齐全,几乎每个机构都涉及跨学科元素,重视跨学科研究,潜移默化中将跨学科当作一种理念和习惯,使麻省理工学院在科研中无时无刻不渗透着跨学科的气息。截至 2018 年,麻省理工学院的跨系研究中心、研究所、研究项目及研究团队等基层学术组织的数量达到 49 个。[2] 跨学科实验室是麻省理工学院最早建立的跨学科组织形式,目前也已发展到 14 个(见表 5-3)。

表 5-3　麻省理工学院跨学科实验室

序号	实验室名称	序号	实验室名称
1	贫困行动实验室	8	核科学实验室
2	世界水和食品安全实验室	9	林肯实验室
3	科学与人工智能实验室	10	材料研究实验室
4	设计实验室	11	媒体实验室
5	财政工程实验室	12	核反应堆实验室
6	信息与决策系统实验室	13	电子学研究实验室
7	制造与生产力实验室	14	光谱学实验室

资料来源:根据 MIT 官网整理,数据截止到 2017 年 12 月。

---

[1] 伯顿·克拉克.大学的持续变革:创业型大学新案例和新概念[M].王承绪,译.北京:人民教育出版社,2008:186.

[2] MIT. Centers, labs&programs [EB/OL]. [2018-05-22]. http://www.mit.edu/research/centers-labs-programs/.

　　包括麻省理工学院在内,这些跨学科组织对于美国研究型大学的快速发展起到了显著的推动作用,并奠定了后来发展成为世界一流大学的根基。1992年,学者杰拉尔德·斯塔勒和威廉·塔什(Gernald J Stahler,Willian R Tash)曾做过一项调查研究,该研究主要调查了研究型大学取得快速发展的关键要素。研究得出的结论是:几乎所有的20世纪80年代发展最快的研究型大学,都强调研究中心对它们研究的发展具有重要意义。在这些大学的研究经费来源中,平均有28%左右来自研究中心。在调查的28所大学中,有4所大学的研究中心占到了它们大学研究经费的50%或以上。即便对拥有研究中心数量较少,并且规模较小的医学中心或医学院来说,研究中心的经费也占到了总研究经费的近15%。①

　　案例二:斯坦福大学

　　二战结束之际,一套新的价值观和社会关系正在斯坦福大学中被制度化。斯坦福大学管理层清楚表明,在科学和工程领域中,研究比教学的价值更高,有"大未来"并能吸引联邦政府和企业的研究资助,这比非实用的或纯粹学术的研究更受尊重。虽然大学作为商业避风港或更广泛地说作为社会避风港的理念并非没有遭到质疑,但在二战结束时,当大学管理者和一些教师拒绝象牙塔思想并认为它过时时,仍持传统观念的教授发现自己处在一种备受冷落的境地。② 就当时的大环境来看,推动斯坦福大学当局改革大学并挑战学术传统主要是由于学校财政的需求。院系自治的传统对新形成的价值观形成了一道屏障,在改革之初就遭到了教授们的大量反对,但是斯坦福大学下定决心抛弃旧的传统并同心协力创造一种新传统。1952年年末,斯坦福大学的电子研究实验室在企业界获得了相当的影响力。③ 在斯坦福大学,学校与本地企业的关系被视为巨大的成功。正像特曼所说的那样,这是财政上的回报,并为相关斯坦福的教授所接受。一方面,企业不干预他们的研究工作;另一方面,一些工程师青睐于寻找财政上的互利关系。到了20世纪70年代末,在时任教务长阿尔伯特·哈斯特福(Albert Hastorf)的极力倡导下,斯坦福大学有意尝试创建独立的跨学科研究组织机构,这一举措为之后斯坦福大学新增及建设

---

① STAHLER G J,TASH W R. Centers and institutes in the research university:issues, problems,and prospects[J]. Journal of higher education,1994,(65)5:540-554.

② 丽贝卡·S. 洛温.创建冷战大学:斯坦福大学的转型[M].叶赋桂,罗燕,译.北京:清华大学出版社,2007:108.

③ 丽贝卡·S. 洛温.创建冷战大学:斯坦福大学的转型[M].叶赋桂,罗燕,译.北京:清华大学出版社,2007:157.

跨学科组织奠定了良好的基础。①

　　20 世纪 80 年代,大学对商业关系的态度明显发生了变化。由于大学渴望扩展研究,创造能够吸引有计划研究资金的组织研究单位被认为是最直接的途径。盖格曾指出:"研究中心主要致力于学科的交叉与融合,相较旨在进行基础研究和理论构建的学系,研究中心的目的往往是促进来自不同学系的人员进行跨学科研究,知识的应用和问题的解决成为研究中心的主要目标。"②斯坦福大学趋向于基层学术组织的再改造,因为对于当时的研究型大学而言,"希望在风云变幻的领域占有一席之地的大学,除了建立专门的组织研究单位,很少有其他选择"。③ 1980 年人文研究中心在斯坦福大学兴起,该中心不仅是学校历史上较早设立的跨学科组织机构之一,同时也是美国最早建立在校园基础上的人文学科研究机构之一,设置起初就明确了吸引不同学术背景、年龄的人文学家、历史学家、文学评论家、人类学家等专家一起合作研究的目标。同样,近些年成立的生物材料研究所在全球范围内都是属于佼佼者与首倡者,发挥着引领的作用。由图 5-9 可以看出,在斯坦福大学组织架构中,专门设有负责管理跨学科研究和组织的研究院院长兼副教务长(Dean of Research and Vice Provost)。在斯坦福大学开展跨学科研究的过程中,这一职务发挥着不可或缺的作用。正如前研究院院长兼副教务长安·阿尔文(Ann Arvin)所说:"人们需要知道而且也是非常重要的一点,在斯坦福大学的组织架构中,专门设置了负责跨学科独立研究机构的研究院院长这一职务。这项政策设计也是极具远见性的,因为在复杂的组织机构中拥有专门的领导力是非常有必要的。"④

　　斯坦福大学前校长约翰·汉尼斯(John Hennessy)认为科研是学校发展的中心,他说"知识的创造和传达是每一个研究型大学工作的心脏,作为像斯

①　Stanford Interdisciplinary.Q&A with Ann Arvin, dean of research and vice provost, on Stanford's history of collaboration[EB/OL].[2018-05-21]. https://interdisciplinary. stanford.edu/qa-ann-arvin.

②　STAHLER G J,TASH W R. Centers and institutes in the research university:issues, problems, and prospects[J]. Journal of higher education,1994,(65)5:540-554.

③　罗杰·盖格.研究与相关知识:第二次世界大战以来的美国研究型大学[M].张斌贤,孙益,王国新,译.石家庄:河北大学出版社,2008:356.

④　Stanford Interdisciplinary.Q&A with Ann Arvin, dean of research and vice provost, on Stanford's history of collaboration[EB/OL].[2018-05-21]. https://interdisciplinary. stanford.edu/qa-ann-arvin.

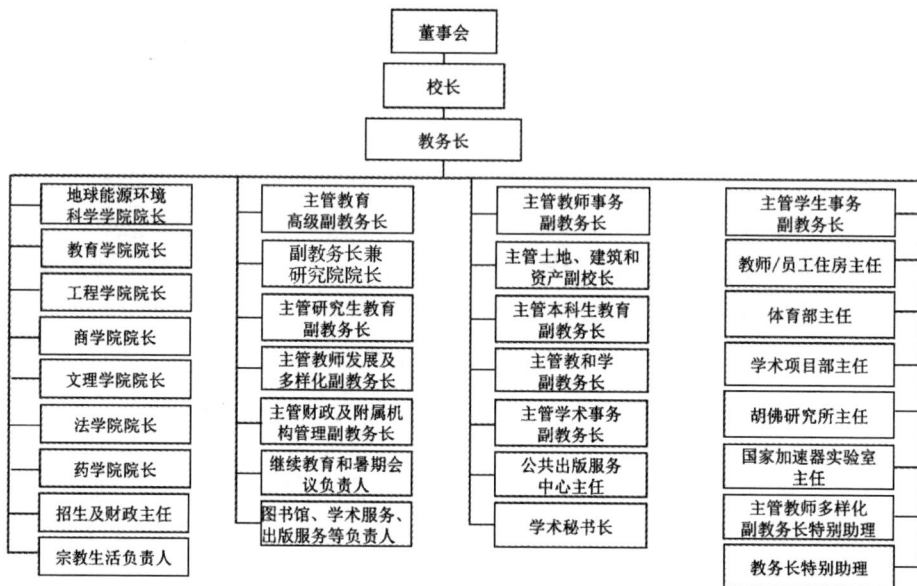

图 5-9　斯坦福大学组织架构图

坦福大学这样一个伟大的研究型大学,我们期望知识来造福社会"。[①] 为了取得研究上的突破,斯坦福在传统院系建制的基础上,设置了一个个引领全球风潮的跨学科机构,希冀开放组织的边界。这类组织机构的创建以及新型建筑的使用体现了斯坦福大学革新性及超前性,斯坦福大学独立的跨学科研究机构在全球范围内都是独树一帜并起到引领性作用的。可以看到,虽然每个研究单位分别有各自专注的科学领域(比如,神经科学研究所关注于脑科学与脑相关疾病,医药化学研究中心关注与健康相关的化学生物学),但是它们都强调了将不同领域的研究人员(基础生物学家、临床医生、工程师、化学家、计算机科学家等)聚集在一起共同解决科学问题。为了促进多领域研究者突破障碍、共同工作,这些研究单元从建筑设计到科研基金管理都进行了全方位的改革。经过此次改革,斯坦福大学形成了一个运行有效的学术组织体系,无论是在组织类型还是在组织性质上,无论是在承担教学还是负责科研上,均取得了非凡的改革成效。

如今的斯坦福大学不仅拥有实力雄厚的院系和学科,而且也拥有在全球

①　付瑶瑶.从斯坦福大学看美国研究型大学中独立科研机构的发展[J].清华大学教育研究,2005,(26)3:16-22.

享有学术声望的跨学科组织,斯坦福大学基层学术组织改革无不体现了深植于血液那种勇于创新、敢于突破的文化。斯坦福大学一直持续不断地开拓传统学科界限研究的新领域,突破原有组织体系束缚,在大学组织架构上先后实施了系列改革,建立了具有引领性的跨学科组织。斯坦福大学当下共拥有127个研究中心及研究所,分别集中在工程学、人文学、医学、科学以及社会科学五个大的学科领域内(见表5-4)。这类组织单位有效支撑了学科的发展,而且在大学学生声望的提升上也发挥了关键的作用。一般而言,这类新型基层学术组织基于院系而设,并基于某个学科领域的重大问题而展开研究,这类基层学术组织主要是为所在院系的学科建设服务的。就独立的跨学科组织而言,截至2018年,斯坦福大学已在全校范围内设置了18个独立的跨学科研究组织机构(见表5-5)。

表 5-4　斯坦福大学研究中心及研究所设置情况表

序号	学科领域	研究中心、研究所等数目
1	工程学	28
2	人文学	19
3	医学	29
4	科学	22
5	社会科学	29
6	总计	127

资料来源:根据斯坦福大学官网整理。

表 5-5　斯坦福大学 18 个跨学科研究组织机构

跨学科机构名称	人员规模(研究人员)	研究教师来源(含校外,仅显示部分来源院系或领域)	学科协作
伍兹环境研究所	200＋	人文社会科学、生态系统、历史、环境学、医学等	环境＋气候;医药＋保健
人文研究中心	30＋	哲学系、英语系、政治科学系、历史系、比较文学系等	文化＋经济
金兹顿实验室	20＋	电子工程、应用物理、量子科学、工程学等	物理＋材料＋能源＋空间
材料能源科学研究所	30＋	化学工程、光资源、材料科学工程、应用物理等	物理＋材料＋能源＋空间

续表

跨学科 机构名称	人员规模 （研究人员）	研究教师来源（含校外， 仅显示部分来源院系或领域）	学科协作
能源研究所	200+	能源与行为、管理与创新、生物化学、地质学等	化学＋生物；环境＋气候；物理＋材料＋能源＋空间
国际事务研究所	70+	地球科学、政治科学、人文科学、经济学、地质科学等	文化＋经济；环境＋气候；医药＋保健；物理＋材料＋能源＋空间
粒子天体物理及宇宙学研究所	200+	粒子天体物理、人文社会科学、物理工程学等	物理＋材料＋能源＋空间
寿命研究中心	150+	教育学院、地球能源环境科学学院、商学院、工程学院等	文化＋经济；医药＋保健
神经科学研究所	400+	神经学、神经生物学、遗传学、生物工程、化学等	化学＋生物；医药＋保健
临床及科研转化教育研究中心	20+	儿童健康、生物医学伦理学、生物统计学、信息学等	化学＋生物；文化＋经济；医药＋保健
行为科学高级研究中心	50+	政治科学、环境科学、心理学、法学等	文化＋经济
医药化学研究中心	100+	化学家、工程学家、生物学家、临床医生等	化学＋生物；医药＋保健
经济政策研究所	50+	财政、经济、医学、法学、教育学、国际信息等	文化＋经济
高级材料实验室	60+	应用物理系、化学系、电子工程系、材料科学系、工程系、物理系等	物理＋材料＋能源＋空间
语言信息研究中心	30+	心理系、语言系、哲学系、计算机科学系、信息学系等	文化＋经济
超速能源研究所	60+	物理学、化学、工程学、材料工程学等	化学＋生物；文化＋经济；物理＋材料＋能源＋空间
实验物理实验室	20+	物理工程、物理生物、量子科学、神经科学等	医药＋保健；物理＋材料＋能源＋空间
生物材料研究所	900+	医学、心理学、生物学、遗传学、神经学等	化学＋生物；医药＋保健

资料来源：根据斯坦福大学官网整理。

案例三：哈佛大学

为适应科学研究的发展,哈佛大学的教授开始不断尝试在很多的学科交叉领域进行学术探究,这也直接促使了很多研究中心和研究所的成立。在哈佛大学,"研究中心"被哈佛大学校长内森·普西(Nathan Pusey)描述成"围绕共同的兴趣,用于从不同学科和学系聚集学者的管理策略。中心是推动复合领域研究的跨学科攻关手段"。他认为探索新知识"就是现在日益从事那些超越了早先划定了研究边界领域(系科)传统界限的研究"。[①] 自 20 世纪 50 年代以来,随着外部环境的一系列的变化,哈佛大学实施了一系列的组织改革,尤其是在基层学术组织的改革层面。1947 年,哈佛大学成立俄罗斯研究中心,旨在将更大的学术力量集中在苏联研究方面。1957—1958 年,公共管理学院在福特基金会的资助下,建立了国际事务中心。1962 年,国际事务中心改名为哈佛大学国际发展研究院,开始接受政府的资助,研究院第一任主任是著名的政治理论家塞缪尔·亨廷顿(Samuel Huntington)教授。

1991 年,陆登亭(N. L. Rudenstine)出任哈佛大学第 26 任校长,面对跨学科研究的空白,陆登亭发出这样的感叹:"世界学术发展的趋势告诉我们,学科的专门化虽然重要,但不同领域之间的联系也变得越来越重要,而哈佛大学并没有建立有效的学术组织,鼓励跨学科的合作,特别是从整个大学范围来看,情况更是如此。"[②]他认为:"大学教育并不专门为学生的就业做准备,而应该为学生的一生和进一步的学习做准备。一个在未来社会具有发展潜力和竞争力的学生,必须具备宽广的知识面,掌握专业知识和交叉学科的知识。"[③]在陆登亭的推动下,哈佛大学跨学科研究取得了更为辉煌的成就。为了改变哈佛大学学术研究过于分散的态势,陆登亭就任哈佛大学校长的第一要务就是打破学术壁垒,在学院之间架起合作与沟通的桥梁。基于陆登亭的理念和倡导,哈佛大学随后不久提出了跨学院计划(Interfaculty Initiatives),并在健康政策、教育和儿童、伦理和职业,思维、大脑、行为以及环境等问题领域组建了

① 罗杰·盖格.研究与相关知识:第二次世界大战以来的美国研究型大学[M].张斌贤,孙益,王国新译.石家庄:河北大学出版社,2008:51.

② 陆登亭.一流大学的特征及成功的领导与管理要素:哈佛的经验.教育部中外大学校长论坛领导小组:中外大学校长论坛文集[M].北京:高等教育出版社,2002:21.

③ 沙敏.哈佛大学校训[M].北京:中国工人出版社,2006:64.

五个跨学科研究机构。①

　　同一时期,哈佛大学对生物医学领域的跨学科研究进行了超过 10 亿美元的资助,这不包括年度研究和运行经费。哈佛大学医学院、公共卫生学院、文理学院共同成立了一个合作的癌症研究中心,大约有 500 名哈佛大学生物学和医学领域的科学家参与。在社会科学领域,哈佛大学的教授们早就加强了与俄罗斯、中国、日本以及西欧和拉丁美洲国家不同学科专家的联系。政治科学家、历史学家、经济学家和社会学家都发现单一学科解决复杂文化背景问题的局限性。而这导致了很多跨学科和国际性的研究中心、研究院和项目诞生。② 仅在商学院,短时期内就建立了数个研究中心。1997 年,建立了全球研究中心;1999 年,建立了亚洲-太平洋研究中心;2000 年,建立了日本研究中心等。研究所、研究中心等新型基层学术组织对于新兴研究型大学的发展也有着非凡的意义。通过选择某些特定的研究领域,围绕研究成立有组织的研究单位,并对其增加投入,吸引更多的知名教授,从而提升在全国大学声望调查中的排名。③

　　21 世纪初,哈佛大学校长劳伦斯·萨默尔斯(Lawrence Summers)恢复教务长一职,并邀请史蒂文·海曼(Steven Hyman)出任该职位。劳伦斯·萨默尔斯的主要目的就是希望史蒂文·海曼协助组建哈佛大学科学与工程方面的跨学科项目。他们有一个共识:总体上来说,哈佛大学拥有全世界最杰出的老师和学生,但是由于科层制模式下的壁垒对协同合作的阻碍,哈佛大学在很多真正的创新领域并没有立足之地。在史蒂文·海曼看来,"哈佛大学是如此的分散与隔离,以至于不仅没有从最纯粹的学术意义上受益于我们具有实力的教师。而且除此之外,像哈佛艺术博物馆、美国话剧团、阿诺德植物园等这些附属单位,它们虽然在企业的运行上非常成功,但是在很多方面,与哈佛大学的核心活动越来越不相关。比如,与美国话剧团有深入交流的本科生微乎其微。另外除了那些对艺术史和建筑设计感兴趣的人员之外,很少有学生花

---

① MITROKOSTAS N. Inter-faculty initiatives growing[EB/OL].(1996-10-23)[2019-02-03]. https://www. thecrimson. com/article/1996/10/23/inter-faculty-initiatives-growing-pwhen-neil-l/? page=1.

② 徐来群.哈佛大学史[M].上海:上海交通大学出版社,2012:29.

③ DAVIS G H, NANCY D. The rise of American research university:eliters and challengers in the postwar era[M]. Baltimore:The Johns Hopkins University Press,1997:198.

费时间参与艺术博物馆的收藏与展览活动"。① 史蒂文·海曼说:"我一直相
信,甚至在我 20 世纪 90 年代早期刚来到哈佛大学时,我就开始有所认为由于
科层制模式所导致的巴尔干化式组织割据(bureaucratic balkanization),哈佛
大学并没有完全从自身所具有的优势中获益。"② 在海曼的努力下,哈佛大学
穿透科层制体系的束缚,为学科之间的交叉及院系之间更大程度上的合作开
辟出了一条道路。渗透在改革中的搭桥文化(the Culture of Building
Bridges)使哈佛大学的教师和学生浸润在跨学科协作的精神理念和文化氛围
中,无形中产生一种价值层面上的认同感。所谓搭桥就是在封闭的院系之间
架起一个个通往彼此"学术阵地"的桥梁,促进学科及院系之间更好地沟通与
交流,旨在将割裂分散的哈佛大学重新回归为一个整体。如此一来,哈佛大学
的学术资源能够得到最大限度的共享,哈佛大学师生的学术生涯体验也变得
更加丰富多彩,而不仅仅局限于某个学院之中。

　　美国大学协会指出:"师资队伍的质量和参与,一贯用来解释为什么高度
成功的跨学科中能取得成功。相反,或许最常用来解释跨学科努力失败的原
因是没能吸引强大的师资充分参与。"③ 从某种程度上说,哈佛大学基层学术
组织改革的成功得益于其强有力的教师队伍和丰富的学术资源。尤其是在跨
学科研究与合作方面,如果没有一批优秀的教师队伍,那么很难进行学科间的
合作与交流,难以开展实质性的跨学科研究。哈佛大学聚集了世界范围内最
优秀的教师群体,而且拥有雄厚的学术资源,这无疑成为哈佛大学组建跨学科
组织并开展跨学科研究的重要保障。在开展跨学科合作的过程中,虽然学科
间的协作与联合会给各个院系的老师带来不少行政及学术上的负担,但是他
们中的大多数依然坚信这种负担也是一种责任和使命,而且这种负担与他们
自身的利益相比,会显得更有价值、更重要。事实上,如果分析哈佛大学各跨
学研究机构的网站,都能从中看出这样几点基本事实。首先,研究队伍广泛来
自各个院系,甚至校外;其次,研究队伍对跨学科持有很大的热情,并愿意积极
投身于跨学科研究项目中;最后,研究团队中不仅有很高资质的明星教授,也
有刚刚投身科研事业的青年教师,不论是明星教授,还是青年教师,他们无疑

---

① 　HYMAN S. A provost's view across a decade[EB/OL].[2018-04-12].https://news.
　　 harvard.edu/gazette/story/2011/05/a-provosts-view-across-a-decade-2/.

② 　HYMAN S. A provost's view across a decade[EB/OL].[2018-04-12].https://news.
　　 harvard.edu/gazette/story/2011/05/a-provosts-view-across-a-decade-2/.

③ 　AAU. Report of the interdisciplinarity task force[R]. New York:AAU,2005:1-11.

都是科研队伍中的佼佼者。从这个角度来说,哈佛大学优秀的教师队伍对于促进其基层学术组织改革,创建跨学科组织机构来说,是其成功的关键要素之一。一方面,哈佛大学教师队伍的实力为不同院系之间开展合作交流提供可能;另一方面,哈佛大学教师队伍的素质使得不同院系之间的合作交流变得更为融洽、和谐与有效。

现代社会最能被预见到的特质就是它的不可预见性,我们不再相信明天会和今天差不多。大学必须要寻求保留它的核心价值中最珍贵的部分,同时还要开拓新的道路来热切回应这个飞速发展的世界所带来的种种机遇。[①] 作为世界一流大学的"排头兵",哈佛大学在很多方面的改革都能起到引领和示范的作用,甚至会带来世界高等教育领域内的变革,所以哈佛大学的每一次改革也都是谨小慎微的。就基层学术组织改革而言,面对社会的发展及知识生产模式的转型,哈佛大学审时度势,敢为人先,在学系以及研究中心和研究所等组织类型的基础之上,创建了一批享有学术声望的跨学科研究组织机构,成为世界一流大学基层学术组织改革中的佼佼者。时至今日,哈佛大学在基层学术组织方面取得了显著的改革成就,跨学科组织无论在形式上还是运作效率上都成为美国乃至全球大学的楷模。随着时间的推移及教务长史蒂文·海曼的上任,哈佛大学逐步将跨学科元素纳入学校组织发展战略中并制定相应的政策文本,在全校范围内建立了独立的跨学科研究组织机构,并在传统的学科型组织之间架起了一座座可以通往彼此"阵地"的"桥梁"。哈佛大学发展至今,在全校范围内一共组建成立了包括哈佛大学高级领导力计划、伯克曼网络与社会研究中心、儿童发展中心等 24 个专门的跨学科研究机构(见表 5-6)。

表 5-6　哈佛大学独立的跨学科研究组织机构

跨学科机构名称	研究教师组成及来源
高级领导力计划	商学院、教育学院、政府学院、法学院、医学院等
网络与社会研究中心	法学院、律师、记者、艺术家及设计师、公共政策专家等
儿童发展中心	社会政策、儿童发展、经济学、心理学、神经科学等
拉美研究中心	设计学院、人类学、商业管理、拉美历史与经济等
伦理研究中心	哲学、社会公平、政治理论、国际发展、生物伦理等
健康与人权研究中心	地球科学、政治科学、人文科学、经济学、地质科学等

---

① 詹姆斯·杜德斯达.21 世纪的大学[M].刘彤,等译.北京:北京大学出版社,2005:3.

续表

跨学科机构名称	研究教师组成及来源
人口与发展研究中心	粒子天体物理、人文社会科学、物理工程学等
哈佛中国基金会	教育学院、地球能源环境科学学院、商学院、工程学院等
全球平等计划	神经学、神经生物学、遗传学、生物工程、化学等
全球健康研究所	儿童健康、生物医学伦理学、生物统计学、信息学等
人道主义研究所	政治科学、环境科学、心理学、法学等
脑行为交叉研究所	化学家、工程学家、生物学家、临床医生等
干细胞研究所	财政、经济、医学、法学、教育学、国际信息等
亚洲研究中心	应用物理系、化学系、电子工程系、材料科学系、物理学等
美国本土研究项目	心理系、语言系、哲学系、计算机科学系、信息学系等
生命起源研究所	物理学、化学、工程学、材料工程学等
量化社会科学研究所	物理工程、物理生物、量子科学、神经科学等
人文研究中心	医学、心理学、生物学、遗传学、神经学等
微生物科学研究所	——
伊斯兰研究项目	神学院、设计学院、商学院、肯尼迪政府学院等
卫生政策研究项目	医学院、肯尼迪政府学院、公共卫生学院、商学院等
不动产学术研究计划	——
南亚研究所	——
生物仿生工程研究所	生物化学和分子药理学系、工程和应用技术学院、医学院等

资料来源：哈佛大学各研究机构官方网站。

三、革新大学建筑设计理念

21 世纪以来,麻省理工学院购置新的基础设置并制定新的策略,鼓励计算机专家、生命科学家、语言学家和哲学家、工程师共同合作,同时发展有助于多学科发展需求的组织结构,推动跨学科不同专家之间的合作。[①] 麻省理工学院对于跨学科研究的推动远不止于此,建筑上的布局及空间上的配置也是

---

① 苏珊·霍克菲尔德.跨学科合作有助推动高校创新[EB/OL].(2006-01-16)[2018-04-01].http://www.tsinghua.edu.cn/publish/thunews/9662/2011/20110225231714609918626/20110225231714609918626_.html.

基层学术组织改革中一道亮丽的风景线。在麻省理工学院,不同的学系处于同一门厅之内,而非分布在不同的建筑楼群中,这样的布局安排及空间配置方式可以使不同学科领域的教师和学生很快就能从一个系穿梭到另一个系,不仅有利于不同学科教师进行学术上的探讨和研究成果上的分享,也有利于激发学生的多学科志趣。麻省理工学院在基层学术组织改革上所取得的成就是引人瞩目的,作为一所小而精的研究型大学,麻省理工学院不仅充分盘活了大学组织中的学术资源,而且也在全校范围内营造了一种合作协同的文化氛围,使得跨学科合作成为根植于师生心中的一个理念。正如麻省理工学院人文、艺术与社会科学学院院长黛博拉·菲茨杰拉德(Deborah Fitzgerald)所说:"麻省理工学院知道,如果想要在重大的问题上取得突破和解决方案,那么不仅需要技术和科学上的创造力,还需要对世界上复杂的政治、文化及经济环境有着很好的理解。麻省理工学院人文、艺术与社会科学学院的一个重要目标就是,赋予年轻的工程师和科学家以批判性思维,以及他们在工作环境中所需的文化、美学和历史等素养。"[①]

在建筑楼群的设计上,斯坦福大学的表现显得卓越超群。为了突破空间上的局限性,斯坦福大学专门为跨学科研究增建了新的建筑楼群。闻名海内外的斯坦福大学詹姆斯·克拉克中心(The James H. Clark Center)是其中的典型。克拉克中心选址位于医学院、工程学院以及文理学院的交叉区域(见图5-10)。从建筑设计理念上来看,中心采用了全开放的建筑理念,实验室内部一改一排排小黑屋的设计,除了必要的超洁净空间与暗室,所有实验台与工作区都位于安全开放的公共空间。不同研究领域的实验室"混搭"在整个克拉克中心,同一楼层中既有进行神经科学研究的实验室,也有进行生物信息开发的研究组,还有质谱与蛋白质研究组。这样的设计有意无意地促进了本来"八竿子打不着"的研究者碰面、聊天,进而产生新的想法。通过这样的布局安排,聚集在中心的研究个体能够更加容易地交流与协作。斯坦福大学生物材料研究所的主任马修·斯科特(Mattew Scott)这样说道:"坐在克拉克中心,如果我有一个关于化学的问题,我可以上楼去问一个和我熟识的化学家。也许他可能会说我们不是很了解这个问题,但他可以告诉我谁可以帮你。这种条件与

---

① MIT news. The art of being interdisciplinary[EB/OL].[2018-09-01].http://news.mit.edu/2012/the-art-of-being-interdisciplinary.

环境,实质上是简化了寻找潜在协同合作者的过程与途径。"①

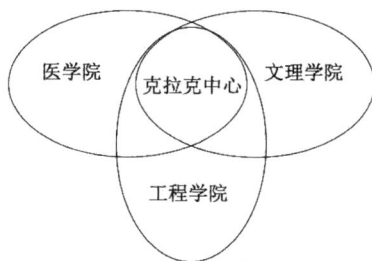

图 5-10　克拉克中心所处的地理位置②

克拉克中心的空间设计是对大学传统的组织布局及建筑结构布局设计层面的一种挑战。2003 年,当克拉克中心这栋新的建筑大楼开始投入使用时,人们对这栋大楼的开放式建筑结构以及其代表的非同寻常的学科融合给予了很大的期望。不像传统的建设设计,把不同的学科保持一种相互分离的状态,克拉克中心从设计之初就旨在鼓励学科的交叉与融合,增加教师交流与碰面的机会。当然,这样做也是有风险的,生物材料研究所的主任马修·斯科特(Mattew Scott)说:"就最初的情况来讲,并不是很明显的能够看出来这栋建筑是否能发挥应有的效果。"③然而,克拉克中心在促进跨学科研究方面取得了令人意想不到的成就,10 多年以后,克拉克中心被称为一种鼓励跨学科合作并带来革命性科学的建筑典型与模式。毫无遮掩与阻隔的走道以及会议空间,中心的地理位置以及令人称赞的咖啡厅被国家研究院(National Academies)2014 年年度报告认为是鼓励学科融合的关键特征与要素。④克拉克中心不仅将不同的学科聚集在一起应对大科学、大问题时代的挑战,而且也吸引了世界上其他不同国家的人员前来参观,并将其理念带回他们自身的建筑设计中。

_____

①　Stanford news. Building collaboration[EB/OL]. (2015-12-14)[2018-04-21]. https://news.stanford.edu/features/2015/clark/.

②　Stanford news. Building collaboration:Stanford's Clark Center began a trend of creating spaces where collaboration can flourish[EB/OL].(2015-12-14)[2019-05-06]. https://news.stanford.edu/features/2015/clark/.

③　Stanford news.Building collaboration[EB/OL]. (2015-12-14)[2018-04-21]. https://news.stanford.edu/features/2015/clark/.

④　Stanford news. Building collaboration[EB/OL]. (2015-12-14)[2018-04-21]. https://news.stanford.edu/features/2015/clark/.

　　在斯坦福大学,另外一座名为环境和能源大楼(也叫 Y2E2)于 2007 年投入使用。该楼内聚集有能源研究院及来自其他系和学院的研究人员,走道上、露台上、连廊中都可以看到他们混合的身影。另外一栋旨在聚集斯坦福化学、工程和人类健康医学研究院以及神经科学研究院的跨学科研究大楼也将于 2018 年投入使用。研究院院长以及副教务长安·阿尔文(Ann Arvin)说:"即将新建的跨学科大楼是斯坦福大学承诺打破学科障碍与壁垒的一种物理结构上的呈现。有了克拉克中心这栋建筑的卓越表现,我们认为继续以这种方式为大学跨学科研究机构提供物理空间是很重要的。"①斯坦福大学将组织创新与建筑创新融为一体,成为大学基层学术组织改革中一大亮点。为了了解斯坦福大学的这些跨学科项目工程所发挥的效用,斯坦福大学教育学院教授迈克·法兰德(Mc Farland)研究了自 2000 年至 2014 年期间生物材料研究所教师在论文合作发表、基金以及共同指导学生等方面的联结。研究发现,随着跨学科研究的推进,教师之间的联结变得空前的紧密,正在从一个松散的网络变成了一个缠绕在一起的关系结。②斯坦福大学不囿于传统组织体制,敢于突破传统的办学理念,专门创建跨学科研究大楼无疑是一大亮点,成为一项极具开拓性与引领性的创举。斯坦福大学原校长莱曼(Lyman)曾经指出:"如果认为各种复杂和充满错综关系的问题,在传统学科不合作、各自为政的状态下会得到解决,那就太天真了",大学应该提供"解决这样的问题而进行多种学科交叉训练的途径"。③斯坦福大学在学术组织上的结构与类型变得更加合理,而且在物理建筑空间上也实现了更多的可能性与多样性,既有院系大楼,又有专门的跨学科大楼,极具创新理念的跨学科大楼吸引了世人的目光,成为一道亮丽的风景线。

　　在大学建筑设计理念的革新上,北卡罗来纳大学的海德厅(Hyde Hall)也是一个典型的案例。1968 年,北卡罗来纳大学鲁埃尔·泰森(Ruel Tyson)教授开设了名为"宴会"(The Banquet)和"知识的道德体系"(The Morality of Knowledge)的跨学科课程,该课程注册人数爆满,之后他发现与学生、同事之间的对话需要扩散到其他从事艺术和人文研究的人员中。于是,泰森以"自备午餐"(brown-bag lunch)活动为开端,发现那些对于学生来说充满吸引力的

①　Stanford news. Building collaboration[EB/OL].(2015-12-14)[2018-04-21]. https://news.stanford.edu/features/2015/clark/.

②　Stanford news. Building collaboration[EB/OL].(2015-12-14)[2018-04-21]. https://news.stanford.edu/features/2015/clark/.

③　周少南.斯坦福大学[M].长沙:湖南教育出版社,1996:103.

探索机会在他不认识的同事中引起了很大的反响。"自备午餐"活动后来慢慢发展为研讨会,并最终成为一个项目。在项目的坚持与努力下,他们得到了一座陈旧的房子——名为"西室"(West House),用来举办相应的研讨活动。[①]随后不久,艺术和人文研究院(Institute for the Arts and Humanities)在项目发展的基础上得以创建,并获得了许可——在校园内建立一座新的建筑。建造协议中提到,艺术和人文研究院的核心地位以及特殊使命要求这座独特的建筑体现研究院的核心价值。[②] 基于此背景,海德厅在诸多拥有百年历史的建筑群中拔地而起。棱角分明的主建筑旁有一个圆形的会议室,很好体现了20世纪末期的审美观。室内外会议空间的紧凑设计与18世纪的建筑学理念有很大的差异,这座建筑作为创意的"孵化器"拥有灵活设计的平面配置,并配备了高科技的厨房,不仅仅体现了设计上的创新,还体现了联系、对话、合作等丰富且复杂的本质,这正是艺术和人文研究院的核心。泰森的努力表明,思考的内容对于建立和领导跨学科中心是很重要的,在泰森职业生涯早期,他感兴趣的便是打破传统思维,进行创造性思考,在"信息之间重新建立连接"。最终,在他的努力下,艺术和人文研究院得以孕育并茁壮成长为优秀的组织机构。这种现象在美国研究型大学已成为一种趋势,近些年以来,类似鼓励跨学科研究的建筑在科罗拉多大学、威斯康星大学麦迪逊分校、麻省理工学院、佐治亚理工大学等大学相继落成并投入使用。[③] 由以上分析可知,大学建筑理念的革新对于跨学科研究尤为关键。

---

① 霍尔登·索普,巴克·戈尔茨坦.创新引擎:21世纪的创业型大学[M].赵中建,卓泽林,李谦,等译.上海:上海科技教育出版社,2018:72.
② 霍尔登·索普,巴克·戈尔茨坦.创新引擎:21世纪的创业型大学[M].赵中建,卓泽林,李谦,等译.上海:上海科技教育出版社,2018:75.
③ Stanford news. Building collaboration[EB/OL].(2015-12-14)[2018-04-21]. https://news.stanford.edu/features/2015/clark/.

第六章
大学基层学术组织的本国特征及现实境遇

今天，当经济日渐全球化，知识经济开始取代产品经济时，我们的高等教育再次面临着巨大变革，变革的速度第一次成为我们这个时代的决定性主题。①

——詹姆斯·杜德达斯

第一节　我国大学基层学术组织的演变及特征

一、仿欧美建制的系所模式

我国高等教育发展的历史并不长久，在大学发展的历史进程中，西方大学扮演着先导者的角色。因此，我国大学在成立初期，也多为借鉴模仿。不论是在制度建设上，还是在组织架构上，皆主要以西方大学为蓝本，并在本国政治、文化与社会背景的基础上加以继承与发扬。在民国初期，我国大学还没有出现真正意义上的学院建制，而是基于德国大学的蓝本，在组织架构上采用了大学—科—系的基本模式。直到 20 世纪 30 年代，我国大学才开始弃科设院，实施了以美国大学为蓝本的院系制度。如 1927 年的《第四中山大学本部组织大纲》规定："大学本部设若干学院，学院下设若干系或科。凡同性质之课目，在学术上能构成系统者为系；合适当之课目，在应用上能构成课程者为科；综合性质相近应行联合设立之各系各科为学院。"②1929 年（民国十八年）7 月，国

---

① 詹姆斯·杜德斯达.21 世纪的大学[M].刘彤，等译.北京：北京大学出版社，2005：7-8.
② 第四中山大学本部组织大纲草案[Z]//南大百年实录(上卷)·中央大学史料选.南京：南京大学出版社，2002：249.

民政府颁布了《大学组织法》,其中规定"大学又分文、理、法、教育、农、工、商、医各学院,凡具备三学院以上者始得称为大学";"大学各学院及独立学院各科,得分若干学系,并附专修科"。[①] 该法令的颁布与实施不仅为大学的合法性提供了一定的根据,而且也指明了大学组织建制的基本方向。

诞生于美国的学系制度对世界高等教育产生了广泛且深远的影响,学系最初创设的目的主要是为了取代存在多种弊端且日益衰落的德国讲座制度。随着世界高等教育中心的转移,我国大学在基层学术组织建制上也逐渐采用了美国的系所制度,只不过我国大学的学院是在系科的基础上综合化之后加以成立的。以复旦大学为例,在国民政府初至 20 世纪 30 年代期间,其在基层学术组织的设置上,主要以科系为主,比较类似于德国大学的组织建制。1919 年秋至 1929 年秋,私立复旦大学设有文科、理工科、商科、社会科学科、生物学科、中国文学科等六科,并分别在各科之下设立相应的学系。20 世纪 30 年代,随着德国高等教育的衰落以及美国高等教育的崛起,我国大学舍弃德国大学的组织模式,转而倾向于模仿借鉴美国大学的院系组织模式。到了 1929 年,复旦大学开始设立学院,并在学院下面设立系一级基层学术组织单位,在组织架构上采取大学—学院—系的三级治理模式,该模式一直持续到中华人民共和国成立初期。1942 年春,私立复旦大学归为国有,更名为国立复旦大学。在此期间,复旦大学根据 1929 年(民国十八年)7 月国民政府颁布的《大学组织法》,共设有 5 个二级学院,22 个系,4 个专修科以及 2 个研究所(见表 6-1)。

表 6-1 国民政府时期复旦大学教学科研机构设置情况

年代起止	学校名称	系科设置	毕业生情况
1912 年春 至 1917 年春	私立 复旦大学	文科、理科、中学部	22 人(全为预科生),平均每年4.4人
1917 年秋 至 1929 年秋	私立 复旦大学	文科:外国文学系、史学系、经济学系 理工科:土木工程系、化学系 商科:普通商业系、银行学系、工商管理系、会计贸易系 社会科学科:政治学系、社会学系 生物学科:心理学系、生物学系 中国文学科:中国文学系	1012 人,平均每年 84.3 人

---

① 王俯民.中华近世通鉴:下册[M].北京:中国广播电视出版社,2000:306.

续表

年代起止	学校名称	系科设置	毕业生情况
1929 年秋至 1937 年 9 月	私立复旦大学	文学院:中国文学系、外国文学系、新闻学系、教育学系、社会学系、史学系 理学院:土木工程系、化学系、生物学系 商学院:银行金融系、工商管理系、会计学系、国内外贸易系 法学院:政治学系、市政学系、经济学系、法律学系 研究院(招收研究生)	2078 人,平均每年 259.8 人
1938 年 2 月至 1942 年春	私立复旦大学(校址:四川重庆北碚)	文学院:中国文学系、外国文学系、新闻学系、教育学系、史学系 理学院:土木工程系、化学系、生物学系 商学院:银行金融系、会计学系、统计学系、国内外贸易系、银行专修科、统计专修科 法学院:政治学系、经济学系、法律学系、社会学系 农学院:农艺系、园艺系、垦殖专修科、茶叶专修科、茶叶研究室 研究院(招收研究生)	1938—1942 年:1391 人 1943—1946 年:1868 人 1947—1949 年:2147 人 平均每年 450.5 人
1942 年春至 1949 年秋	国立复旦大学(渝沪合并于沪)	文学院:中国文学系、外国文学系、新闻学系、教育学系、史学系 理学院:土木工程系、化学系、生物学系、数理系、中国生理心理研究所 商学院:银行金融系、工商管理系、会计学系、统计学系、国际贸易系、合作学系、银行专修科、统计专修科 法学院:政治学系、经济学系、法律学系、社会学系、监狱专修科、经济研究所(招收研究生) 农学院:农艺系、园艺系、农业化学系、茶叶专修科	

资料来源:复旦大学校史编写组.复旦大学志(1905—1949):第 1 卷[M].上海:复旦大学出版社,1985:300-303.

再以同济大学为例,1930 年同济大学跟随改革趋势设立院系,即由国民政府初期大学组织建制中的"科",改为美国大学组织架构蓝本下的学院与学系。不论是重组还是更名,1930 年到 1937 年间,同济大学基层学术组织的主要形式就是学系。1937 年到 1945 年期间,我国正处于抗日战争时期,国家危难,民不聊生,同济大学为躲避战火,不得不五次迁校。然而,即便在如此惨烈的状况下,同济大学仍然新增学院 1 个,学系 4 个。到了 1948 年,同济大学已拥有 5 个学院,14 个学系(见表 6-2)。同济大学组织结构上的变革是受国际教育大背景的影响,也受国内本土文化背景的影响。经过 30 多年的发展及变革历程,同济大学到 1948 年基本上形成了"校—院—系"的三级结构模式。直至新中国成立之前,北京大学、清华大学、浙江大学等高校基本上采用的都是这种以系(所)为主要形式的基层学术组织模式。实质上,国民政府时期,我国大学基层学术组织的基本形式主要就是系所。

表 6-2　1930—1948 年同济大学院系结构变化表

1930	1932	1937	1940	1945	1946	1948
医学院★	医学院	医学院	医学院	医学院	医学院	医学院
工学院★	工学院	工学院	工学院	工学院	工学院	工学院
电工机械系★	电工机械系	电工机械系	机械系★	机械系	机械系	机械系
土木工程系★	土木工程系	土木工程系	电机系★	电机系	电机系	电机系
	测量系★	测量系	土木工程系	土木工程系	土木工程系	土木工程系
		理学院★	测量系	测量系	测量系	测量系
		生物系★	理学院	造船系★	造船系	造船系
		化学系★	生物系	理学院	文理学院★	理学院
			化学系	生物系	生物系	动物系△
			数理系★	化学系	化学系	植物系△
				数学系★	数学系	化学系
				物理学★	物理系	数学系
				法学院★	哲学系★	物理系
					外国语文学系★	文学院
					中国文学系★	哲学系
					法学院	外国文学系
						中国文学系
						历史学系★
						法学院

注:★为新建,△为重组或更名。
资料来源:陈敏恂.同济大学百年志[M].上海:同济大学出版社,2007:1126.

二、仿苏联建制的教研室(组)模式

新中国成立之后,由于政治体制及社会价值观等因素,中国不得不改造以欧美大学为蓝本的旧中国大学组织架构,告别"美国模式",转而学习借鉴同属社会主义阵营中的苏联大学的办学经验。就高等教育而言,一方面,对国民党政府遗留下来的高等学校进行了初步改革;另一方面,面临着帝国主义的包围,而且还缺乏建设社会主义的经验。在此背景下,中共中央提出了要学习苏联的先进经验。① 以苏联大学的组织结构为范本,我国大学实施了系列改革,并引入了苏联大学组织结构体系中的教研组形式。对于教研组的内涵及功能,新中国政府在相应文件中做了明确的说明。1950 年 8 月 14 日教育部颁布了《高等学校暂行规程》,其中规定:"教学研究指导组(简称教研组)为教学的基本组织,由一种课目或性质相近的集中课目之全体老师组成之",教研组的职责包括"领导本组全体教师,讨论及制定本组课目的教学计划与教学大纲;领导及检查本组的教学工作和研究工作;领导与组织本组学生的自习、实验及实习"。② 此后,新中国时期的大学逐渐告别"美国模式"的民国高等教育,政府重建高等教育体系,实施了大刀阔斧式的改革,院系调整便是此时期改革的产物。院系调整后,新中国时期的大学普遍建立了"校—系—教研组"的三级组织架构,其中教研组是我国这一时期具有代表性的基层学术组织模式,成为统一领导和组织高校教学与研究工作的基层单位。

从新中国政府全面接收国民政府时期的大学,到院系调整和教学改革,我国的高等教育在数量上和质量上都发生了很大的变化,既取得了显著的成绩,但是也存在着诸如教条主义、生搬硬套的缺点。1961 年,新中国政府对高等教育十多年的发展做了回顾,总结了相应的经验及教训。在此背景下,中共中央印发了《关于讨论和试行教育部直属高等学校暂行工作条例(草案)的指示》(简称《高校六十条》)。本条例中,不再使用教研组的说法,而采用了教学研究室(简称教研室)这一称谓。对于教研室的内涵及功能,《高校六十条》第五十三条指出:"教学研究室是按照一门或者几门课程设置的教学组织","教学研

---

① 《中国教育年鉴》编辑部.中国教育年鉴(1949—1981)[M].北京:中国大百科全书出版社,1984:80.

② 《中国教育年鉴》编辑部.中国教育年鉴(1949—1981)[M].北京:中国大百科全书出版社,1984:777.

究室主任的职责是领导和组织执行教学计划、选编教材、拟定教学大纲、编制教学日历等教学工作、科学研究工作和学术活动；组织教师的进修工作和研究生的培养工作；领导所属实验室、资料室的建设和管理工作"。[①] 此后一段时间，"校（院）—学系—教研室"成为我国大学的基本组织架构。从两个政策文件的对比来看，基层学术组织的定位发生了变化。与教研组不同的是，教研室除了承担教学任务之外，还要承担科学研究的任务，当然科研的目的主要是为教学服务。

1966 年爆发的"文化大革命"对我国大学造成了极大摧残，"文革"期间的"教育革命"把 1949 年以来形成的高等学校教学组织、领导体制、规章制度全盘否定，造成教学秩序混乱，教学质量和学术水平明显下降。[②] 直到改革开放，我国高等教育拨乱反正，进入了一个新的历史发展时期。大学基层学术组织恢复教研室，并尝试突破教研室的限制，在教研室的基础之上建立专门的研究机构。1987 年 5 月，国家教委在《关于改革高等学校科学技术工作的意见》中指出："高等学校的科学研究工作，一般由系或教研室（学科组、专业组）组织课题组进行"，鼓励高校"为了长期稳定地在某些领域进行重大科学研究，可以有重点地建立一些相对稳定、确有特色而又精干的专门研究机构"，但这些研究机构"应与有关的系或教研室协调工作，办成具有先进水平的科学、教学基地"。[③] 1998 年 4 月，教育部印发了《高等学校教学管理要点》，该文件进一步规范并完善了教研室的内涵及功能，指出"教研室（学科组）是按学科、专业或课程设置的教学研究组织。作为教学基层组织，其主要职能是完成教学计划所规定的课程及其他环节的教学任务；开展教学研究、科学研究和组织学术活动；组织师资的培养提高及提出补充、调整的建议，分配教师的工作任务；加强相关实验室、资料室的基本建设等"。[④] 总的来说，自 20 世纪 50 年代初期至改革开放初期，"以教研室为主体并伴有少量服务教研室的研究机构"是我国大学基层学术组织的基本特征。以复旦大学为例，从 1952 年开始撤院设系，

---

① 何东昌.中华人民共和国重要教育文献（1949—1997）[M].海口：海南出版社，1998：1065-1066.

② 《中国教育年鉴》编辑部.中国教育年鉴（1949—1981）[M].北京：中国大百科全书出版社，1984：235.

③ 《中国教育年鉴》编辑部.中国教育年鉴（1988）[M].北京：人民教育出版社，1989：470，473.

④ 何东昌.中华人民共和国重要教育文献（1998—2002）[M].海口：海南出版社，2003：77-80.

1952 年至 1980 年期间,复旦大学在组织架构上采用"校—系—教研室(组)"的基本模式(见表 6-3)。

表 6-3　新中国成立后复旦大学院、系、所及中心的演变①

时间(年)	学院(系)数	院设系数	研究机构数
1949	5 个学院、1 个专修科	22	1 个
1952	9 个系	—	1 个教研室
1955	10 个系	—	6 个教研组
1966	12 个系	—	10 个研究所室
1980	13 个系	—	5 个研究所室

三、模仿借鉴与自主探索下的多样化模式

1978 年 12 月,中国共产党召开了具有重要历史意义的十一届三中全会,会上提出了"对内改革,对外开放"的战略决策。改革开放实施以来,我国高等教育进入了全面深化改革的历史发展时期,不仅在数量和规模上稳步扩大,而且在管理体制上也取得了重大进展。20 世纪 80 年代,基于规模发展与管理的需求,国内涌现出一批探索实施学院制试点改革的研究型大学。1982 年到1984 年,厦门大学、南开大学、暨南大学、武汉大学和辽宁大学相继成立了经济学院或经济管理学院。② 此后,推行实施"学院制"改革的高校越来越多。1985 年 3 月,中共中央先发布了《关于科学技术体制改革的决定》,指出"高等学校和中国科学院在基础研究和应用研究方面担负着重要的任务","有条件的高等学校也可以建立一些确有特色的精干的研究机构"。③ 同年 5 月,中共中央发布《关于教育体制改革的决定》的政策文件,并明确:"高等学校有权接受委托或与外单位合作,进行科学研究或技术开发,建立教学、科研、生产联合体。"④在政策支持下,国内一些高校开始改革教研室的组织建制,并在组织内

---

① 《复旦大学百年志》编委会.《复旦大学百年志》(1905—2005 上卷)[M].上海:复旦大学出版社,2005:258-264.

② 《中国教育年鉴》编辑部.中国教育年鉴(1982—1984)[M].长沙:湖南教育出版社,1986:122.

③ 《自然科学年鉴》编辑部.自然科学年鉴(1986)[M].上海:上海远东出版社,1993:58.

④ 《中国教育年鉴》编辑部.中国教育年鉴(1985—1986)[M].长沙:湖南教育出版社,1988:994.

部设立以科研为重的研究所及中心等。以复旦大学为例,从 1988 年开始,复旦大学不再设立教研室,而采用了系及研究所的基层学术组织,并形成了"学校—学院—系(研究所)"三级管理体制(见表 6-4)。总的来说,改革开放至 20 世纪末期,我国高校在模仿借鉴情况下,不断探索适合于自身的基层学术组织模式,与此同时,教研室(组)的功能出现弱化,一些高校以研究所和中心等组织类型取而代之。

表 6-4　20 世纪末至 21 世纪初复旦大学院、系、所及中心的演变

时间(年)	学院(系)数	院设系数	研究机构数	研究中心数
1988	7 个学院、11 个系	16 个系	23 个研究所,4 个教学部	8 个研究中心
1998	10 个学院、5 个系	28 个系	36 个研究所	47 个研究中心
2001	17 个学院、6 个系	35 个系	65 个研究所	91 个研究中心
2005	18 个学院、4 个系	69 个系	78 个研究所	118 个研究中心

资料来源:《复旦大学百年志》编委会.《复旦大学百年志》(1905—2005 上卷)[M].上海:复旦大学出版社,2005:258-264.

为了发展高等教育事业,实施科教兴国战略。我国于 1998 年 8 月 29 日通过了首部《高等教育法》,并于次年 1 月 1 日正式执行。《高等教育法》的颁布与实施对我国高校办学自主权的确立起到了关键的作用,同时对我国高等教育的发展有着重要的历史意义。该法案其中条文规定:"高等学校根据实际需要和精简、效能的原则,自主确定教学、科学研究、行政职能部门等内部组织机构的设置和人员配备。"[1]该条款为我国高校自主设置基层学术组织提供了法律依据,在《高等教育法》的支持下,我国大学勇于开拓创新,打破同质化的基层学术组织模式,试图基于自身发展需求建立特色鲜明的组织模式。以北京大学、清华大学、浙江大学等为代表的高校几乎在同一时期对各自的基层学术组织进行了相应的改革。进入 21 世纪,我国高等教育进入了规模扩张时期,学生规模急剧增大,实施"学院制"成为我国大学的一种普遍趋势。在"学院制"模式下,"校—院—系(所、中心)"成为我国大学的主流组织架构形式,与此同时,教研室功能逐步弱化,渐渐退出我国高校的组织建制。

随着"985 工程""211 工程"建设的深入推进,我国高校目前的教学科研组织结构也适应全球大学基层学术组织结构调整的大趋势,逐步从"校—院—

---

[1]　《中国教育年鉴》编辑部.中国教育年鉴(1999)[M].北京:人民教育出版社,2000:100-106.

系"三级管理向以院(系)为实体,校院(系)两级关系的体系过渡,系、研究所、研究中心等基层学术组织的形式的管理职能进一步削弱,成为比较纯粹的教学科研组织。有学者就我国"985 工程"大学、"211 工程"大学和一般大学三种类型的学术组织机构数量进行了统计,得出如下数据(见表 6-5)。

表 6-5　三种类型大学基层学术组织设置(平均值)对照①

大学类型	学院及系部(个)		研究机构(个)		
	学院	系部	总数	国家级	省部级
"985"大学	20.8	2.5	117.2	7.2	21.1
"211"大学	16.3	2.9	46.0	1.0	8.5
一般大学	17.3	2.3	36.1	0.5	7.4

教育部原部长周济曾说:"高等教育大众化以来,我国的基层学术组织至此已经初步形成了三种模式。第一种模式是院系管教学、所室管科研;第二种模式,是在院系的体制之外建设一批高水平的科技创新平台,进一步形成更大规模的科研组织模式;第三种模式是产学研结合,高校、研究机构和企业共同建立科技创新和社会科学研究基地。"②可以看到,改革开放以来,我国大学基层学术组织发展取得了显著的成就,随着从模仿借鉴到自主探索的转变,我国大学基层学术组织类型也从同质化、单一化进入到了多样化的发展时期。

第二节　我国大学基层学术组织的设置与扩张

基层学术组织的创建与发展受到来自大学自身职能与规模、知识发展、学科分化、国家政治、文化等多种因素的制约与影响,因此,不同国家在基层学术组织的创建逻辑上也是有所不同的。就我国而言,基于学科创建基层学术组织仍然是当下一种较为普遍的逻辑基础。当然,随着大学内外部环境的变化,也有一些大学开始基于问题创建带有跨学科性质的基层学术组织,这类基层学术组织不一定以学科命名,而是面向问题,名称多样,不拘一格。从形式上来说,也不局限于常见的学系、教研室、研究中心以及实验室等,包括课题组、项目、计划、基地以及创新平台等。除了上述两种逻辑之外,我国大学基层学

① 胡仁东.我国大学组织内部机构生成机制研究[M].广州:广东教育出版社,2010:328.
② 周济.谋划改革的新突破 实现发展的新跨越[J].中国高等教育,2004(17):3-8.

术组织还包含另一种设置逻辑:基于人事的安排,一些大学在对外招聘时为了留住人才,开展良好的宣传和交流合作,会为在某个研究领域有声望的教授设立相匹配的研究机构,并赋予其主任或者所长等相应的头衔。

一、我国大学基层学术组织设置的逻辑基础

(一)基于学科的逻辑

从历史发展的角度而言,在基层学术组织创建的过程中,学科逻辑长期以来都占有主导作用。即便到今天,对于我国很多研究型大学而言,基于学科仍然是基层学术组织创建过程中的一种常见逻辑。现在以单一学科命名的院、系、研究所以及研究中心等便是最为典型的例子,这类基层学术组织在创建之初几乎都是以学科目录为指导文件的。总体来说,我国研究型大学学院数量偏多,而学科综合化水平较低,学院的设置多数仍然以一级学科和二级学科为主要逻辑,具有明显的专业培养模式特征。此外,在实施大学组织改革的过程中,我国研究型大学中有相当一部分学院都是由原来的系级组织演变过来的,在办学思想和科研工作上仍然留有计划经济的痕迹,系、专业划分过细,专业(系)各自为政,并没有形成宽口径的人才培养平台和科研平台。此外,学院设置的学科基础偏窄,不利于拓宽学生的知识面,同时也不利于不同学科之间的交叉与融合。[1] 时至今日,我国研究型大学的组织结构设计仍然带有很明显的学科痕迹。众所周知,学科是知识精细化及专门化的产物,学科(discipline)一般是指"一定科学领域或一门学问的分支"。[2] 在我国,为了便于对大学组织实施更有效的管理,在组织结构设计时围绕学科建立了数量颇多的专业组织。在传统的学科型组织内部,师生围绕学科设置课程,展开教学与研究,慢慢形成了一种"学科"文化,这种文化对学科间的壁垒有着浓重的固化作用,发挥着深远的影响。此外,国务院学位委员会与原国家教委曾颁布了一系列学科划分体系等相关指导文件。但是从历年的学科专业目录来看,并没有为学科交叉预留一定的空间。

我国研究型大学内部的学术组织多数是基于学科设置的,传统的学科型组织仍然是当下我国大学基层学术组织中的主力。以学科为逻辑基础设置

---

① 刘少雪,程莹,刘念才.创新学科布局 规范院系设置[J].清华大学教育研究,2003(5):66-75.

② 邹晓东,舟杭.研究型大学学科组织创新研究[M].杭州:浙江大学出版社,2004:30.

系、研究所以及研究中心等基层学术组织在我国大学依然很普遍。尤其是学系，在一些研究型大学几乎都是基于学科而设置的。比如，兰州大学在基层学术组织设置的过程中明确规定，系在学院内一般以一级学科为单位设立系，系设置的条件为：有经正式批准的已经或将要招生的本科专业，有相应的培养条件。在学院内或学校直属的系内，一般以授予博士或硕士学位的二级学科为单位设立研究所。研究所设置的条件为：有明确的研究领域和方向，有相对稳定的研究队伍，有学术带头人，有较为充足的科研经费，具备开展研究工作的条件。[①]

基于单一学科设置基层学术组织是我国现行体制下的一种主导逻辑，这种设置逻辑并不是没有道理，因其可以实现更大的管理效能。但随着学科交叉融合的发展趋势以及知识生产模式的转型，过于精细化的专业型组织逐步暴露出一系列的弊端与问题。诸如，在我国学科目录尚不包含交叉学科的现实境遇下，学科型组织在研究型大学中数量过多且分散，使得研究型大学呈现出了"巴尔干化"式的组织割据，不利于学科的交叉与融合，不利于师生的交流与对话，同时也不利于学术资源的有效利用。此外，鉴于学科型组织在研究范式上的局限性，令其难以承接现实社会中重大的课题、项目与工程。

(二)基于问题的逻辑

21世纪以来，随着知识生产模式的转型，人们逐渐意识到传统的学科型组织难以满足新时代的需求，尤其在面临外部复杂的社会问题时，学系以及其他形式的学科型组织难以适应现代社会的需求。而且由于学科型组织自身的封闭性，人们聚集在一个组织单位内，长期以来，容易造成研究视野和研究方法上的短视和不足。传统的学科型组织不利于最大化地利用学术资源，不利于学术上的合作与分享，也难以产出创新性的研究成果。一般意义上而言，教学是学科型组织的主要职能，除此之外，还要开展科学研究并对学科建设做出一定的贡献。研究型大学作为顶尖的学术机构，是全球知识经济的中心。它培育的是为社会、学术界、工业界和广泛经济服务的领导者、科学家和学者。它开展研究，是国际科学的窗口。[②] 对于研究型大学而言，除了有好的本科教育，还必须有好的科学研究。因为研究型大学之所以为研究型大学，就在于其

① 兰州大学人事处.兰州大学教学科研基层组织工作暂行条例[EB/OL].(2009-12-15)[2018-06-23].http://ldrsc.lzu.edu.cn/old/lzupage/2009/12/15/N20091215160147.html.

② 菲利普·阿特巴赫.高等教育体系、大众化和研究型大学[J].国际高等教育,2018,11(1):6-7.

承担着科技创新、思想创新、知识创新以及理念创新的重大使命。而基层学术组织在提升大学声望、产出高质量的科研成果等方面扮演着重要的角色。因此,基层学术组织有必要实施一定的改革,建立能够应对外部社会复杂问题的研究机构,实现学科的交叉与融合,并为各学科的人才提供一个合作交流的场所。

随着社会的变化与时代的发展,围绕所探究的问题与领域,越来越需要学科间的交叉与综合。面对世界学术发展的趋势,我国研究型大学开始对传统的基层学术组织结构做出反思,并试图勾勒基层学术组织改革的未来图景。如浙江大学原校长潘云鹤认为:"以学院和研究所为单位进行研究组织管理有助于发挥不同层次管理组织的积极性,但还不是最有效的组织形式。真正有效的创新型研究组织形式应该是面向问题的跨学科组织,其特征主要有:(1)面向问题,而不一定以学科来命名;(2)名称可以不拘一格,可以是实验室、中心、计划、论坛等;(3)灵活多样,大小不一,不依附于传统的院系组织;(4)其人员来自不同院系;(5)不断生长与消亡,在大学里始终维持着一定的数量,从而确保组织的新陈代谢。"[①]在潘云鹤校长看来,实施跨学科组织结构的布局不仅能够增大基层的活力与柔性,促进不同学科之间的交叉和融合,并且有助于打破固化的层级机制的学术管理治理结构,为教学管理的创新和学术研究的创新提供助力。

近两年来,我国部分研究型大学正在交叉学科领域积极布局,进行了相应的实践与探索。比如清华大学自 2017 年以来,相继成立了智能无人系统研究中心、智能网联汽车与交通研究中心、柔性电子技术研究中心、脑与智能实验室以及未来实验室等五个交叉学科研究机构。其主要目的就是借此组织类型打破学科壁垒,开展前沿性、引领性和颠覆性的研究。以 2017 年年底成立的脑与智能实验室和未来实验室为例,脑与智能实验室主要研究领域为系统及计算神经科学与人工智能的交叉研究,包括开发新型的脑活动测量和调控等下一代关键技术,探索脑科学中复杂的前沿科学问题和解决脑疾病及脑健康领域的核心技术问题等。而未来实验室则将首先在颠覆式学习、未来人居、未来医疗健康、计算摄影学、工业智能制造、情感计算与新一代交互系统、新一代人工智能等未来应用领域开展工作。为了保障跨学科研究的顺利实施,清华还成立了交叉学科学位工作委员会,进而推进教师跨院系兼职和交叉学科学

① 潘云鹤.关于研究型大学管理结构与运行机制改革的几点思考[J].国家教育行政学院学报,2002(5):51-56.

生的培养。①

　　毋庸置疑,跨学科交叉,不仅有利于研究者形成独创性的见解和批判性的思维模式,而且也有利于人们在认识某项事物时形成一种总体性的关照和整体性的视野,不至于陷入"概念割裂"的沼泽。"他山之石,可以攻玉",即使针对同样的现象,不同的学科,站在不同的角度,往往能够发现不一样的问题,提出不一样的方法。这种不同,往往能够促进青年学者以新的视角评判已有工作,跳出常规,发现新的路径。② 在学科不断分化、知识日益割据的今天,对于大学来说,应当采用什么样的组织模式以破除"巴尔干化"式的组织割据;对于知识分子来讲,应采当用什么样的思维观念以跳出"孤立主义"的窠臼;对于科学研究而言,应当采用什么样的研究范式以摆脱"实践脱节"的诟病。诸如此类的问题是不能回避的,需要研究者与实践者做出深刻的反思。

　　(三)基于人事的逻辑

　　除了单一学科逻辑和交叉学科逻辑之外,我国研究型大学的基层学术组织还存在另外一种设置模式:基于人事安排或对外宣传的考虑。比如,某所知名的研究型大学为了提高其物理系的声誉,强化物理学的学科实力,便从其他高校聘用了一位享有较高学术声望的物理学家。在聘任的过程中可能会发生的一种情况是,该物理学家到任之后,并不甘于做一名普通教授,而是提出要在学系之下建立一个研究中心或者研究所,并由该物理学教授领导。那么一般情况下而言,为了留住这个物理学家,大学管理层不得不通过其请求,事实上,这也是世界各国大学通行的做法。此外,在我国还存在一种情况,即研究机构的设置逻辑为基于大学退休领导者的诉求。比如,某大学校长退休之后,仍旧想从事与学术相关的活动,然而处于各种各样的考虑或缘由,该校长并不想或者并不能在某个院系或者研究机构谋得一个合适的职务,那么在这种情况下,该校长便会利用在担任行政领导期间所积累的资源与人脉在大学设置一个专门的学术部门,同时该校长正式退休之后出任该部门的主任或院长,并负责部门的运行和发展。这种情况当然也可以归为基层学术组织设置中的人事逻辑,只不过这种逻辑有一定的特殊性。由以上可以看出,基于此逻辑设置

① 交叉研究如何让中国大学"弯道超车"[EB/OL].(2017-12-16)[2018-05-22].http://news.sciencenet.cn/htmlnews/2017/12/397298.shtm.

② 付昊恒.跨学科交叉 培养独立创新人才[EB/OL].(2017-12-20)[2018-05-27].http://news.tsinghua.edu.cn/publish/thunews/10303/2017/20171220084323576103285/20171220084323576103285_.html.

的基层学术组织主要目的是给学科内的教授或者退休之后的大学领导者以相应的头衔,为其提供一个属于自己的"学术领地"。从正面来讲,这样的做法可以更好地留住人才,并扩大对外的宣传效应,更好地开展交流与合作;从反面来讲,则会容易导致大学的臃肿膨胀,并容易成为不良"政治家"汲取权力的场所,加剧大学的行政化倾向。

事实上,在不少研究型大学中,都普遍可以看到的一个现象是,在一个规模不是很大的院系下面,不仅会设有研究所、研究中心、实验室等形式多样的实体研究机构,而且还设有其他名称和形式的虚体研究机构。但如果对这些研究中心或研究所仔细考察则会发现,存在一些研究机构并没有足够的人员队伍和资金支持,多数机构的研究队伍中只包含了一个中心主任或者所长。一般来讲,这类组织是被虚置的,除了在文本中和网页上能够看到相关信息之外,并非像其他实体的科研组织一样开展科研活动,当下,这类基层学术组织在我国研究型大学依然普遍地存在着。从这类研究机构的名称上来看,也会带有学科的韵味。由于这类基层学术组织是大学教授获得学术头衔的有效途径和方法,因此也有学者将其作为一个政治系统加以分析,并认为大学基层学术组织的架构本身就是不同权力博弈的结果。事实上,不管是哪种诉求,基于该逻辑创建的基层学术组织也存在于国内外各研究型大学之中。正如上部分所述,这种类型的基层学术组织的设置有利有弊。一方面,这种做法的确可以在人才留用方面发挥一定的作用;另一方面,却也容易导致学术权力的过度滋生及学术研究的过度分化。当然,正如上述所说,这种性质的基层学术组织体现了我国大学组织的特殊性和阶段性,反映了基层学术组织设置的规范性问题。在研究型大学未来的组织改革中,如何布局合理的基层学术组织结构仍然是需要面对的一个重大课题。

二、我国大学基层学术组织的扩张及其诱因

(一)我国大学基层学术组织的扩张

伴随知识生产模式的转型、高等教育的扩张以及产业日益复杂化的结构性需求,推进大学治理能力现代化成为一项重要议题。在此背景下,高等教育机构与政府或社会其他主要部门之间的联系一方面表现为某些控制与模糊压

力的奇特混合,另一方面也逐步演变成为一种高校自治的保护机制。① 表现在组织层面,全球范围内诸多研究型大学的学术单位(academic units),诸如学部、学院、学系等亦处于日益复杂和动荡的环境中。② 一些最常见的组织变化,比如,组织化的研究单位在不断地增加,非教师身份的研究者人数在增长,新研究中心得以确立等,这些都是在教学之外发生的。③ 大学曾一度不得不重新思考关于基本组织单位应当是什么以及如何集合这些组织单位的决定,更确切地说,决策者们期望找到学术组织变革的最优解决方案。④ 由此观之,高等教育技术环境与制度环境的变化使大学不得不时常表现出革新的姿态。自 20 世纪末期以来,我国大学组织经历了大规模的制度变迁,在这一历史进程中,院系组织数量的扩张与膨胀以及由此衍生出的"孤岛现象""巴尔干化""筒仓架构"等,对大学治理能力提升形成了空前的挑战与压力。而这种变迁似乎仍处于持续深化演变之中,并呈现出下沉的基本态势,即由院系组织数量的扩张转向更下一级的研究中心(所)等学术单位的扩张。如何定义大学中的这些基层组织单位,如何认识与理解我国大学基层学术组织缘何持续扩张与膨胀等问题,成为大学组织治理中的重要议题。

　　针对我国大学基层学术组织数量扩张的诱因,学界从历史描述、国际比较、逻辑阐释等多个角度展开探讨,一种观点认为过度行政化的管理体制是造成我国大学基层学术组织数量膨胀的根本原因。⑤ 具体而言,始于 20 世纪 80 年代的院系调整是在缺失配套管理体制的背景下进行的,很多新学院的设置是在行政权力下因人设庙的结果。此外,也有学者通过中外比较,注意到学院设置所依托的学科层级及其变化,是理解我国大学与西方一流大学在学院设置方面存在较大差异的关键因素。⑥ 相较于西方顶尖大学以一级学科群或学科门类为主的设置逻辑,我国大学院系设置更多则是以一级学科为主。从组

①　乌尔里希·泰希勒.迈向教育高度发达的社会:国际比较视野下的高等教育体系[M].肖念,王绽蕊,等译.北京:科学出版社,2014:15.

②　DE ZILWA D. Academic units in a complex, changing world[M]. Netherlands:Springer, 2010:xxii.

③　帕翠西亚·冈伯特.高等教育社会学[M].朱志勇,范晓慧,译.北京:北京大学出版社,2013:35.

④　罗纳德·埃伦伯格.美国大学的治理[M].沈文钦,等译. 北京:北京大学出版社,2010:72-73.

⑤　陈廷柱.我国高校院(系)数量膨胀现象探源[J].高等教育研究,2014,35(09):8-15.

⑥　石中英,安传迎,肖桐.我国 C9 大学与英美顶尖大学学院设置的比较研究[J]. 高等教育研究,2020,41(08):94-100.

织社会学的视角看,可以用效率机制和合法性机制予以解释。脱耦机制的失效,组织边界的丧失,以及强化规范模仿机制等致使大学不断增设内部机构,以回应外部环境的变化。① 当然,在我国大学变迁史上,大学合并不可谓是一项宏大事件,而由此带来的办学规模骤增自然也成为院系扩张与分化的一个关键因素。② 大学之间的合并在很多时候只是在各自基础上的"简单叠加",导致合并后的新大学机构重复、臃肿,有负重前行之感。进一步观察,以专业为主旨的办学逻辑导致院系随专业的增加发生再次分化。③ 此外,也有学者从权力的角度加以审视,认为高校基层学术组织数量的扩张是行政权力与学术权力作祟的结果。④ 已有研究为理解我国大学基层学术组织数量扩张提供了多种解释机制,但仍待进一步解答的问题是,我国大学基层学术组织数量扩张主要涉及哪些行为主体? 呈现出什么样的特征? 属于强制性变迁还是诱致性变迁,抑或是多种逻辑相互作用的结果?

　　大规模的制度变迁和历史事件往往涉及多个因素、多种机制、多种制度及相互之间的作用关系。这意味着,对高等教育组织变迁这一重大历史事件的理解与解释,需要突破以往仅关注单一机制并将其孤立式分析的研究思路,转而从多重逻辑的视角加以解读,建立宏观制度逻辑与微观群体行为之间的联系,以整全的视野着眼于我国大学基层学术组织数量的扩张机制。基于此,以多重制度逻辑为分析框架,对我国大学基层学术组织数量扩张这一问题展开探讨。研究者曾深入多所高校进行实地调研,考察其基层学术组织发展的现状和问题等。

　　(二)多重制度逻辑的分析框架及其基本命题

　　改革开放四十多年来,我国经济社会等诸多领域都顺应时代需求发生了较大规模的制度变迁,为新时期中国特色社会主义现代化建设提供了坚实而有力的保障。与此同时,广泛而深刻的社会变革以及实践创新为理论创造、学术繁荣提供了强大动力和广阔空间。反映在学术界,人们试图通过创新研究方法、建构科学理论的途径找寻相应的解释机制。以组织变迁为例,围绕大学组织改革建立研究模型,研究者做出了一系列的假设与测量,取得了不凡成

---

① 胡娟.脱耦机制、组织边界和有效竞争的丧失:"双一流"政策影响下的大学组织机制异化分析[J].高等教育研究,2020,41(04):21-29.

② 付梦芸,张权力.我国高校内部的数量因素探析[J].高等理科教育,2011(06):62.

③ 别敦荣.中美大学学术管理[M].武汉:华中理工大学出版社,2000:13.

④ 李鹏虎.论我国研究型大学中"巴尔干化"式的组织割据[J].国家教育行政学院学报,2019(05):54-61.

绩。从理论的角度看,开放系统理论、权变理论、社会网络理论等被引入组织研究领域,为理解大学组织变迁提供了多方位的解释工具。然而很多时候,社会科学领域内的理论范式和分析工具在认识和解释社会变迁时却呈现苍白无力的特征。究其原因,主要缘于在诸多社会科学研究中,仅从某个单一视角或仅关注某个单一机制并进行孤立式分析成为常见的研究取向或研究思路,忽略了其他机制的影响以及机制之间的关系。这似乎也可以诠释为什么理论解释时常跟不上制度变迁的步伐,亦即理论解释的滞后效应。针对这一现实难题,周雪光等人提出一个"多重制度逻辑"的分析框架,试图弥补以往研究的不足。该分析框架以制度变迁中的多重机制及其相互作用作为分析着眼点,强调多重制度逻辑的微观基础,认为多重逻辑与群体间的相互作用影响和制约了之后的发展轨迹。[①] 多种行为主体和制度逻辑在组织变革实践中分饰其自身角色,并产生不同形式的互动。在此过程中,不同制度逻辑之间还可能存在一定的冲突或复合,为了与外部环境达成一个协调与平衡的状态,组织便会采取相应的行动模式。

从高等教育领域大规模变迁事件来看,大学组织场域内要素之间的互动及由此产生的组织实践可能被不同的逻辑所主导。比如政府、市场、大学是大学组织变革实践中几个典型的行为主体,分别有着一套自己奉行的制度逻辑。针对三种力量之间的博弈,伯顿·克拉克以政府权力、学术权威和市场为基点建立了用于分析大学问题的"三角协调模型"。我国高校基层学术组织变迁同样存在这样的特征,在基层学术组织数量扩张的历史进程中,政府、市场及大学自身顺应各自的制度逻辑共同推动组织的变迁。此外,新制度主义学派提出了组织变迁的三种机制,分别为基于强制性规范的强迫性机制、基于在复杂环境中降低不确定性的模仿性机制,及基于共有观念和思维的社会规范机制。[②] 在以上理论探讨的基础上,下文将以多重制度逻辑为分析框架,从国家、市场、大学三个行为主体出发,探讨每个行为主体下的制度逻辑,试图将基层学术组织数量扩张机制的全景呈现在人们面前,图 6-1 展示了该分析框架的具体思路。

---

① 周雪光,艾云.多重逻辑制度下的制度变迁:一个分析框架[J].中国社会科学,2010(04):132-150.

② 于显洋.组织社会学[M].北京:中国人民大学出版社,2009:61-64.

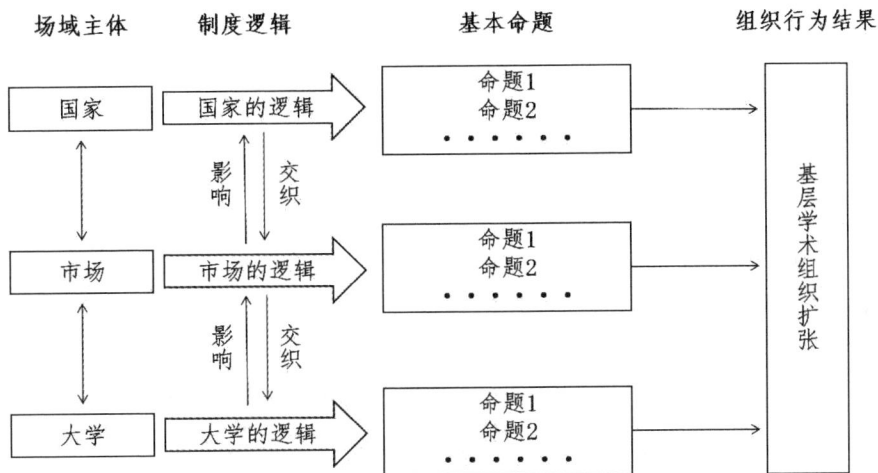

图 6-1　高校基层学术组织扩张的多重制度逻辑分析框架

（三）我国大学基层学术组织扩张的多重制度逻辑

1.国家的逻辑

命题 1：新中国成立初期,仿苏联建制的高等教育体制使我国大学办学长期陷入专业教育模式的窠臼,围绕专业制度形成的思维惯性具有历史因果性,在特定时期引发"专业办学"的行动模式,并进行持续性的长期复制。

新中国成立之后,由于政治体制及社会价值观等因素,中国不得不改造以欧美大学为蓝本的旧中国大学组织架构,告别"美国模式",转而学习借鉴同属社会主义阵营中苏联大学的办学经验。1952 年,中央人民政府对全国高校进行通盘调整,围绕社会各行业各部门建设发展的需要,对综合院校进行拆分,建立了以单科性院校为主的大学体制,实施高度专业化的教育模式,培养经济社会发展所需要的专门化人才。由此,专业制度在我国高校得以确立,并影响了高等教育办学发展的诸多方面。比如,对于高等教育内涵的理解,最早的高等教育学著作——《高等学校教育讲义》如此阐述道："就性质而言,高等学校教育是专业的,内容复杂,且与国民经济各个部门直接联系。"①专业制度深深影响着我国高校基层学术组织的设置,主要表现为以专业为主要逻辑增设院、系、研究所(中心)等基层学术组织。随着专业的不断分化与新增,围绕专业设置的基层学术组织必然难以逃脱持续扩张与膨胀的命运。专业制度的影响不

---

① 潘懋元.高等学校教育学讲义[M]//潘懋元高等教育学文集.汕头:汕头大学出版社,1997:17.

仅广泛而且深远,很长一段时间内,我国高校基层学术组织的扩张都是在专业分化的驱动下进行的。的确如此,有学者分析了中西方大学学科、专业与院系数量之间的相关系数比较,结果发现:与学科门类数相比,我国高校专业数与院系数量之间的皮尔逊相关系数高达 0.664,显著高于西方高校院系数量与学科门类的皮尔逊相关系数 0.274。[①]

命题 2:20 世纪末期,我国逐步启动高校扩招政策,在高等教育管理体制改革上,政府确定了"共建、调整、合作、合并"的八字方针。高校扩招政策的实施及大学合并浪潮的兴起,导致我国高校基层学术组织数量在短期内呈现出急剧增长的态势。

1998 年 11 月,高等教育管理体制改革经验交流会在扬州召开,时任副总理李岚清同志在会上提出了高等教育管理体制改革的八字方针,即"共建、调整、合作、合并"。随后不久,由中央各业务部门管理的高校大部分通过共建与调整转由地方管理或以地方管理为主,高等教育管理体制改革取得了突破性的进展。至 2000 年,高等学校条块分割的局面已得到根本扭转,两级管理、以省为主的体制基本形成。同时,作为此次高等教育管理体制改革的另一项重要内容,由政府主导的大学合并开始在全国各地席卷开来。2000 年前后,在提升高等教育总体质量、促进经济增长、缓解就业压力的综合作用下,我国开启了大学合并的浪潮。数据显示,1990—2006 年,我国共发生了 431 次高校合并,涉及院校 1082 所,其中 2000 年是合并的高峰年,发生了 105 次合并,203 所高校合并为 79 所。[②] 高校之间的合并使得大学办学规模、教师队伍、学位点、学科点、专业等数量在短时间内得到了显著扩增的扩张。为了满足大规模的招生需求以及顺应经济社会发展的需求,大学不断成立新的院系。有学者对 1998 年 1 月至 1999 年 12 月期间国内 6 所高校基层学术组织数量的变化情况进行统计,结果发现,相比扩招前,这些高校仅用了一年多的时间,便增设了平均数量超过 4 个的院系组织。[③] 大学办学规模扩张及与之伴随的教师队伍、学科点、专业数扩增的多重叠加效应共同推进了基层学术组织的膨胀。

命题 3:驶入新时代,伴随国家创新驱动发展战略、区域协调发展战略、国

---

① 付梦芸.组织学视角下我国高校院系数量扩张的原因探析[J].清华大学教育研究,2015,36(02):118-124.

② 董希望.将被遗忘的改革:1990 年代我国大学改革的历史述评[J].浙江社会科学,2014(11):82-93.

③ 付梦芸.组织学视角下我国高校院系数量扩张的原因探析[J].清华大学教育研究,2015,36(02):118-124.

家经济发展战略等的推动与实施,我国高校积极回应国家及社会发展需求,纷纷增设了一批旨在承担国家发展战略功能的学术组织。

随着全球化进程的加快以及国际竞争的愈发激烈,提升高等教育对国家和地方社会发展的服务支撑能力变得越来越重要。21 世纪以来,在国家政策文件的指引下,我国高校积极聚焦国家需求,把服务国家创新驱动发展、区域协调发展、经济科技发展等作为自身生存和发展的战略选择。这一战略选择影响了我国高校基层学术组织的发展逻辑,表现为围绕国家战略和区域经济社会发展设置相应的基层学术组织。比如,2020 年 5 月,为推动高校加快体制机制创新,做好未来科技创新领军人才的前瞻性和战略性培养,抢占未来科技发展先机,教育部决定在高等学校培育建设一批未来技术学院。[①] 此次首批 12 个未来技术学院,分布在 12 所重点大学中。在北京大学未来技术学院的成立大会上,北大常务副校长龚旗煌院士指出:"建设未来技术学院是北京大学瞄准世界科技前沿、服务国家战略需求的重要举措,有利于加快新工科和交叉学科建设,优化院系专业布局,提升综合办学实力。"[②]再以区域发展研究为例,近些年来,在国家相关政策的引导下,国内高校陆续成立了以研究一带一路相关问题的基层学术组织,比如清华大学一带一路战略研究院、中山大学一带一路研究院,厦门大学一带一路研究院等,复旦大学、北京师范大学、华东师范大学、云南大学等国内知名高校均设有类似组织。此外,围绕国内区域"长三角、京津冀、粤港澳大湾区"等区域发展问题,诸多高校也在教育、经济、管理、法律等学科领域或跨学科领域等相继成立基层学术组织。区域研究机构的设置是国家意志在高校组织变革中的展现,彰显了国家这一行为主体对大学组织变革所产生的深刻影响,而这些行为则显著促使了高校基层学术组织的扩张。

2.市场的逻辑

命题:基于回应市场经济发展的需求,市场与高校在某些核心领域协同合作,通过在高校设置组织机构实现人才培养与科学研究的共赢。

---

① 教育部.教育部办公厅关于印发《未来技术学院建设指南(试行)》的通知[EB/OL].(2020-05-15)[2020-11-21].http://www.moe.gov.cn/srcsite/A08/ moe_ 742/ s3 860/ 202005/t20200520_456664.html.

② 技术连接未来:北京大学未来技术学院成立仪式举行[EB/OL].(2021-06-23)[2021-10-28].http://news.pku.edu.cn/xwzh/ 3442204ad 22c4a1 0a6d0eb4e62526970. htm.

在市场经济社会,组织功能的社会适应就是组织的市场适应。[①] 作为社会组织成员之一的高校,同样需要考虑组织功能的社会适应性问题。高校一方面要在一定层次、一定范围内保持组织开展自由研究所必需的相对独立性,另一方面又要在组织功能上积极适应、努力贴近市场经济需求。新公共管理运动的兴起推动高等教育与市场联姻,各国政府试图引进市场化的力量,让大学经营达到效能(effectiveness)、效率(efficiency)与经济(economy)三大目标。[②] 我国高校概莫能外,进入 21 世纪,高等教育市场化成为学界及高校讨论的一项重要议题。高等教育市场化的表现形式之一是加强大学与工商界的合作。[③] 具体而言,市场力量对我国高校基层学术组织扩张的影响主要表现在两个方面:其一,产业规模扩大、产业结构的调整需要新型的知识技能群体,高校增设相关院系或研究机构以培养社会需要的人才并进行相关的知识生产。比如,现代产业学院的成立与建设便是市场影响的结果,即为了培养适应和引领现代产业发展的高素质应用型人才、复合型人才、创新型人才,在特色鲜明、与产业紧密联系的高校建设若干产业学院。此外,围绕人工智能、大数据、芯片等成立的院系也都可以看到市场的影子。其二,社会上越来越多的优质企业展现出强大的科研创新及成果转化能力,为适应社会与市场需要,高校利用地缘优势与企业合作成立新型基层学术组织。在市场与大学的互动过程中,市场力量对大学组织变革提出了新的要求,我国高校院系的不断更替很大程度上受到市场的影响。当然,高等教育市场化是一个动态的发展过程,是通过竞争模式来配置高等教育资源的"帕累托改进",是"大学—市场—政府"三者关系的不断调适,同时也是对高等教育效率、质量、公平、适应性、创新性等的综合权衡和相机抉择。[④]

3.大学的逻辑

命题 1:当大学处于复杂的组织环境中时,为了规避风险并减少组织的不确定性,大学倾向于采取模仿战略,以更成功的组织形式为范本来塑造自己。

组织理论认为,当组织目标模糊不清时,组织对于制度环境就很敏感,从

---

① 吴宏翔.艰难的选择:市场经济背景下的高校组织演化[M].上海:复旦大学出版社,2008:174.

② Hughes O E.Public management and administration:an introduction[M].New York:St. Martin's Press,1994.

③ 阎凤桥.市场化环境对大学组织行为的影响及其应对策略[J].清华大学教育研究,2005(03):84-93.

④ 王旭辉.高等教育市场化研究述评与研究展望[J].复旦教育论坛,2016,14(02):58-64.

而容易引进象征性的制度,把象征性的东西做得很好,尽量符合合法性的要求,以便得到制度环境的认同。高校为了获取外在环境的合法性支持,往往模仿其他成功的高校。[①] 过去二十多年来,我国高等教育在外延式发展上取得了巨大成就,在高等教育的大规模扩张及快速发展进程中,不少高校处于一种未知的、不确定的发展前景中,面临着办学定位不清晰、制度建设不健全、治理体系不成熟等诸多挑战。处于增强自身合法性的需求,这些高校往往会采取模仿策略,模仿那些更为成功或更具合法性的组织。比如,行业性院校模仿综合性院校,职业院校模仿普通高校,普通高校模仿重点高校等。作为被模仿的对象,我国重点高校几乎都为学科门类齐全的综合化院校,这使得一些本有自身特色的职业院校或行业性高校纷纷卷入学科综合化的办学潮流中。不断扩展学科门类,增设新的院系,设置各式各样的研究所(中心),试图把自身打造成为"全能型组织"。模仿带来的结果是:一方面,大学组织趋同化现象越来越严重,办学"千校一面"。另一方面,大学新设基层学术组织越来越多,乃至于臃肿,对大学组织治理形成诸多挑战。

命题2:我国大学行政权力的泛化抑或官本位文化影响着基层学术组织的扩张,大学领导者往往会基于学术态度和行为偏好新设基层学术组织。

学术组织的权威本质已经变得空前复杂,官僚主义权威嵌于组织结构之中,职业权威体现在身为学术专业的教师身上,管理权威则由行政管理人员扮演。[②] 我国大学中的行政权力是影响基层学术组织变革的一支重要力量,很多情况下,大学基层学术组织的扩张是权力意志的结果。这种权力意志通常分为两个方面:一是,大学领导者或基于自身学科偏好设立院系或研究中心(所),或为其退休之后拥有专门的学术平台而设。这样的例子屡见不鲜,通过对一些大学领导者及基层学术组织设置关系的调研发现,诸多新设的以"研究院""研究中心""研究所"为重要形式的基层学术组织多为高校领导者(或即将离任者)牵头组建。二是,在过度行政化的作用下,"因人设庙"并赋予其行政级别和学术头衔。在我国的传统文化观念中,头衔是一种重要的符号和资本。对于院系或学科的发展,人们似乎存在一种默认的共识,只有拥有一定的行政级别和头衔,才可以引起学校重视,并顺利发展下去。即便学术事业有另外的选择,

---

① 沃尔特·W.鲍威尔,保罗·J.迪马吉奥.组织分析的新制度主义[M].姚伟,译.上海:上海人民出版社,2008:10.

② 帕翠西亚·冈伯特.高等教育社会学[M].朱志勇,范晓慧,译.北京:北京大学出版社,2013:39.

比如以项目的方式进行运行，人们仍然会全力以赴设置实体的基层学术组织。

命题 3，大学在引进高层次人才的过程中，存在特殊的制度安排，即以成立新机构的方式引进学术精英。

伴随"双一流"建设的深入推进，大学之间对于人才竞争愈发激烈，人才的流动也愈发频繁。在此过程中，大学为了提高其学术声誉及学科实力，常见的做法便是从其他高校聘用有声望的学者。对于被聘任的知名学者，通常情况下并不甘于做一名普通教授，而是希望成立新的研究中心或研究所，并由其进行领导。大学管理者基于学科建设和引进人才的需要，为了留住人才，往往也会同意这种做法，即设置新的基层学术组织单位。此外，在一些高校，由于已有学术组织单位人才引进名额受限或者没有名额，为了扩充学科实力，也会以成立新学术组织单位的形式引进不同层次的人才。在实地调研中，上述现象均得到不同程度的证实。即使面临着学科安排混乱的风险，大学出于各种考虑也会实施这样的组织行为。对于此类现象，有学者做过专门阐述："学科发展会以各教授成立研究中心的形式进行，研究中心成立后就以教授自己为中心。如果把中心拆掉和其他的混合，即使得到的资源更优厚，教授也不愿意，因为没有了决定权。"①这便是大学中的"巴尔干化"式组织割据。事实上，在大学快速发展的过程中，学科重复设置和机构不合理设置是常见的问题，经济学、政治学、教育学等学科分布在不同的院系也变得司空见惯，这为学术管理和学科建设都带来了诸多挑战。

三、我国大学基层学术组织扩张的主要特征

（一）强制性变迁和诱致性变迁并存

制度变迁通常可分为强制性变迁和诱致性变迁两种方式，前者强调的是以政府（中央政府或地方政府）为行为主体，进行一种自上而下的变迁；后者则是指以组织自身为行为主体，自下而上进行的一种制度变迁类型。②强制性变迁和诱致性变迁虽然逻辑不同，但并非截然对立或非此即彼。在大规模制度变迁中，强制性变迁和诱致性变迁各有各的适用性，体现出共存与互补的关系。根据不同的发展阶段和情境，两种制度变迁类型在我国高校基层学术组

---

① 复旦章程大修：被追问"学术独立、思想自由"做得到吗？[EB/OL].[2014-05-27].ht-tp://edu.qq.com/a/20140521/013820.htm.2018-5-25.

② 俞雅乖.制度变迁方式转换的时机选择[J].商业研究，2009（07）：14-18.

织扩张中均得到不同程度的彰显,即以政府为行为主体的强制性变迁和以市场、高校为行为主体的诱致性变迁并存,共同推进了基层学术组织的扩张和膨胀。具体而言,新中国成立初期效仿苏联的专业办学模式、高校扩招政策、大学合并以及国家的发展战略意志等因素所带来的基层学术组织扩张,体现的是政府以强制性手段,对高校实施直接影响,自上而下进行的强制性组织变迁。作为组织变迁的行为主体,高校体现出弱自主性的特征。而从市场与大学这两条逻辑路线来看,市场与大学对基层学术组织扩张的影响则是一种典型的诱致性变迁,即外部市场和高校自身诱发了基层学术组织的扩张,这种组织行为是非强制性的。比如,高校与市场合作新设基层学术组织,既是市场发展的需要,也是高校自身发展的需要,外部市场的变化诱发了高校基层学术组织的扩张。同样,高校基于规避风险而采取的模仿战略促使院系组织进一步扩张,朝向诱致性的变迁方向发展,自下而上模仿其他高校的做法。在成立跨学科研究机构方面,近些年伴随精英大学成立跨学科组织的行为,其他高校纷纷效仿,陆续成立各式各样的跨学科研究机构。当然,行政管理和人事安排下的组织增设行为也是其他高校模仿的对象。总的来看,我国高校基层学术组织的扩张是强制性变迁和诱致性变迁共同作用的结果,两者同时存在于这一改革进程中。

(二)多种制度逻辑和行为主体相互交织

制度逻辑理论强调社会环境对组织行为塑造的重要性,认为组织所处的制度环境是多元的、碎片化的,组织受多元化的制度逻辑影响,呈现出不同的行为和反应战略。① 诚然,大规模的制度变迁存在多重制度逻辑的共存和混合,多重制度逻辑虽然会对行动者提出不同的制度要求和实践,但这并不意味着多重制度逻辑之间就是冲突对立的。我国高校基层学术组织扩张存在多重逻辑已然是不争的事实,但在某一类型的组织改革行为中,多重制度逻辑和行为主体是相互交织的,而非独立作用。比如围绕区域问题而成立的基层学术组织,虽然其核心逻辑主体为国家,然而在组织改革的过程中也包含了市场、大学等多种逻辑主体。实质上,在这类基层学术组织扩张的过程中,不是单个逻辑主体推动组织变革,相反则多重逻辑相互作用,并且在组织扩张的扩张中逐渐形成了以"政府、行业、企业团体、管理者、教师"为主的多元化利益群体。同样,以市场为核心逻辑设置的基层学术组织,也可以看到其他逻辑主体的影子。比如,现代产业学院的成立显著体现了市场力量对大学基层学术组织扩

---

① 　THORNTON P H,OCASIO W.Institutional logics[M].London:Sage,2008:99-101.

张的影响。然而,国家政府这一逻辑主体在市场力量之外所做出的行为反应同样不容忽视。在此进程中,政府部门也会根据市场变化以相关政策文件或政策话语的形式鼓励和引导高校朝着某一方向进行变革。因此,我国高校基层学术组织的扩张是多逻辑主体共同作用的结果,多种制度逻辑和行为主体相互交织。每一类基层学术组织的扩张都存在着一种核心制度逻辑,在制度逻辑的约束下,高校的组织行为围绕相应的制度安排和行动机制,引发高校基层学术组织改革的行为方式和行动取向。

　　(三)组织扩张存在"路径依赖"或"锁定效应"

　　路径依赖是由道格拉斯·诺思(Douglass C.North)提出来的西方经济学术语,指的是经济领域存在惯性,经济一旦进入某种轨道,就很容易产生对原始路径的依赖。① 路径依赖是围绕特定制度建立起来的行为惯例、社会联系和认知结构,其形成过程受到历史事件的影响,强调偶然的历史事件是决定制度变迁走上某个路径的重要影响因素。路径依赖产生的后果具有正反馈机制的随机非线性特征,并存在某种不可逆转的自我强化趋向。② 在大学组织变迁中,某一历史时期围绕特定制度框架所建立起来的行为惯例,对大学组织中的成员形成了规范作用,促使其按照特定的规则和惯例行事,并产生路径依赖,而组织结构的演进可能会因组织系统内部正反馈机制的作用而锁定在某种状态上。"路径依赖"抑或"锁定效应"同样存在于我国高校基层学术组织扩张的进程中,比如,国家逻辑下的专业制度安排、大学逻辑下的行政长官意志及模仿战略等都可以看到"路径依赖"的痕迹,并且影响着基层学术组织结构安排方式与演进路径,长期占据主导地位。在"惯性"的作用下,基层学术组织变革将围绕已有的路径和模式持续运行下去,任何不同于已有路径和模式的组织行为都可能会在大学组织系统内部产生排斥效应。这意味着,在基层学术组织变革中,即便存在其他的可替代性方案和选择,也会由于组织行为的"惯性",使得大学组织在决策过程以及管理实践中难以迅速做出反应,而是倾向于复制已有的行为模式。组织变迁中的路径依赖虽然有其合理性,但不可否认,组织惯性会让大学的组织改革创新能力愈发低下与不足,并造成大学组织的运行低效,阻碍了大学组织治理能力的提升。因此,大学基层学术组织改革如何跳出这一"锁定"状态,建构基层学术组织改革的创新机制,即由路径依赖走向路径创新,将是未来大学组织改革面临的重要问题。

---

① 韩丹.新中国大学生思想政治教育政策变迁[D].武汉:华中科技大学,2012:37.
② 廖辉.基于路径演化的大学组织结构变革[J].中国高教研究,2014(03):22-26.

第三节　我国大学基层学术组织的问题与挑战

一、研究型大学"巴尔干化"式的组织割据

（一）何谓"巴尔干化"

"巴尔干化"（Balkanization）原本是一个地缘政治术语,意指地方政权在诸多地方之间的分割,及其所产生的地方政府体制下的分裂现象,基于地域名称,人们称之为"巴尔干化"（Balkanization）或者是"碎片化"（Fragmentation）。后来,随着社会的发展以及环境的变化,人们逐渐发现"巴尔干化"不仅适用于地缘政治领域,而且在组织领域、管理领域,以及互联网领域也都存在不同程度的"巴尔干化"现象。因此,"巴尔干化"这一术语及其应用便得以扩展,并被用于地缘政治领域以外的其他领域,意指某种情境下的割据与隔离。以互联网为例,麻省理工学院教授马歇尔·范·阿尔斯泰（Marshall Van Alstyne）和埃里克·布尔约尔松（Erik Brynjolfsson）曾对网络中的巴尔干化现象做过系统的论述和探讨,他们在 1997 年 3 月发表的学术文章《电子社区：是全球村,还是网络巴尔干化？》（Electronic Communities：Global Village or Cyberbalkans?）中指出,"网络已分裂为各怀利益心机的繁多群类,且一个子群的成员几乎总是利用互联网传播或阅读仅可吸引本子群其他成员的信息或材料。正如实际的分区或巴尔干化,可以分开不同的地理群体一样。虚拟空间的分区或者网络巴尔干化,也可以分开相应的利益群体"。[①] 无独有偶,在组织管理领域,也有学者借用"巴尔干化"形容企业组织在发展过程中所暴露出的一些问题。比如,白尼格森·劳伦斯（Bennigson A. Lawrence）将公司内各小组的利益割据及其发生的碰撞比喻为具有爆炸性的和不可预见的巴尔十化局势,并提出了要明确战略方向、重视集体学习与交往等相关的应对措施和建议。[②]

对于大学组织中存在的"巴尔干化"现象,国内外也有学者进行过相应的

---

① VAN ALSTYNE M,BRYNJOLFSSON E. Electronic communities：global village or cyberbalkans[J]. Economic theory,1997(3)：2-32.

② BENNIGSON A L. Our balkanized organizations[J]. Strategy and leadership,1996,24(2)：38-41.

描述和阐释。国内如复旦大学原校长杨玉良教授在谈及院系改革时曾指出去"巴尔干化"事关一流大学建设,杨校长说:"大学里的'巴尔干化'最容易,因为教授天生有学术独立、思想自由的倾向,不希望别人去干涉他,而且学科发展会以各教授成立研究中心的形式进行,研究中心成立后就以教授自己为中心。如果把中心拆掉和其他的混合,即使得到的资源更优厚,教授也不愿意,因为没有了决定权。这是知识分子学术独立、思想自由的本能所造成的。不良政治家就可以利用这一点来汲取权力,这就是大学里所谓的'行政化'。"①同样,曾一手主导并推动哈佛大学跨学科组织改革的教务长史蒂文·海曼教授在谈及为什么对跨学科如此关注并付出巨大精力时,也提到了大学组织中"巴尔干化"的弊端及不足。海曼说:"20 世纪 90 年代早期,也就是在我来到哈佛大学工作时,我就开始认为由于科层制模式下所导致的巴尔干化式割据(bureau-cratic balkanization),使得哈佛大学并没有完全发挥自身的优势。而且正是因为跨学科组织与我们原有的组织设计思路是相违背的,所以我才会在这方面花费大量的精力与时间去做一些改变。"②此外,美国学者罗纳德·G. 埃伦伯格(Ronald G. Ehrenberg)在其专著《美国的大学治理》中指出:"大学中的系便存在巴尔干化问题,系包括了一批高度专业化的学者,他们互相之间在学术上从来没有交流,因为他们说着不一样的语言……一个运转不畅的系会像巴尔干那样四分五裂,它的成员不会在任何问题上达成一致,这样的一个系将很快僵化。"③

由此可见,高等教育领域中的"巴尔干化"主要被用于描述大学组织在传统的院系建制下所暴露出的诸如组织分化及割裂等一系列不适应时代发展的问题。自高等教育大众化以来,我国大学规模不断扩大,其内部组织机构的数量也不断攀升。不仅是院系数量的激增,而且院系以下的基层学术组织也如雨后春笋般地涌现出来。正如网络中的"巴尔干化"一样,现代大学组织也被分割成不同的院系,不同的院系又再次被分割成不同的研究中心和研究所。久而久之,不同的组织机构囿于一方,彼此之间少有交流和沟通,少有合作及协同。加之一些学者教授对学术独立的过度追求以及对学术权力的向往,导

① 杨玉良."去巴尔干化"事关一流大学建设[EB/OL].(2014-05-27)[2018-05-25].http://edu.qq.com/a/20140521/013820.htm.

② HYMAN S. A provost's view across a decade[EB/OL].[2018-04-12].https://news.harvard.edu/gazette/story/2011/05/a-provosts-view-across-a-decade-2/.

③ 罗纳德·G. 埃伦伯格.美国的大学治理[M].沈文钦,等译.北京:北京大学出版社,2010:62-64.

致在大学组织系统内部产生了不同的利益群体。"巴尔干化"情境下所导致的大学学术组织之间的隔离,使得不同的学术单元成为一个个故步自封的利益群体,而这则极易导致资源的流动以及人员之间的沟通成为一种冰冻的状态。随着经济的发展以及国家对高等教育的重视,近些年我国研究型大学在基层学术组织改革中取得了显著的成就,研究型大学普遍设置了形式多样、性质多样、功能多样的研究中心、研究所、研究团队、研究课题等等,但令人遗憾的是,各组织之间并未有效打开边界,学术活动仍然囿于自身的学科领域。在这种形式下,基层学术组织的实际科研成效及其为大学所做的贡献成为令人质疑的问题,与此同时,由此带来的"巴尔干化"式组织割据也在不断遭到人们诟病。

(二)研究型大学组织中的"巴尔干化"现象

研究型大学组织中"巴尔干化"式组织割据的显著表现之一是围绕某学科领域内的大学教授成立各种形式的研究所和研究中心,并赋予其相应的学术头衔。在此立论下,以案例研究作为基本方法,根据我国"双一流"建设的高校名单,首先选取位于世界一流大学建设之列的 A、B、C、D、E、F 六所研究型大学作为高校案例,并在每所研究型大学中选取教育学院、法学院、马克思主义学院以及管理学院等四类共计 24 个二级学院作为学院案例,以每个研究单元官网上公开的信息为准,统计每所学院的教授人数以及所涵盖的研究机构总数(含挂靠研究机构和虚体研究机构);其次,对各学院基层学术组织的主要表现形式加以相应的描述;最后,通过对各研究机构官网上的信息陈述,试图了解机构的性质,比如是否涉及学科的交叉与融合等。

统计结果显示,六所研究型大学中,基层学术组织呈现出多样化的特征,主要涵盖有研究所、研究中心、研究院、教研室、教研部、教研中心等(见表 6-6)。其中,在教育学院和管理学院的基层学术组织类型中,主要以研究所和研究中心为主,并且在两个学院中占据主导地位。除了这两种基层学术组织形式以外,也包含有少量的研究院、研究基地、实验室以及教研室等。而在法学院和马克思主义学院中,虽然研究所和研究中心总体上是主要的组织类型,但是教研室仍然很显著。如表 6-7 所示,B 大学法学院含有 9 个教研室,C 大学法学院含有 11 个教研室,F 大学法学院含有 15 个教研室。由表 6-8 可知,B 大学马克思主义学院含有 5 个教研部,C 大学马克思主义学院含有 6 个教研室和 1 个教研中心,D 大学马克思主义学院含有 5 个教研中心,E 大学和 F 大学马克思主义学院则分别含有 6 个教研室和 4 个教研部。从统计结果上来看,对于 C 大学法学院以及 B、C、D、E 大学马克思主义学院来说,教研室则在基层学术组织中占据着主导地位。此外,在所统计的研究机构中,部分设有官方网站,其他则只是在学院网上列了一个条目。从跨学科合作研究的角度来看,通过分析设有官网的基层学术组织的页面信息,发现几乎所有机构的科研活动都囿于院系之内或者学科之内,缺乏跨学科元素,鲜有涉及学科间的交叉与融合。另外从受访者口中获取的信息来看,各组织机构所涉及的跨学科活动也不是很多。

表 6-6　四所学院基层学术组织的表现形式及跨学科性

学院名称	基层学术组织主要表现形式	跨学科元素
教育学院	系、研究所、研究中心、研究院等	缺乏
法学院	系、研究所、研究中心、教研室等	缺乏
马克思主义学院	系、研究所、教研室(部、中心)等	缺乏
管理学院	系、研究所、研究中心、研究院等	缺乏

表 6-7　法学院涵盖教研室情况

单位:个

学院	基层学术组织数量	教研室(部、中心)数量
A 大学法学院	40	0
B 大学法学院	50	9
C 大学法学院	23	11
D 大学法学院	7	0
E 大学法学院	8	0
F 大学法学院	43	15

表 6-8　马克思主义学院涵盖教研室情况

单位:个

学院	基层学术组织数量	教研室(部、中心)数量
A 大学马克思主义学院	16	0
B 大学马克思主义学院	13	5
C 大学马克思主义学院	7	7
D 大学马克思主义学院	12	5
E 大学马克思主义学院	8	6
F 大学马克思主义学院	14	4

从每所学院所涵盖的教授数量与研究机构数量来看,各机构之间的情况存在着相应的差异。首先是教育学院,如图 6-2 所示,E 大学和 F 大学在两者数量上几乎等同,A、B、C 大学的研究机构数量稍小于教授的数量,D 大学教育学院的研究机构数量则不足教授数量的二分之一。

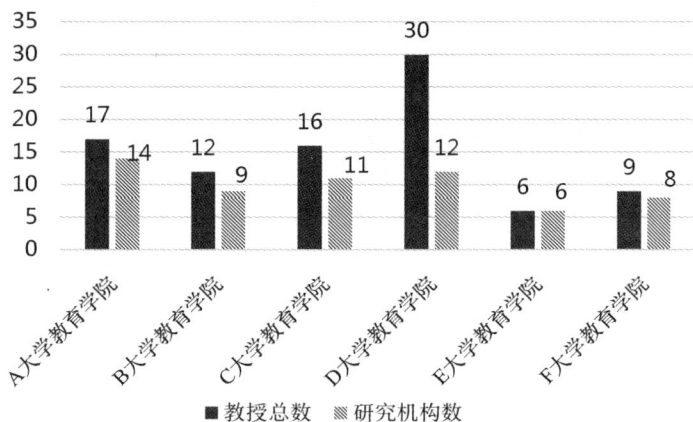

图 6-2　教育学院研究机构情况

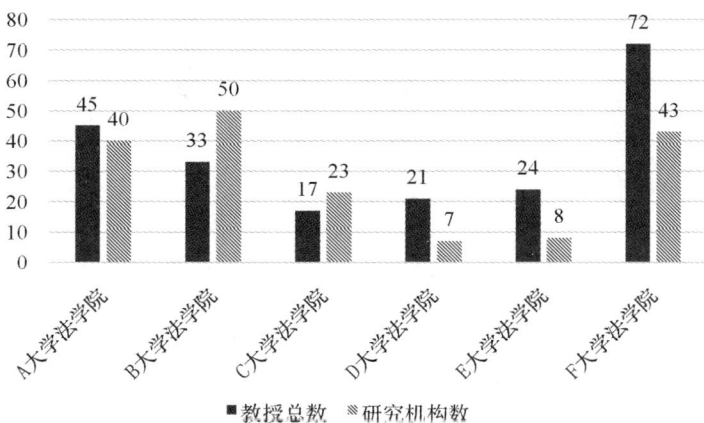

图 6-3　法学院研究机构情况

其次是法学院,如图 6-3 所示,A 大学研究机构数量和教师数量相差不大,而 B、C 两所大学的研究机构数量多于教授数量,剩下的则研究机构数量与教授数量有着一定的差距。再次是马克思主义学院,如图 6-4 所示,A、B、C、D 两所大学的研究机构数量和教授数量基本持平,其他两所大学则是研究机构数量显著少于教授数量。最后是管理学院,总体上来看,该学院研究机构的数量均小于教授的数量，只有 F 大学教授数量和研究机构数量差距不大，分别是 30 个和 27 个（见图 6-5）。

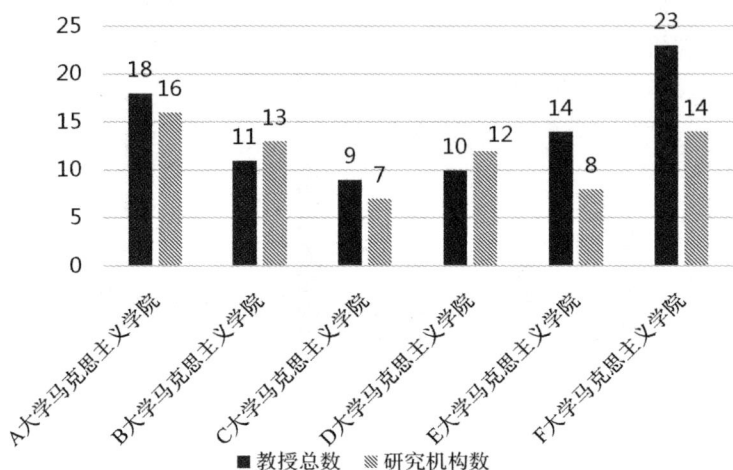

图 6-4 马克思主义学院研究机构情况

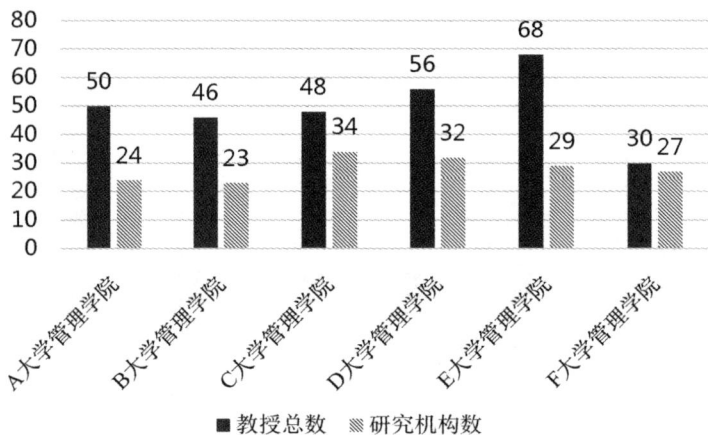

图 6-5 管理学院研究机构情况

从上述案例分析可知，当下对于我国很多大学而言，基层学术组织中的"巴尔干化"现象依然是一个较为普遍的问题。在院系调研的过程中发现，某所大学登记在册的人文社科类虚体研究机构有 276 个；同时还有 27 个未经学校批准、擅自建立的虚体机构。两项相加，共计 303 个。而具体到某个规模并不是很大的学院，则设有 36 个校级和院级研究机构及平台。从此类现象可以看出，今天的大学，不仅没有走出象牙塔，反而在里面搭建出了更多的"鸽笼"。①研究所、研究中心等研究机构的增多，在一定程度上能够提升大学的科研表现。但就大学的整体效益而言，"鸽笼"一样的基层学术组织究竟能为大学的利益做出多大的贡献，似乎还是一个未知的问题。此外，"鸽笼"有真有假，在这些所谓的"组织"中，有的甚至连"笼子"都搭不起来，多是一些形同虚设的研究机构，缺乏最基本的学术人员和科研经费，更遑论其开展实质性的学术活动了。

设立如此多的研究机构，究竟是科研的需要，还是利益的驱使？究竟是顺应了时代的潮流，还是违背了世界学术发展的趋势？在设置基层学术组织的过程中，人们很少会将跨学科的元素纳入其中，忽略了跨学科组织的创建。这样一来，虽然基层学术组织的形式多了，但是依然没能走出学科建制的困境，不利于科学研究的创新。因此，如何拆掉"鸽笼"，破除"巴尔干化式"的组织割据，优化大学组织结构，进而构建出一个新的大学组织生态系统，是当下我国研究型大学在基层学术组织改革中需要给予重点关注的。

（三）研究型大学"巴尔干化"式组织结构的危害

1.容易固化学科壁垒及学术资源流动

由于大学中愈演愈烈的"巴尔干化"式组织建制，学科壁垒以及学术资源的固化是近些年来常为人们诟病的话题之一。过于庞杂的研究机构不仅无法充分释放教师活力，反而似一个个"鸽笼"一样将不同的群体禁锢，里面的人出不去，外面的人也进不来。在"巴尔干化"式的组织割据下，大学被切分成一个个孤立的学术组织，弱化了学术合作之间的向心力。这不仅令人慨叹，今天的一些大学，不仅没有走出象牙塔，反而在里面搭建了更多的"鸽笼"。在研究型大学内部，无论是基于大学层面，还是基于院系层面，都设置了各种各样的研究机构，不仅有实体研究机构，还有大量的虚体研究机构；有校设研究机构，院设研究机构，还有系设研究机构，以及挂靠性质的研究机构。如此多的研究机构，在一些学院甚至出现了"每个教授至少拥有一个学术头衔"的现象。从一定程度讲，一个学院涵盖科研机构越多，则该学院组织割据越明显，利益群体越多，从而科研的合力及向心力也就越弱。长此以往，这种人为造成的"条块分割"只会更大程度上固化学科壁垒以及阻碍学术资源的有效利用。

近些年基于打破学科藩篱以及实现学术资源有效利用的缘由，我国一些研究型大学在组织内部进行了诸如学部制此类的改革，但是改革的总体成效

---

① "鸽笼现象"由厦门大学邬大光教授在"一流学科"调研中提出并形成文字，但未正式发表。

似乎不容乐观。以学部制改革为例,"实行学部制之后,院系被合并成6～7个学部,表面上看横向的学科组织单位少一些了,但真正实体性质院系组织的壁垒并没有被打破,学部以下的这些数量众多的院系还是各自为政,对学生和教师来说仍然工作、学习、生活在狭窄的院系组织内,缺少学科文化的交流"。[①]还有学者尖锐指出:"目前,我国大学基层学术组织大多还是停留在原有的'院'、'系'、'所'、'教研室'机构的思维定式中,所谓的改革不过是在院、系、所和教研室四者之间做不同的排列组合罢了,实行等级制度的科层管理,甚至有的研究所形同虚设,教研室也只是作为院系课程安排的主要单位,至于科学研究,基本上还是取决于教师的个人兴趣和爱好,更谈不上跨学科研究合作。"[②]事实的确如此,直到今天,我国研究型大学仍然没有形成良好的跨学科组织生态和文化生态,反而在专业主义和学科主义的"车辙"里渐行渐远。

2.容易导致学术部门间的离散和分歧

"巴尔干化"式的组织还容易导致不同学术群体与部门之间的误解与分歧,而数量过多且又过于细分的院系及研究机构只会加深学科间隔离程度。克拉克曾说:"长期以来,大学将学科分解为专业,然后再将专业细分为更多的专业,存在于大学内的这种运作方式作成为了一种不可控的,自我放大的现象,同时学科分支也成为组织细分的强大压力。"[③]实质上,这种运作方式也经常被人们批评为是导致大学组织形成系科"孤岛"的主要因素,在此情形下,研究者们很难跨越学科和组织界限进行学术上的交流与沟通。1947年,钱锺书在《围城》中曾描述了这样一个场景:大学中的理科学生瞧不起文科学生,外国语文系学生瞧不起中国文学系学生,中国文学系学生瞧不起哲学系学生,哲学系学生瞧不起社会学系学生,社会学系学生瞧不起教育系学生,教育系学生没有谁可以给他们瞧不起了,只能瞧不起本系的先生。1959年,C. P. 斯诺在里德演讲中提出了"两种文化"的概念,他在"文学知识分子"和"自然科学家"这两个群体之间发现了深刻的相互怀疑和不理解,并认为这种怀疑和不理解最终导致了两个群体的文化分裂和两种文化的形成。[④] 不论是钱锺书所描绘的景象,还是斯诺所阐述的两种文化,都无不揭示了"巴尔干化"式组织结构的危

① 胥秋.学科融合视角下的大学组织变革[J].高等教育研究,2010(7):20-27.

② 杨连生,文少保.问题制:当今大学跨学科研究组织发展的制度创新[J].中国高教研究,2009(10):22-25.

③ BURTON C. Places of inquiry:research and advanced education in modern universities [M]. Berkeley:University of California Press,1995:245.

④ C. P. 斯诺. 两种文化[M].陈克艰,等译.上海:上海科学技术出版社,2003:2.

害：在长期的组织割据下，人们只关心自身的利益，而忽视了大学的整体效益。坦率地说，人们在理解某个自然现象时，应该采取涵盖"整体图景"的整体论观点（holistic view），因为每个学科都只能考察整体图景的一个特定方面，并从自身的角度语言符合做出相应的表述和理解。然而，在组织过度细分的情境下，不论是在观念上，还是在实践中，人们都太容易陷入某一特定的学科思维，无法跨越概念分裂（conceptual divide）而进入其整体论的思想模式。①

3.容易损害学术研究机构的组织生态

在基层学术组织发展的历程中，西方学者曾依据组织的形式和性质对基层学术组织中的研究所（institute）作了相应的分类，并将大学中的研究所分为标准式研究所（standard institutes）、适应式研究所（adaptive institutes）以及影子式研究所（shadow institutes）。首先是标准研究所，其主要包含以下几方面的特征：(1)有足够稳定的目标和资源，能够为形成一个完整的管理层级和稳定的教职员工提供基础；(2)为了任务的达成，有能力购置昂贵的研究设备和设施；(3)有一个合法且相对固定的办公空间。在标准式研究所内，教职员工通常能够与组织的目标以及职业的发展建立某种关系，并且对组织保持一定程度的忠诚，通常而言，他们不会将这种联系看作是暂时的。此外，在这样的组织机构内，还具备较为充足且可持续的科研经费，能够保证组织目标和任务的达成，以及组织的学术质量。第二种是适应式研究所，不同于标准式研究所，适应式研究所一般会经常性地重新定义其目标，并频繁地开始某些计划或终止某个项目，以及经常性地招募和解散教职员工。简短来讲，适应式研究所就是适应持续的不稳定性。虽然适应式研究所也可能会有合理且稳固的管理层级，并拥有一定的科研经费，但是在这种组织类型中，只有少部分核心的专职人员与组织保持有持久的关系。第三种是影子式研究所。这类研究机构没有正式的教职员工，没有财政预算，也没有可见的研究成果。在影子式研究所内，会有一个主任或所长，但通常是兼职的，而且在机构之间没有建立一种强烈且稳固的联系。一般来讲，影子式研究所没有自己的财政预算，就物理空间而言，这样的组织也很难在大学中找到，其没有独立的办公区域。由于很多时候其知识停留在文本之上，因此，影子式研究所有时也被称为"纸上研究所"

① 约翰·齐曼.真科学：它是什么，它指什么[M].曾国屏，等译.上海：上海科技教育出版社，2008：10.

(paper institutes)。[①]

事实上,在我国研究型大学基层学术组织的扩张中,虚体研究中心扮演着不可或缺的角色。经验表明,组织扩张不必一开始就设立实体甚至是永久的学术研究机构,这种做法不仅低效,而且容易导致整个学校的组织结构膨胀和失序,极有可能面临失败的命运。取而代之的做法应当是鼓励临时组合,将其作为设置实体组织的备选方案,这恰恰是设置虚体研究中心的必要性和合理性所在。然而,令人遗憾的是,在"巴尔干化"式组织割据的背景下,由于基层学术组织设置及管理制度的不完善,一些虚体研究中心最终沦为仅仅停留在文本上的"影子式研究所"(shadow institutes),这无疑损害了学术研究机构的组织生态。

如上部分所述,如果将基层学术组织比喻为"鸽笼"的话,那么"影子式组织"就是没有搭建起来的"鸽笼",是虚体的"鸽笼"。就我国的现实情况而言,严格意义上讲,"影子式组织"不同于研究型大学基层学术组织中那些经过正式批准而设置的虚体研究机构,因为经过正式批准设置的虚体研究机构都需要在人员、目标、经费以及管理上满足一定条件。比如在《北京大学社会学系虚体研究机构管理细则》中就明确指出,申报设立研究机构,应当提交研究机构章程,符合学校管理规定,包括机构的任务和目标,负责人的职责、任期和任免程序,研究人员的聘任和管理,资金筹措与管理,应当具备科研启动经费等等。此外,还对虚体研究机构的撤销与退出做出了相应的规定。[②] 与之相对应,"影子式组织"主要指那些未经学校批准由院系擅自建立的虚体机构。这类机构一般没有正常的学术活动,或与挂靠单位之间的中心任务并无多大的关系。

2017 年 6 月,北京大学公布了巡视组反馈整改,集中整治了虚体研究机构的管理问题,在此次整改中,针对人文社科虚体研究机构的问题,撤销 27 个未经学校批准建立的机构;撤销 2 个无正常学术活动或与挂靠单位中心任务无关的机构;变更 4 个机构的挂靠单位,变更 10 个机构的负责人。针对理工科虚体科研机构问题,对 80 个虚体机构进行了一轮梳理,拟保留 26 个符合管

① IKENBERRY S O, FRIEDMAN R C. Beyond academic departments: the story of institutes and centers[M]. London: Jossey-Bass, Inc., Publishers, 1972: 34-41.

② 北京大学.北京大学社会学系虚体研究机构管理细则[EB/OL].[2018-05-29].http://www.shehui.pku.edu.cn/wap/second/index.aspx? nodeid=1646&page=ContentPage&contentid=2050.

理规范,运行良好的机构;明确取消 10 个机构。① 由此可以看出,在我国研究型大学基层学术组织中,不仅存在过于分散所带来的"巴尔干化"问题,而且在数量众多的基层学术组织中,还充斥着华而不实或者徒有其表的"影子式"组织,未经批准、擅自设立的虚体研究机构便是其中的典型。

二、基层学术组织设置及管理上的混乱无序

基层学术组织的设置与管理乱象仍是我国研究型大学中普遍存在的问题,当下名目繁多的跨学科研究机构也不例外。全国高校交叉科学研究联合中心主任刘仲林曾提到,目前的跨学科研究种类繁多,某些高校甚至有几十个跨学科社会科学研究中心,这些研究中心有的是"虚体"机构,没有成员和办公地点,仅仅挂一块牌子;有的虽为实体机构,但发展状况也各不相同。② 尽管以北京大学为代表的高校对其虚体研究机构作了整改,但不可否认,在我国多数研究型大学内,依然充斥着未经批准的、擅自设立的虚体研究机构。对于这些组织,有些大学选择了撤销与整改,而有些大学由于管理上的惰性,要么睁一只眼闭一只眼,要么根本没有意识到问题所在。多数情况下,擅自设立的虚体研究机构如停留在文本上的"影子"组织一样,没有固定的研究人员,也没有开展有效的学术活动。反之,这类虚体研究机构的存在可能成为利益与权力博弈的产物,并有可能成为人们满足虚荣心的试验场。从大学的管理角度而言,这凸显了大学管理或者治理上的漏洞与不足,而从大学的权力角度而言,这种现象则反映了大学行政权力与大学学术权力的微妙抗争。关于学术权力与科学自律,韦伯(Weber)曾通过他的演讲告诉人们,面对各种相互冲突的终极价值,科学的自律是捍卫"价值自由"的一个先决条件,而且也只有通过这种科学的自律,这种科学中的禁欲主义,才能培养头脑的清明。③ 由此可以看出,只有通过自律与禁欲,才能够守持基层学术组织理性,进而避免大学组织机构的臃肿和庞杂。无论如何,人学需要认真对待基层学术组织设置上的规范性,而不应该随意设置一个研究所或者研究中心。作为创新科研提高大学

① 中纪委公布 11 所中管高校巡视整改情况[EB/OL].(2017-08-31)[2018-05-29].http://edu.people.com.cn/n1/2017/0831/c1006-29507912.html.
② 张梦薇.跨学科研究:体制外的"舞蹈"[EB/OL].[2018-08-21].http://blog.sciencenet.cn/blog-93131-256409.html.
③ 李猛.学术、政治与自由的伦理[J].读书,1999(6):38-43.

声望的基层学术组织,不能成为利益角逐和满足虚荣心的场所,而应回归学术本质,真正做到高深学问的研究与传承。

进入规模扩张时代以来,基层学术组织的数量得到了前所未有的增长。从吸引外部资金的角度来说,基层学术组织的设置可以把大学内部的资源快速有效地集中在某个特定的研究领域。然而,即便这样,研究中心的创建也不能是随意化的,相反,必须是在有选择的基础上创建的。对于一个新创建的基层学术组织而言,人们并不应该给予过多的期待。正如一个没有多少资助经验的新教师不会成为一个主持百万美金课题项目的负责人一样,一个新设置的研究中心或者研究所也不会在短时间内就能够成功地吸引大量的资金支持。① 通常而言,从美国研究型大学基层学术组织发展的历史经验来看,研究所、研究中心等会为大学的科研产出带来一定的效益。比如,1992 年,杰拉尔德·斯塔勒和威廉·塔什对 20 世纪 80 年代美国发展最快的研究型大学进行了一项调查研究。他们得出的结论是:几乎所有的 20 世纪 80 年代发展最快的研究型大学都强调研究中心对它们研究的发展具有重要意义。② 然而,即便如此,人们也不能忽略大规模设置基层学术组织的弊端,包括容易导致研究资源以及研究人员的离散与分歧等,这对大学的整体效益与发展显然是很不利的,甚至是相违背的。因此,在基层学术组织发展以及变革的过程之中,我国研究型大学应该考虑的是,究竟设置何种规模、何种结构、何种性质的基层学术组织才是合理的,才是最优化的,才是能够最大限度促进大学发展的。

三、制度、师资以及文化观念上的制约束缚

如果大学继续保留传统的组织结构和形式,或者继续以学科专业化的形式进行学术工作,那么将可能阻碍科学的进步,并削弱科学对社会的贡献程度。③ 大学需要重塑组织本身,这样才能破除阻碍研究者参与跨学科研究与协作的组织藩篱。我国研究型大学基层学术组织绝大多数属于学科型组织,跨学科组织及相关资源的配置显得较为不足。无可否认,跨学科元素的缺乏

① STAHLER G J,TASH W R. Centers and institutes in the research university:issues, problems, and prospects[J]. Journal of higher education,1994(65)5:540-554.

② STAHLER G J,TASH W R. Centers and institutes in the research university:issues, problems, and prospects[J]. Journal of higher education,1994(65)5:540-554.

③ RHOTEN D. Interdisciplinary research:trend and transition[J].Items & Issues,2004 (5):6-11.

是当下我国研究型大学基层学术组织在发展改革中面临的问题之一。作为世界学术发展的趋势,跨学科研究为人们青睐和推崇。然而,跨学科组织的设置不是一件易事,而是面临着很多困难和挑战、疑虑与担心,以及束缚与无奈。

（一）制度体系

跨学科研究无论是对创新科研成果的产出,还是对于大学学术声望的提升,都有着积极的推动作用和促进作用,这正是当下世界一流大学在基层学术组织改革时设置跨学科组织的原因所在。然而,设置跨学科组织并不是一件容易的事情,甚至面临着艰难险阻。尤其是在现有体制的种种制约下,让跨学科研究成为一件只是停留在人们口中或者学术文章中的美好事物,在付诸实践的道路上却显得举步维艰。不可否认,大学经过上百年的发展,人们已经习惯了已有的制度模式,并渐渐地对固有的制度模式产生了路径依赖。因此,对于我国研究型大学基层学术组织的改革而言,作为新生事物的跨学科组织,无论是在设置还是运行的过程中,都有着难以逾越的制度困境。

在访谈中,无论是初入岗位的青年学者,还是已经取得一定名望的学者教授,他们中的大多数都认为跨学科对于大学的发展有着积极的意义,而且也有加入跨学科研究团队的意愿。然而在期望的同时,对于当下的跨学科研究现状以及问题也表达了各自的看法。在谈及令他们所担忧的问题时,制度体系几乎成为每一位受访者都会提到的话题。具体来讲,主要体现在现有的学科专业制度和学术评价体系制度两个方面。由于现有的学科专业制度以及学术评价制度是传统的学科组织发展背景下的产物,在制度设计时便是基于学科组织的考虑,对于跨学科及其发展并没有预留相应的空间。因此,在实施跨学科研究以及跨学科组织改革时,两者之间便产生了错位现象。缺乏政策及制度的支持,在某种程度上意味着跨学科研究合理性的缺失,由此一来,便难以调动人们实施跨学科研究以及跨学科组织改革的积极性。

以学科专业制度为例,1954 年,根据有计划按比例培养各类专门人才的思想,我国参照苏联高校的专业目录制定了第一个国家专业目录《高等学校专业目录分类设置》。该专业目录自诞生以来,经过历次修订,至今不仅成为高校设置专业的指南,高校配置资源、安排教师、课程的参考,而且也成为大学设置内部学术组织的重要依据。随着时间的推移,专业目录也从原来的知识分类变为了一种行政管理手段。在高校内部,以专业为单位建系,以系为单位组织教学和管理,逐渐形成了专门化的教学体系。[①] 在这种逻辑思维的潜在影

---

① 　邬大光.大学人才培养须走出自己的路[N].光明日报,2018-06-19(13).

响下,围绕学科专业进行基层学术组织的建制普遍存在于我国研究型大学之中。直到今天,不论是学院,还是学院下面的系所,绝大多数都是基于一级学科或者二级学科设置成立的,在实施科学研究以及人才培养的过程中,也就自然而然地围绕着某个一级学科或者二级学科进行。然而,在知识生产模式转型的背景下,这种思维方式不能很好地适应新时代的要求。更为糟糕的是,当人们试图开展跨学科研究或教育实践时,发现在我国现行的学科专业目录中,并没有为交叉学科门类预留一定的位置。从实施跨学科实践的角度来说,现行的学科专业目录制度并不利于我国跨学科组织的广泛发展,同时也不利于开展跨学科人才培养和科学研究。当学科专业目录依然是设置学术组织过程中的指挥棒而又缺乏跨学科元素的前提下,那么跨学科实践必然受到一定的束缚和制约。这或许也正是跨学科组织改革陷入"学术上合理","制度上缺失"困境中的重要原因之一。

从国际比较的角度来看,跨学科普遍成为西方国家学术发展的重要趋势。以美国高等教育为例,"跨学科研究与教育"作为大学信念体系已经成为美国大学培养高层次创新人才的一种重要思想性策略,指导并规范着大学的行为。这一点体现在其学科专业目录之中。与我国学科专业目录不同的是,美国的学科专业目录的设置不仅为开展跨学科研究以及培养跨学科人才提供了明确的文本支持,而且预留了较大的发展空间。在美国 2000 版学科分类标准中,单独设置了交叉学科与文理综合学科两个学科群。这不仅体现了美国高等教育对跨学科研究与人才培养的重视,而且也为大学设置跨学科组织、开展跨学科研究与人才培养提供了坚实的基础。考虑到学科发展的外延性以及学科交叉的普遍性,美国的学科专业目录在名称和代码设置上为新兴学科、交叉学科留有发展空间。无疑,相较于我国的学科专业目录,美国的学科专业目录灵活性更强,而且也更好地适应了知识生产模式的转型以及世界学术发展的趋势。

2010 年,美国教育部发布了由国家教育统计中心研制的新版高校学科分类目录,学科群是学科分类的首要标准,其中"多学科/交叉学科"被明确列出作为学科群的重要组成部分。由此足见美国教育部对交叉学科发展趋势的把握与重视。该目录中交叉学科共涉及 27 个具体的学科群,多为涉及学科范围广泛、具有前沿价值的学科群,如认知科学、人机交互研究、国际/全球研究、可持续发展研究等。交叉学科目录为美国大学创设跨学科学位提供了重要的参考依据,他们逐步开始设置跨学科博士学位项目以培养拔尖人才,哈佛大学、普林斯顿大学、麻省理工学院等知名大学均在其列。①

学术评价制度亦是制约跨学科发展的主要因素之一。在现有的学术评价体系中，人们主要依据的评价模式是同行评议，这是我国学术评价体系中所广泛采用的一种评价范式，也是一种国际惯例。同行评议发展至今已成为学术评价逻辑中的一种主导模式，由于该评价模式的效度与效率，为各学术领域的学者专家所认可。在这种评价模式下，某学科的学术研究成果便会交由同学科内的专家进行评议，如物理学研究成果由物理学科同行评议，教育学研究成果由教育学科同行评议等。但是，同行评议并不能有效地作用于跨学科研究，因为跨学科研究涉及的是多学科之间的交叉，研究成果是多学科合作的结果。事实上，从实践经验来看，学科交叉的程度越深，涉及的学科越多，评价的难度就越大，越难以评价结果上形成共识。比如，哈佛大学就曾对跨学科研究成果的评价做过一个调查研究，该研究团队通过对 60 多位跨学科机构的教师进行访谈，结果发现跨学科评价的困难主要集中在三个方面：首先是学科本身带着不同的标准；其次是缺乏对跨学科性质及评价的清晰理解；最后是在高度创新的研究领域，形成一个合法性的标准本身就是一个探寻的过程。②

此外，这些由知名专家进行的互相评审办法看起来似乎很好，但是在这种评价模式中，往往只有那些在某一领域内的大师级人物才能做出权威的评价。在科研领域，正如马尔凯（Mulkay M）1977 年提到的："对于一项工作的可靠评价只能由那些来自相同或相似领域，且同时具有相同能力和水平的专家来进行。在科研领域，不存在所谓控制上的等级区别。所有的参与者都会不断地参与对他们同行工作的评价。这种评价的结果直接关系着名誉和声望，这些名望不仅仅是某个研究者的，而是整个研究团队的，甚至是学校院系和学术杂志的。"③然而，和许多有用的社会体制一样，这种评审小组也存在弊端，饱受诟病。一个显而易见的问题就是：那些已经享有声望的人往往以牺牲那些没有名气的人的利益为代价来换取自己的特权。另一个问题是：在那些高度专业化的领域，广泛公平的评价是非常有限的，因为评审人员的选择有时候只能从那些相关专业的熟人中来选（他们的评价往往不是特别专业），或者从有

① 知名大学如何培养跨学科拔尖博士[EB/OL].(2016-08-17)[2018-07-27]. http://edu.people.com.cn/n1/2016/0817/c1053-28642075.html.

② 张洪华.跨学科博士生的学科认同与社会适应[J].研究生教育研究,2016(8):41-45.

③ 托尼·比彻,保罗·特罗勒尔.学术部落及其领地:知识探索与学科文化[M].唐跃琴,等译.北京:北京大学出版社,2008:93.

限的几个专家中来选,这些人为了保护自己的地位而抵抗对手的学术观点。[①]

如果要保障跨学科研究活动的有效实施,必须构思并设计出一套适用于跨学科学术评价的制度模式,包括如何合理地评价参与跨学科研究成员的贡献,如何对研究成员进行奖励的分配,甚至包括涨薪以及职业晋升等。如果在这方面不能提供一个为大多数教师所接受的评价制度设计,而依旧采用传统的学术评价模式,便难以调动教师参与跨学科研究与教育的积极性与主动性。然而,不可否认的是,相较于在自身所熟知的学科领域内进行学术研究,参与跨学科研究往往需要承担一定的风险,这种风险包括科研活动的不确定性、科研时间的长度、科研成果评定的模糊以及自身学科领域影响力的缺失等等。但无论如何,如果缺乏有效的评价机制和奖励机制,便难以推动跨学科研究的有效开展。因为从教师自身的角度来说,由于已熟知自身学科领域内的学术评价体系,相较于陌生且具有诸多不确定因素的跨学科研究,教师会更愿意从事自己学科领域的研究。

(二)师资队伍

没有教师配合的跨学科合作的宏达愿景只能是空想。[②] 在跨学科研究中,科研人员的背景及结构扮演着重要的角色。然而,在我国研究型大学内部,教师群体几乎是一个"巴尔干结构",分成许多高度专业化的学术群体,即使是相邻学科的教师通常也没有什么联系。[③] 长期以来,我国研究型大学习惯按学科组织师资队伍、开展学术研究、培养青年人才。实践表明,这种模式强化了教师的学科身份感,制约了不同学科教师之间的学术交流与合作,学生的学术视野也往往局限在他们所学的专业领域。[④] 从历史的角度而言,跨学科教师队伍的弱化也能够追溯根源,与我国专业化的教育模式不无关系。正如有学者说:"我国研究型大学的老师多是在苏联教育模式下接受教育的,我们也自然地传承了这一模式,以至于我们忘了自己被禁锢在这种模式中而形成了历史惯性。这种历史惯性包括:课堂教学惯性、专业教育惯性和学科教育

① 托尼·比彻,保罗·特罗勒尔.学术部落及其领地:知识探索与学科文化[M].唐跃琴,等译.北京:北京大学出版社,2008:93-94.

② 霍尔登·索普,巴克·戈尔茨坦.创新引擎:21世纪的创业型大学[M].赵中建,等译.上海:上海科技教育出版社,2018:70.

③ 詹姆斯·杜德斯达.21世纪的大学[M].刘彤,等译.北京:北京大学出版社,2005:44.

④ 付昊恒:跨学科交叉 培养独立创新人才[EB/OL].(2017-12-20)[2018-05-30].http://news.tsinghua.edu.cn/publish/thunews/10303/2017/20171220084323576103285/20171220084323576103285_.html.

惯性。从某种程度上来说,这种惯性已经被模式化和固定化,且进入了集体无意识状态。"①

在专业教育模式的影响下,我国研究型大学的教师普遍具有强烈的学科身份感,这种状况对于跨学科研究则是极其不利的。一方面,从学科背景来看,不同学科内的老师具有不同的知识特性、知识认同以及知识结构,如果这些因素在跨学科合作的过程中不能找到一个平衡点,那么便会降低跨学科协作的有效性,甚至产生矛盾分歧以及形式主义等。另一方面,从隶属关系来看,我国研究型大学的教师普遍分散在各院系中,不仅是身份在各院系,而且学术活动也局限在各个院系之中。教师个体普遍缺乏跨学科研究的意识与理念,加之各院系的考核目标以及教学、科研目标的不同,教师对跨学科的态度也有着一定的差别。而由此组建的跨学科团队不仅难以取得优化的科研效果,甚至会产生抵消的协同效应,团队之间的交流与合作因为科系的屏障受到阻隔。②

目前我国研究型大学教学科研人员专业知识背景单一的问题特征普遍存在,研究队伍的分散以及研究人员跨学科背景的缺乏制约了我国跨学科研究的开展与推进,成为我国大学基层学术组织改革中无法脱离学科型组织的重要因素之一。跨学科研究需要不同学科背景的合作伙伴在协同合作的基础上持有彼此之间的信任、理解与包容,然而在专业教育模式的长期影响下,多数的教师的认知范式得到了固化,在成长的过程中表现出显著的路径依赖特征。认知的惯性使人们的思维选择不断自我强化,更加难以改变固化的观念。更为糟糕的是,由于传统学科文化的沉积,不同学科之间经常存在门户之见。③

由于缺乏学科交叉合作的基础与经验,研究队伍在开展跨学科研究过程中,往往不能抓住学科交叉的真正要义,进而变成了以跨学科的名头实施传统学科的研究,滋生了跨学科研究者的形式主义。正如有学者所说:"组织负责人往往是来自某个单一学科,既缺乏跨学科意识和开放性思维,又缺乏管理跨学科组织的经验与能力,为完成跨学科项目,常常采用'小科学'方式,将任务和经费分解到个人,重新回到'你研究你的,我研究我的'的研究状态,最后提交论文或者报告再进行整合。"④从跨学科研究的本质特征上来说,跨学科研

①　邬大光.大学人才培养须走出自己的路[N].光明日报,2018-06-19(13).
②　吴立保,茆容英,吴政.跨学科博士研究生培养:缘起、困境与策略[J].研究生教育研究,2017(4):36-40.
③　邱玉敏.我国高校跨学科知识团队发展的问题与突破[N].光明日报,2014-12-24(16).
④　关辉.大学跨学科组织发展的动力问题及平衡机制[J].2015(6):10-13.

究范式意在追求卓越,是对学科研究的形式超越,而跨学科研究的关键在于组织内部多学科的全程合作与融合,通过研究形式的创新提高研究绩效。 如果只是重视形式上的跨学科,忽视本质上的深度合作,那么也只能被称作为一种华而不实的空壳或者是仅仅挂一张牌子的虚体机构。

不论是从历史的角度而言,还是从现实的角度来看,我国的大学不仅被分割成了一个个细化的组织模块,而且大学中的教师也在此组织制度的影响下被塑形为困在细小组织模块中的一类个体,而当试图打开组织模块时,已经被捆绑在学科或者专业上的老师不能迅速适应新的历史需求,这正是我国大学在实施跨学科组织改革中面临的关键问题。

(三)学科文化

作为学科发展过程中的一种产物,学科文化通常指"学者在一定时期内创造的以知识为本原,以学科为载体的各种语言符号、理论、方法、价值标准、伦理规范以及思维与行为方式的总称"。[①] 与大学文化不同的是,学科文化更能体现出学术人对其所在学科的忠诚。经过上百年的发展,学科文化已演化为学科人所共同享有并且较为成熟的学科话语、学科信念以及学科范式等文化符号,这种文化符号为学科人所吸收和内化,并产生了一种强烈的依赖感和归属感。正如学者伯克特·霍尔兹纳(Burkart Holzner)和约翰·马克斯(John H. Marx)所说:"很少有哪些现代机构像学科那样,能显著和顺利地赢得其成员的坚贞不二的忠诚和持久不衰的努力。"[②]的确,学科文化将各个学科的成员凝聚在一起,形成了一个"学科社区",在"社区人"的共同努力下,致力于学科的发展与进步。从学科建设的角度来说,学科文化是有着积极意义的。然而,学科文化并不是一种完美的事物,相反,其是一把双刃剑。

从学科文化的属性来看,学科文化具有与其他组织文化天生不同的保守性和排他性。学科文化能够像黏合剂一样把同类学科成员聚集在一起而形成群体意识、向心力、认同感、归属感和忠诚感。[③] 当外来人员试图"入侵"某一学科时,由于利益的纷争以及理解的分歧会使得学科人在潜意识中形成一种自我保护,并不愿意敞开学科的大门。这种学科文化的保守性和排他性使得人们的视野仅仅能够囿于单一学科,阻碍了学科之间的交流,导致了不同学科

① 李丽刚,谢成钢.MIT跨学科研究探析[J].学位与研究生教育,2004(12):55-57.
② 伯顿·克拉克.高等教育系统:学术组织的跨国研究[M].王承绪,徐辉,殷企平,等译.杭州:杭州大学出版社,1994:38.
③ 王建华,程静.跨学科研究:组织、制度与文化[J].江苏高教,2014(1):1-4.

之间的分歧,甚至是误解。无论是钱锺书所描绘的关于大学中不同学科人相互歧视的景象,还是斯诺所阐述的两种文化,其本质上揭示的是学科间的误解与分歧。之所以产生这种结果,与学科之间长期的相互隔离有着莫大的关系。

尽管学科文化的保守特征在全球来讲都是一种较为常见的现象,但在我国大学尤其突出。新中国成立以来,我国大学开始全面学习苏联的大学组织体系,从那个时候起,苏联大学体系中的专业制度被引入我国大学,由于长期受苏联大学组织体系的影响,我国大学的学科结构性壁垒变得更为森严,学科文化的保守性也更强于欧洲和美国。一方面,学科文化的保守性促使学科结构壁垒的加固;另一方面,不断加固的学科壁垒又会强化学科文化的保守性,使来自学科内部的专家更不容易认可跨学科领域的相关工作。针对此现象,北京大学陈平原曾调侃说,"不同学科的教授,对于学问之真假、好坏、大小的理解很可能天差地别,而'学富五车'的学者们,一旦顶起牛来,真是'百折不回',有时候是胸襟的问题,有时候则缘于学科文化的差异"。① 在保守的学科文化下,每个学科从业者的首要任务就是自觉成为自己学科的"猎场守护人"。② 加之"我们对(既有学科的)'学术权威'的过分推崇,'年轻的'跨学科在各种项目的申请中和各种资源的分配中就可能受到不够'公正'的对待"。③

在现代研究型大学的组织结构中,围绕着学科专业所成立的学术部门构成了大学的基本组织框架。随着时间的推移,学科和学科型组织相互依存,并在彼此之间建立并发展出了一种强大的互惠关系,学科结构与大学组织结构之间的默认联结也随之逐渐制度化。久而久之,这种制度化的大学组织安排被视为一种顺理成章的结果,大学组织内部的学术活动亦被迫屈从于基于传统学科组织的运行所建立起来的一套"顽固"的惯例或准则。④ 就现实情境来看,每个学科都构建有自己的概念体系、应用理论及研究方法,因此,在对某个问题具体分析时,便会潜意识依赖自己的隐含假设,以致形成了对世界不同的认识。⑤ 也有学者把这种学科差异称为"学科世界观",认为这是一个学科的

---

① 陈平原.大学的公信力为何下降[N].中国青年报,2007-11-14.
② 冯钢.跨学科研究何以可能? [J].浙江社会科学,2008(3):18-19.
③ 郭中华,黄召,邹晓东.高校跨学科组织实施中存在的问题及对策[J].科技进步与对策,2008(1):183-186.
④ 申超.供给不足与制度冲突:我国大学中跨学科组织发展的新制度主义解析[J].高等教育研究,2016(10):31-36.
⑤ 杨超,康涛,姬懿.学科发展趋势与跨学科组织模式探究[J].北京教育·高教,2017(6):22-25.

群体组织概念,是感受世界的一种常见方式,是人对外部世界的认知,对世间万物的概念化过程,同时也是不同学科之间"门户之见"的重要来源。[①] 在形成了一种稳定的学科文化氛围后,处于自身利益的考量,学科内的学术权威与学术寡头往往会阻止变革,选择维护现有的学科文化氛围。事实上,这样的例子在基层学术组织的运行与发展中屡见不鲜。比如学科组织(系、部、学院)的学术带头人,及其属下的学术队伍从自身利益出发,拒绝外学科人员进入本学科的教学与研究工作队伍。[②] 研究型大学组织"巴尔干化"式组织割据的形成也与根深蒂固的学科文化不无关系。在学科建设与发展的过程中,研究型大学围绕学科及专业成立了数量众多的研究组织机构,研究机构成立后就以教授个人为中心。当想要把中心拆掉和其他组织混合,即使得到的资源更优厚,也会难上加难,教授因失去学科决定权而极不情愿,这便是学科文化作祟的显著表现之一。此外,随着我国"双一流"建设的推进,越来越多的研究型大学顺势制订了强大的学科计划,以在世界一流学科之林抢占一席之地,但需要警惕的是,这一行动在为大学带来效益的同时,随之形成的强大学科文化力量也有离散学术活动的风险。

---

① BREW A. Disciplinary affiliations of experienced researchers[J]. Higher education, 2008(4):423.

② 朱新涛.学科壁垒、学术堡垒与高等学校学科建设[J].江苏高教,2003(02):87-89.

第七章
我国大学基层学术组织改革的原则与策略

一所优秀的大学，应当设法让学者更多地交流合作，特别应当让不同学科背景的人常常在一起，激发和碰撞思想的火花。要打破院系和学科的封闭格局，设置更多师生学习和休闲的空间，让大家能够随时随地地交流。[①]

——林建华

英国学者安东尼·史密斯（Anthony D. Smith）和弗兰克·韦伯斯特（Frank Webster）等人在著作《后现代大学来临？》中指出："知识本身确已变得碎片化，"永恒的价值"不断受到挑战，多元主义和相对主义盛行于各个领域，假如大学的目的仅仅是传递知识或不朽的价值，那么，我们将很难回答这样的问题："为什么花巨资办大学，最后却成为社会中的落伍者？"[②]多少年来，大学沉醉于"象牙塔"的梦境中难以自拔，保守主义学派的盛行导致大学在面临外部环境的变化时迟滞不前，无力应对。不仅如此，在学术职业里，还存在有一种"行会心态"。而行会是疏离于社会的，忠于生产者主权而不是消费者主权，坚守行会规章而不是迅速适应大众要求。它如斯诺刻画剑桥和牛津大学诸多学院的特点时所说的"某种俱乐部"，以及如阿什比提到的这些机构是"资深教授寡头统治"。[③]实质上，类似这样的思维惯性不仅没有使大学取得长足发展，反而成为前进道路上的"绊脚石"。大学成为对自身环境完美适应与调节的牺牲品，曾经让大学如鱼得水的环境，却与现时代特征格格不入，并正在走

---

① 林建华.大学的改革与未来[M].上海：东方出版中心，2018：85.
② 安东尼·史密斯，弗兰克·韦伯斯特.后现代大学来临？[M].侯定凯，赵叶珠，译.北京：北京大学出版社，2010：48.
③ 克拉克·克尔.大学之用[M].高铦，高戈，汐汐，译.北京：北京大学出版社，2008：56.

向消失。① 毋庸置疑,在知识生产模式转型的背景之下,研究型大学如果仍然想要成为知识生产的核心机构,稳固其存在的根基,就需要开放组织和学科的边界,弥合存在已久的裂痕与缝隙。需要在两种、三种和多种文化之间进行接触,跨越各学科和各分支而打开学术对话的渠道,弥合 C.P.斯诺所提到的"文学知识分子"和"自然科学家"两个群体之间的鸿沟,做到以普适性理论与敏感性(general theories and sensitives)来回答细碎分散的学科格局。②

第一节　改革中需要兼顾的几对关系

一、兼顾学术性与社会性

美国著名高等教育哲学家布鲁贝克曾在著作《高等教育哲学》中指出:"在20世纪,大学确立其地位的途径主要有两种,即存在着两种主要的高等教育哲学,一种哲学主要以认识论为基础,另一种哲学则以政治论为基础。"③从布鲁贝克的论述可以看出,大学存在的合理性不仅在于其学术根基,也在于其对政治的服务,亦即大学为国家服务本身的政治逻辑,布鲁贝克的理论基础向人们解释了大学组织在发展过程中何以需要兼顾学术与政治这两个关键因素。当人们谈论基层学术组织改革时,通过透视大学确立地位的逻辑基础可以看出,基层学术组织改革的过程中也需要兼顾学术性与社会性。在改革的价值取向上,不仅要以学术性原则为根本导向,同时不能偏离了国家及社会的现实需求。

从学术性来看,基层学术组织所从事的是传承、发展高深知识的学术工作,而这项工作恰恰是大学区别于其他社会组织的关键所在。大学作为探索高深学位的学术组织,学术性是大学的基本体现和核心体现。当然,高深知识的传承和发展有它自己的规律。当知识的生产方式以学科分化为主时,大学

基层学术组织表现为不断分化的增量式发展。从大学中最初的教授会和同乡会，到后来的讲座、系、研究中心、研究所等学术组织，都充分说明了基层学术组织的发展既是大学发展的需要，也是学科和知识分化的结果。而随着知识生产模式的转型，当知识增长的方式从学科的过度分化走向学科的逐步融合时，各种各样的基于学科协作的跨学科组织也就应运而生了。因此，只有遵循知识发展的规律，顺应世界学术发展的趋势，基层学术组织的改革才能有所成就，才能发挥其应有的功能。同时，基层学术组织也只有在传承、发展高深知识方面有所成就的基础上，才能获得政治上的合法性和来自国家、社会以及企业的各种支持。实质上，随着知识生产模式的转型，即便近些年以来出现有大学知识中心旁落的论调，但不可否认，大学依然是社会上最能把工业需求、技术和市场力量与公民需求相联系的机构。就这些因素对大学的强烈依赖来说，大学依旧是一个知识生产的核心组织，如今的大学比以前更加全面地服务于社会目标。[①]

对于研究型大学而言，基层学术组织改革应该以学术性为根本，并使其成为大学基层学术组织运行和管理的核心逻辑起点。因为只有这样，才能保证基层学术组织的合法性，使整个大学不至于出现合法性与合理性的危机。当然，基层学术组织改革除了以学术为核心的指导原则以外，还需要回应社会的需求，进而为国家甚至人类的发展服务。尤其是 21 世纪以来，面对复杂的社会环境，以及不断涌现的社会问题，基层学术组织改革更需要考虑到社会的情境性，即对社会中的系列问题做出回应。如果不能做到这一点，恐怕基层学术组织便会陷入"孤芳自赏"的沼泽，同时也会失去外部力量的支持与信任。

对基层学术组织改革而言，若想保持长久的发展并做出辉煌的成就，就要在改革过程中始终坚守"学术性"与"社会性"两项基本原则。不仅要学术本位，即坚持按照教学科研自身规律改革的原则，而且还要坚持回应社会，即对社会需求做出及时有效回应的原则。只有坚持学术本位，坚守对学术前沿的持续探索，才能按照学术自身发展的规律来组织基层学术组织的教学科研工作，真正激励成员创新潜力的发挥，使其得以蓬勃发展；与此同时，只有坚持回应社会、联系社会现实问题，研究型大学基层学术组织才能不断面对综合化的、鲜活的现实学术问题，避免知识系统的僵化和固化，研究型大学才不会被

① 杰勒德·德兰迪.知识社会中的大学[M].黄建如,译.北京:北京大学出版社,2010:138.

时代发展甩在潮流的后面,不至于成为迂腐陈旧的堡垒。① 总之,基层学术组织改革不仅要以学术性为根本,追求学术上的创新与卓越表现。同时也要兼顾社会现实,致力于攻克社会、国家乃至人类面临的重大问题。

二、兼顾适应性与引领性

从历史的角度来看,基层学术组织改革就是在适应和引领中不断向前发展的。因此,适应性和引领性亦是基层学术组织改革应兼顾的一对基本矛盾。适应性主要指基层学术组织的改革不仅要适应大学发展的内外部环境,也要适应基层学术组织发展的内在规律。从基层学术组织改革的外部环境来看,现代社会正处于高速发展时期,学科交叉与融合推动着知识体系的创新以及知识生产模式的转型。而从基层学术组织改革内部逻辑来看,任何一种类型的基层学术组织,都有着自身的发展规律。因此,在基层学术组织改革中,一方面要着眼于人类文明进步和发展,适应国家发展和社会需求;另一方面要紧密联系学校发展实际,适应大学基层学术组织阶段性与特殊性的发展特征。如此一来,研究型大学基层学术组织改革才能够避免出现"激进主义"的问题。的确,历史上的大学组织改革从来都不是推翻已有体系,而是采用一种折中互补的方式。正如伯顿·克拉克所说:"历史上高教系统的变化通常采用这样一种方式,即新的单位绕过旧的单位,而旧的单位依然生存。"②同样,学科布局和院系设置既要考虑自身规律,还要兼顾历史传承,操之过急只能适得其反。③

当然,基层学术组织改革还要兼顾到一定的引领性,这也符合大学组织改革的基本价值取向。从本质上来看,大学是独立的、自由的、批判的、超凡脱俗的,它是新知识、新思想与新文化的创生者、倡导者与传播者,传播着最进步与最深刻的思想意识,是人类社会最富有创造性与自由精神的学术殿堂。因此,大学所具有的精神品质为大学引领社会发展提供了可能性。同样,基层学术组织作为大学组织体系中的一个重要组成部分,也蕴涵着引领社会发展的基

---

① 郑晓齐,王绽蕊.我国研究型大学基层学术组织的改革与发展研究[J].中国高教研究,2009(3):51-54.
② 伯顿·克拉克.高等教育系统:学术组织的跨国研究[M].王承绪,徐辉,殷企平,等译.杭州:杭州大学出版社,1994:135.
③ 林建华.大学的改革与未来[M].上海:东方出版中心,2018:93.

本价值取向。从基层学术组织所处的外部环境来看,人类社会已经步入知识经济和全球化的时代,科学技术日新月异,知识的生产模式正在发生着转型,新知识与新信息层出不穷,社会生产与生活方式正在发生着前所未有的变革。在此背景下,基层学术组织应当在社会的发展中起到一定的引领作用。赫钦斯曾说:"大学不应只是一面镜子,更应是一座灯塔。"①金耀基先生也曾论及:"大学不能遗世独立,但却应该有它的独立自主;大学不能置于人群之外,但却不能随外界政治风向或社会风尚而盲转、乱转。大学应该是时代之表征,它应该反映一个时代之精神,但大学也应该是风向的定针,有所守,有所执着,以烛照社会之方向。"②对于基层学术组织而言,亦是如此。基层学术组织改革也应当将引领性作为其中的一个重要的价值原则,进而呼应大学的使命与责任。

三、兼顾继承性与创新性

继承是取舍,创新是扬弃。所谓继承也就是指对原有事物中合理部分的接续。所谓创新也就是旧事物向新事物的转变,是"旧质"向"新质"的飞跃。可以说,继承与创新共同点缀了基层学术组织的发展历程。直到今天,基层学术组织的改革与发展仍然需要遵循继承性与创新性。基层学术组织改革以来,我国一些研究型大学基于本校自身情况,积极进行实践与改革,形成了自主多样并具有自身特色的基层学术组织形式与类型。基层学术组织形式和组织结构模式正在由单一化变得日益多样化,基层学术组织的职能定位更加理性化,基层学术组织的运行机制更加强调竞争、开放、灵活,以及基层学术组织改革日益注重学术本位和回应社会需求的价值取向等等。③ 另外,我国大学基层学术组织改革经过多年的探索,初步形成了三种模式,即院系管教学、所室管科研;在院系之外建设一批高水平的科技创新平台,进一步形成更大规模的科研组织模式;产学研结合等。④ 对于基层学术组织改革过程中所取得的良好历史经验,是需要予以继承的。

然而,在对历史进行继承的同时,也需要意识到,相较于西方的世界一流

① 赵祥麟.外国教育家评传[M].上海:上海教育出版社,1992:92-93.
② 金耀基.大学之理念[M].台北:时报出版社,1997:22.
③ 郑晓齐,王绽蕊.研究型大学基层学术组织改革与发展[M].北京:清华大学出版社,2009:86-88.
④ 周济.谋划改革的新突破 实现发展的新跨越:关于加快建设世界一流大学和高水平大学的几点思考[J].中国高等教育,2004(17):3-8.

大学,我国研究型大学基层学术组织改革显得有些保守,缺乏一定的创新性。尤其是在知识生产模式转型的背景下,我国研究型大学基层学术组织在发展的过程中暴露出了不少问题。过去高校的基层学术组织改革是自我发展、自我循环,人才培养、科学研究都是根据自身学科设置运行的,这种封闭保守的学科理念使得在实行跨学科改革时面临着巨大阻力。放眼国际学术界,学科交叉正日益完善,美国研究型大学普遍建立了专门的跨学科研究中心。比如,美国加州理工学院有 50 多个学科交叉研究中心,每个研究中心包含六大学科部门;麻省理工学院与哈佛大学在 2004 年基于交叉学科共建了研究所,通过理工医多学科交叉,为攻克人类重大疾病奠定科学基础。斯坦福大学也成立跨学科研究中心,为学科交叉提供了有效的实施路径。因此,我国研究型大学在基层学术组织改革的过程中,需要大胆创新组织形式,进而为大学整体发展与声望提升做出历史贡献。

第二节　回应知识生产模式 Ⅱ 时代的若干策略

雅思贝尔斯曾勾画了大学机构改革的三项基本原则:(1)所有机构改革都只能是"源自大学理念的最终根据"。(2)所有机构改革都不是纯粹否定,而是自我完善。大学组织和外部设施的改造并不意味着大学组织形式的完结。(3)所有机构改革都应被理解为向新的经验、新的改革敞开大门的"运动过程"。[①] 对于研究型大学基层学术组织改革而言,同样遵循雅思贝尔斯的大学机构改革原则,研究型大学基层学术组织改革的要义即是构建更为合理的大学组织生态系统,在这个过程中,需要守持组织理性,在观念、组织、制度以及文化等方面予以相应的补充与完善,而不是盲目地推倒重来。

一、守持基层学术组织理性,关注大学的整体效益

基层学术组织日趋多元,各种类型的研究机构或研究单元层出不穷,与此同时,人们对基层学术组织的效能也提出了更高的要求,这些变化再次使得基层学术组织规模扩张中的质量管理和监督问题浮出水面。更有甚者,基层学

---

① 梦海.大学的理念与使命:卡尔·雅斯贝尔斯《高校革新提纲》与马丁·海德格尔《校长就职演讲》比较[J].自然辩证法通讯,2006(3):96.

术组织的设置与运行成为既得利益、财政分配、学术权力与学术联盟的产物。事实上，不论是基层学术组织中的虚体研究机构，还是停留在文本上的"影子式"组织，都反映了基层学术组织的设置与管理问题，或者说是基层学术组织运行中的监管问题。从学科建设的角度来说，基于学科而设置的基层学术组织能够为学科的发展和壮大带来一定的效益；从研究创新的角度来说，基于研究问题而创设的基层学术组织能够为学术声望的建立带来一定的影响；从对外宣传和交流的角度来说，基于宣传交流的角度而创设的基层学术组织可以扩大部门负责人的知名度，更加有利于招生和对外交流。然而，对于研究型大学来说，不论在任何时候，基层学术组织的设置都需要予以理性对待。在看到基层学术组织能够带来的正向效益时，更应该深思其负向的作用及有可能滋生的其他问题，最后在综合考虑的基础上有选择性地创建。这样不仅能够有效抑制基层学术组织中的"学科壁垒""资源隔离""协作失效"等问题，同时还有利于避免基层学术组织改革中的"激进主义"所带来的大学组织臃肿，运行效率低下等问题。因此，研究型大学在基层学术组织改革时，需要守持组织理性。

所谓守持组织理性是指在新的研究机构设立之前，要以一种全面的、综合的以及长远的眼光对组织的功能与定位予以合理的评定，这意味着在常规的设置条款之外，还应看到价值层面的要素。总的来说，在设置一个新的研究机构时，需要在以下三个方面做出衡量。第一，要衡量研究经费的可持续性以及研究人员的稳定性。对于一个新的基层学术组织来说，经费和人员可谓是构成其所有要素中最为基础也最为关键的两个，这也是维持一个研究机构长期运行下去并有效开展学术活动的基本保障。如果脱离了研究经费和研究队伍的支持，那么研究机构最终会沦为一个有名无实的空壳，或者只能成为停留在文本上的"影子式"组织。第二，在创设一个新的基层学术组织时，需要检视该组织结构是否契合大学的使命，即是否与大学的价值观或者理念保持一致。这　点也是非常重要的，在现实中，人们往往会忽略掉基层学术组织与大学整体效益之间的联系，有时甚至会偏离大学的使命和理念，这样的组织机构很可能会演变成为一个与大学毫不相干的单元，难以为大学的整体发展做出应有的贡献。此外，在实际运行中，这类机构还可能无法与大学中的其他师生成员或者学术项目建立有效的联结，无法为大学的整体利益服务。因此，从这个角度上来说，创设一个新的基层学术组织时，明晰功能与定位，检视其与大学使命和大学理念的契合度，是非常重要的。第三，组织领导力。从世界一流大学基层学术组织改革的经验可以看出，一个新的基层学术组织若想顺利地运行下去并取得非凡的成就,必然离不开强大的组织领导力。美国研究型大学在开展跨学科研究的过程中,在领导力和教师队伍建设方面普遍实施了良好的制度设计和政策设计。21 世纪初,哈佛大学校长劳伦斯·萨默尔斯(Lawrence Summers)恢复教务长(Provost)一职,专门负责管理跨学科组织的相关事务。同样在斯坦福大学的组织架构中,也专门设有负责管理跨学科研究和组织的研究院院长兼副教务长(Dean of Research and Vice Provost)。在杜克大学,"谨慎"概念已深入人心。专门负责跨学科研究的副教务长带领着一个研究团队,他们首要的关注点就是如何让大学在已有的体制下实现一些不一样的目标,或者说取得更好的成就。[1] 类似的制度设计在推动开展跨学科研究的过程中发挥着至关关键的作用。的确,相较于传统的学科型组织,组织领导力对于跨学科组织显得更为重要,因为跨学科组织并不像学系一样形成了稳定的治理体系,因其旨在将不同学科内的教师聚集在一起,这个时候领导者的领导风格、领导特质、专业能力及个人魅力便显得极其重要。

此外,在基层学术组织改革时,还需要关注大学组织的整体效益,考虑组织结构与功能之间的互补效应。跨学科组织与传统院系之间的关系是一个值得探讨的问题,在科学活动进入到跨学科时代以后,以学科为基础的传统院系在大学处于何种地位? 这在跨学科组织改革中是需要被认真对待的。美国研究型大学在跨学科组织改革中仍然保留了传统的院系建制,而非完全摒弃。事实上,传统院系仍是不可或缺的,保存一些传统的结构形式,对于大学的稳定、正常运作具有重要的意义。跨学科组织有很大的不确定性,而传统院系的不确定性要小很多。通过跨学科组织改革,美国研究型大学普遍形成了矩阵制的管理模式,在大学学术组织架构上,主要有两大类组织模块构成。一类是基于学科设置的以院系为主的传统学术组织,主要负责教学和人才培养,这类组织也被看作维持学校正常运转的关键部分;另一类是新设置超越了学科界限的以研究所、研究中心、实验室等为主要形式的跨学科组织,主要负责科学研究和社会服务。在管理模式上,跨学科组织以不同的方式与大学和院系之间建立联系。有些由学校直接负责,有些由院系领导负责,有些则是院系之间共同管理。

最后,在设置一个基层学术组织之后,需要对研究机构的科研表现进行定

---

[1]　Association of American Universities. Report of the interdisciplinarity task force[EB/OL].(2005-10-03)[2019-02-22]. https://www.aau.edu/report-interdisciplinarity-task-force-2005.

期的评估。虽然多数情况下，一个新设的研究机构并不会立即成为大学获得外部科研经费以及提高大学声望的灵丹妙药。但通过有计划的评估与指导，却可以使基层学术组织成为大学内部一个重要的研究单元，提升大学的科研表现，为大学整体的发展做出应有的贡献。通过评估还可以筛选出那些科研表现不合格以及违规运行的基层学术组织，从而对其进行整改或者责令退出。总之，无论是从基层学术组织的管理上来说，还是基层学术组织的学术表现以及其对大学的贡献来说，定期对基层学术组织进行评估都是尤为必要的。

二、优化基层学术组织结构，架起院系合作的桥梁

长期以来，研究型大学在设置基层学术组织时，习于围绕学科而设，久而久之造就了大量的学科型组织。学科型组织对于学科建设与发展起着至关重要的作用，但是学科型组织同时有很大的弊端，比如学术视野的局限性不利于科学研究的创新，单一的学科知识不利于社会重大问题的解决，同时也难以承担国家重大的课题。因此，我国研究型大学在未来的基层学术组织改革中，应该考虑的是如何在学科型组织与跨学科组织之间找到一个平衡，如何更大程度地发挥学术资源以及人力资源的优势。比如，在组织改革中根据自身条件与需要，设立一批以跨学科为主的研究所、研究中心，以充分利用学术资源，实现学科的交叉与融合。学科之间的协同与合作也常被认为是研究所和中心合法性存在的主要因素之一。因此，在我国研究型大学的基层学术组织改革中，不能仅仅只考虑规模的扩大和形式的多元，更要考虑类型的多元与功能的多元。

实质上，跨学科组织在大学中实际上是扮演了不同于学系等传统学科型组织的角色。跨学科组织改革已经成为当下世界一流大学基层学术组织改革的基本趋势，为了顺应世界学术组织发展的趋势，全球范围内不少世界一流大学纷纷在校内建立了专门的跨学科研究组织机构，将跨学科组织改革纳入其大学的发展战略之中。在此基础上，改变传统大学组织建制，削弱系科力量，以跨学科为核心进行机构重组。诸如此类的举措不仅是对知识生产模式转型以及社会需求的回应，也是对传统大学系科组织建制以及各种变革阻力的挑战。很多大学都意识到，新时代的基层学术组织改革需要以跨越学科及组织界限为基本宗旨，进而实现学术资源利用效率的最大化。即使是最基础的科学问题也证明是跨学科的，当各种学科扩展其认识范围时，它们将沿着无数的认知和技术途径相互接触、相互交叠和相互渗透。当研究大问题时，不管是在

应用范畴还是基础范畴，它都必然要依靠来自各种学科专家的集体活动。①在这种背景下，基层学术组织向跨学科组织转型便显得尤为必要。就我国研究型大学而言，由于在基层学术组织中，学科型组织仍然占有较大的比重，且囿于各个院系之内，导致了"学科壁垒""资源隔离""协作失效"等问题的产生。基于此，在未来的基层学术组织改革中，我国的研究型大学则需要以跨学科组织改革为着力点，架起院系合作的桥梁。"跨学科交叉研究是重大科学发现和产生引领性原创成果重大突破的重要方式，推动跨学科交叉研究是提升创新能力的重要途径，而发展交叉学科需要公共平台来承载。"②的确，综合交叉科学研究要获得生存和发展，就必须从深层次突破以传统学科界限为基础的学科组织模式。③

具体来讲，可以从以下两个方面进行。其一，适当提高院系设置的综合程度，合并过于狭窄的学科组织。相较于西方世界一流大学，我国研究型大学所含的院系数量较多。比如，吉林大学设有 44 个学院，复旦大学设有 31 个学院，浙江大学设有 36 个学院等。而与之对比的世界一流大学如耶鲁大学仅有 11 个学院，哈佛大学则仅设有 10 个学院，斯坦福大学设有 7 个学院，麻省理工学院则仅下设有 5 个专业学院（school）和 1 个独立学院（college）。此外，我国知名的研究型大学学院不仅数量偏多，而且学科综合化水平较低，学院的设置多数仍然以一级学科和二级学科为主要逻辑，学科综合度偏低，依旧呈现出明显的专业培养模式特征。从世界一流研究型大学来看，二级学院的总体数量不仅较少，而且以学科门类为设置基础的学院占了大多数。数量过多且又过于细分的院系只会造成学科间隔离程度的加深，不利于不同院系之间的交流与沟通，亦不利于思想的碰撞和科研的创新。正如克拉克曾说："长期以来，大学将学科分解为专业，然后再将专业细分为更多的专业，存在于大学内的这种运作方式作成为一种不可控的，自我放大的现象，同时学科分支也成为组织细分的强大压力。"④这种运作方式也经常被人们批评为是导致形成系科"孤岛"的主要因素，在该情形下，研究者们则很难跨越学科和组织界限进行学

① 约翰·齐曼.真科学：它是什么，它指什么[M].曾国屏，等译.上海：上海科技教育出版社，2008：85.

② 邓晖.交叉研究如何让中国大学"弯道超车"[N].光明日报，2017-12-16(4).

③ FELLER I. New organizations, old cultures：strategy and implementation of interdisciplinary program[J]. Research evaluation，2002，11(2)：109-116.

④ BURTON C. Places of inquiry：research and advanced education in modern universities [M]. Berkeley：University of California Press，1995：245.

术上的交流与沟通。对于我国研究型大学来说,此类现象和问题则更为明显,过于细分的专业化组织普遍存在于我国研究型大学之中。因此,在未来的基层学术组织改革中,研究型大学应将过于细分的学科组织进行一定程度的合并,扩大学院的学科覆盖面,提供学院的综合程度,促进传统学系做出转型,进而为跨学科研究提供良好的土壤。

其二,突破传统的组织建制,以研究问题为导向,以学科交叉为宗旨,建立一批高质量的跨学科组织机构。美国的大学建立了数量众多、类型多样的交叉学科组织,从 1986 年到 1996 年,有 280 所大学设置了 410 个交叉学科项目。[①] 21 世纪以来,美国的政策界、科学界以及学术界都集体呼吁大学的组织结构变革,祛除阻碍学科交流的障碍。[②] 到了今天,美国很多世界一流大学将跨学科组织作为大学发展的重要战略。在此背景下,美国世界一流大学不仅创建了数量众多的跨学科组织机构,也诞生了一大批高质量的闻名遐迩的跨学科研究单元,为世界其他各国的组织改革提供了经验与范本。以斯坦福大学的生物材料实验室为例,该实验室不仅拥有来自各个院系数量众多的研究人员,而且坐拥著名的跨学科建筑——克拉克中心(Clark Center),克拉克中心科学的设计理念,使得不同院系的老师和学生融洽地共聚同一场所,这为随后创建旨在融合不同师生相聚一堂的建筑定义了一种新的模式,正是这些实力雄厚的跨学科组织使得美国的学术研究位于世界前沿,并处于领先地位。

大学中的跨学科研究中心,已证明对开创和持续推进学科之间的交叉工作是富有成效的,工业方面的大型研究实验室也是壮大交叉研究的一支重要力量,也许它们最能体现自身价值的地方是以跨学科为根基的。大学应该鼓励建立科系间、学科间的研究以及研究中心,以吸引和利用交叉学科研究经费来跨越传统学科间交流的障碍,并且提供跨学科教育。[③] 近些年来,随着国家对跨学科研究的重视,我国一些研究型大学在跨学科组织改革上进行了一定的探索。例如,清华大学作为教育领域综合改革试点单位,推出了一系列改革新举措,在促进学科交叉方面,针对管理制度、文化氛围、支撑体系、交叉合作等多个方面开展了卓有成效的尝试,取得了很好的效果。2017 年,清华大学通过两个跨学科交叉实验室建设,试图打破传统学科结构壁垒,并探索建立适

①　王占军.何谓学科:学科性与跨学科性的争论[J].学位与研究生教育,2017(11):34-38.

②　CRESO M S." Interdisciplinary strategies" in U.S. research universities[J].Higher education,2008(5):537-552.

③　学科交叉和技术应用专门小组.学科交叉和技术应用[M].曾泽培,等译.北京:科学出版社,1994:21.

应中国高校发展特点、符合高校教育规律、有利于跨学科交叉发展的组织架构和制度环境。北京大学在 2006 年成立了前沿交叉学科研究院,该院设立生物医学、化学基因组学等若干前沿交叉学科研究中心,推动以解决重大战略问题为指向的知识生产,促进综合交叉学科研究的原始创新。这两所大学综合交叉学科之所以在 2015 年、2016 年先后进入 ESI 前 1%,这正是他们长期重视综合交叉学科建设的结果。①

对于我国研究型大学来说,建设高质量的研究机构并创造世界前沿性的学术成果是重中之重。因此,在未来的基层学术组织改革中,可以尝试在传统学科型组织的基础上,设置一批高质量的跨学科组织机构。通过调整传统的大学组织结构,打破学科壁垒,开放组织边界,以提升我国研究型大学的运行与管理效率。但需要注意的是,在向跨学科组织转型的过程中,不必最开始就创设实体甚至是永久的跨学科机构,事实上证明这种做法是低效甚至无效的,极有可能面临失败的命运。取而代之的做法应当是鼓励临时组合,将其作为创立组织实体或者永久性结构的备选方案。如果可以不用创造一些新的、永久的东西,或者不用重组一些既存院系的话,若管理者支持,资金和表彰也能落实,那么精力就可以直接用来解决问题,而不是争什么立身之本了。②

在基层学术组织改革的过程中,如果过早地建立实体化的跨学科组织,将容易导致整个学校的组织结构膨胀和失序,并滋生其他更为严重的问题。美国研究型大学在跨学科组织改革的过程中,并没有在最初就建立实体组织。例如,麻省理工学院并不是从一开始就从系所抽调人员成立实体化的跨学科研究组织,而是采取自由参与、自由流动的动态组织方式。麻省理工学院之所以这样做,便是基于两个方面的原因:第一,过早实体化限制了跨学科研究所必需的流动性,即各系的教师无法因学术兴趣进行校内流动。第二,过早实体化无法照顾到各参与院系的特殊兴趣和利益,更难以协调相关活动。跨学科研究组织的实体化需要注意时机的选择,这个时机取决于范式的成熟度,范式成熟,则实体化组织的建立和运行将是水到渠成的事。③ 当然,由于学科制度、系科结构以及学院文化的根深蒂固,跨学科研究组织的建立并不会一帆风

① 袁广林.综合交叉学科发展的组织结构和制度设计:基于我国大学创建世界一流学科的思考[J].学位与研究生教育,2018(7):1-8.

② 霍尔登·索普,巴克·戈尔茨坦.创新引擎:21 世纪的创业型大学[M].赵中建,卓泽林,李谦,等译.上海:上海科技教育出版社,2018:107.

③ 曾开富,王孙禺.战略性研究型大学的崛起:1917—1980 年的麻省理工学院[M].北京:科技文献出版社,2016:92-93.

顺,更不会在短时间内完成,从学科型组织到跨学科组织的转型必将是一个十分漫长而痛苦的过程。[1]　即便如此,依然需要在学科交叉组织的探索上不断做出大胆且努力的尝试,因为只有这样,才有可能建立一批享誉海内外的高质量研究机构。

三、重视制度的设计与完善，保障学科合作的成效

如果空有组织实体,而无制度保障,恐怕基层学术组织改革会陷入一种混乱的无秩序状态,难以取得预期成效,而且没有制度保障下的跨学科组织也只会流于形式,难以开展实际的学术活动。从某种程度上来说,正是制度设计的困境及缺位,才使得大学跨学科研究陷入一种"理论上重视、实践中轻视"的地步。如路德维格·胡博尔(Ludwig Huber)所言:"指出某个问题只能用'跨学科'的方式来处理不需要太多的勇气与独创性,'跨学科'是每一个人都能办到的事,但真正在制度化背景下实现它却是一个比较困难的问题。"[2]我国学科制更多体现的是一种管理功能,但这并不意味着,跨学科就无法进行有效管理。美国世界一流研究型大学在跨学科组织改革上之所以取得如此大的成效,正是因制定了一套完善的跨学科制度。虽然对于跨学科的学术评价标准、方法、程序以及人员晋升等方面依然存在着很多不同的声音。但无可否认,若要开放组织边界,推动院系之间及学科之间展开合作,则必须要建立相配套的跨学科研究及评价制度,这是在"双一流"建设背景下我国研究型大学迫切需要解决的问题。

首先是学科专业制度。作为我国大学招生与培养标准的学科专业目录,并没有设置专门的交叉学科门类,也没有在目录代码和名称中为新兴学科、交叉学科留出空间。[3]　而我国的学科专业目录,不论是在大学管理方面,大学学术组织设置方面,人才培养方面还是学位授予方面都具有"指挥棒"的作用。因此,跨学科在我国学科专业目录中的缺位,使得在大多数情况下对于跨学科方面的努力得不到相应的重视。以跨学科研究的研究生服务工作(如奖学金评定工作)为例,有学者直言不讳地指出了一些高校存在的研究生院不管、相

---

①　王建华.跨学科性与大学转型[J].教育发展研究,2001(1):62-68.

②　王俊.大学跨学科研究的组织策略探析:以西方女性研究为案例[J].高等教育研究, 2010(2):37-42.

③　龙献忠,王静.研究型大学跨学科组织运行的保障体系[J].高等教育研究,2010(2):32- 36.

关院系不管、(跨学科)中心不管的"三不管"现象。① 从美国学科专业目录的设置变迁来看,其交叉学科群内的学科数量从 1985 年的 9 个增至 2010 年的27 个。② 在美国 2000 版学科分类标准中,不仅单独设置了交叉学科与文理综合学科两个学科群,而且还考虑到了学科发展的外延性以及学科交叉的普遍性,在名称和代码设置上为新兴学科、交叉学科留有独立而充分的发展空间。美国的学科专业目录为跨学科研究提供了制度支持,也为大学实施跨学科组织改革提供了政策上的保障。因此,我国的学科专业目录可以仿照美国等发达国家的学科设置方式,以目前 13 个学科门类为基础,设置独立的综合交叉学科门类,将综合交叉学科统一纳入学科管理轨道。这样不仅能够使跨学科研究组织获得相应的合法性,而且也能够为跨学科研究活动的有效开展提供制度平台。

其次是教师跨院系兼职制度。在美国,为了提升大学教师参与跨学科研究的积极性,一些研究型大学着手制定了新的教师聘用和评价政策。比如,杜克大学和南加州大学改革了他们的教师晋升、评价制度,以适应跨学科研究的需要。两所大学要求二级学院在教师评价、晋升一级终身教职的评定中做出一定的改变。在杜克大学,为了制定新的政策,学校管理层进行了长达一年的讨论。③ 20 世纪 90 年代后期,威斯康星大学麦迪逊分校在实施了"群组聘用计划"(Cluster Hiring Initiative),该计划旨在支持新的教师参与跨学科的"群组"当中,1997 年至 2001 年间,经过一系列的竞争,招聘了 140 名教师成员,并被雇用至 49 个跨学科群组当中。院系的招聘委员会先把这群老师招聘到跨学科群组,然后再找出一个适合他们的院系。跨学科群组的岗位为大学行政中心资助并拥有,但是教师身份还是会被分配到某个院系之中。这些跨学科群组一般来讲是虚体组织,不属于任何一个治理或者组织框架,群组内的教师享有极大的自由,他们可以做任何想做的课题。对于该项计划,一个高级管理人员说:"如果人们想要取得成功,你就必须尊重他们在自己文化中的运作方式。你不能硬性规划一个适应所有群组的结构,并告诉他们应该如何组织以及如何管理。我们要做的就是给他们足够的空间和自由,让他们做自己擅

① 刘凡丰.跨学科研究的组织与管理[M].上海:复旦大学出版社,2014:196.

② IPEDS.Classification of Instructional Programs(CIP)[EB/OL].[2018-04-24].https://nces.ed.gov/ipeds/cipcode/cipdetail.aspx? y=55&cipid=88419.

③ CRESO M S." Interdisciplinary strategies" in U.S. research universities[J]. Higher education, 2008(5):537-552.

长的事情,然后试着弄清楚这样做是否有效。即便在财政糟糕的情况下,我也不认为是一种浪费。"①就我国研究型大学在这方面的实践而言,清华大学的跨学科组织改革属于其中的典型。清华大学将学科交叉纳入未来的创新发展战略中,其科研体制机制改革首先要突破的就是学科交叉的难题。在制度文化层面,清华成立了跨学科交叉研究工作领导小组和跨学科交叉科研机构管理办公室,设立了促进交叉研究的专项基金,还出台了鼓励教师跨院系兼职的制度和交叉学科学位授予制度。在学术资源整合方面,清华则成立了跨学科的交叉研究平台,组织不同院系的老师在特定的领域进行合作。②经验表明,推动跨学科组织改革的关键需要突破体制机制上的障碍,建立教师跨院系兼职制度能够更好地推动教师参与跨学科研究。

最后是考核与评价制度。传统的学术评价以同行评议为主,这种评价模式主要是针对明确边界的学科进行的,使处于学科交叉地带的研究成果不易被认可,制约和束缚了综合交叉学科研究的深入开展。如何制定合适的学术评价方式是推动跨学科研究中的一项难题,因为,传统的同行评议制度并不能适应跨学科学术评价的需要。正如有学者所说,"跨学科研究活动开展得越深入,跨学科研究设计的学科和跨度会越大,越不易被理解,即使是某一方面的专家,由于受传统学科教育和科研的影响,其知识背景仍然存在一定的局限性,也不能完全理解跨学科研究"。③但跨学科组织及其有效运行离不开学术评价制度的支撑。一方面,在评审专家的遴选上,需要兼顾认知上的深度与广度,尽量选择从事过跨学科研究且具有跨学科背景的专家;另一方面,在对教师学术成果以及职称的评审上,也要将跨学科研究成果纳入评价体系中,切实考核参与跨学科研究人员在项目研究以及知识创新上所做的贡献,并依据贡献程度对其予以合理评价,并参与到科研奖励、职称评审以及晋升的决策中;此外,还可以将科研成果影响力纳入学术评价体系的范畴,将其作为定义晋升和获奖的学术成就。正如斯坦福大学工程学院院长所说:"重大问题的影响力至少应该成为评价教师学术成就的一条标准,斯坦福工程学院在这点上并不

---

①　CRESO M S." Interdisciplinary strategies" in U.S. research universities[J]. Higher education,2008(5):537-552.

②　清华大学成立两个新型跨学科交叉研究实验室[EB/OL].(2017-12-15)[2018-06-23].http://goglobal.tsinghua.edu.cn/news/news.cn/grxOObYQM.

③　邹晓东,陈艾华.面向协同创新的跨学科研究体系[M].杭州:浙江大学出版社,2014:85.

是个案。"①而跨学科研究恰恰是能够做出重大科研成果并产生影响力的有效途径，所以，将影响力的理念纳入学术评价体系中，有助于提高教师参与的积极性。

四、营造跨学科的文化氛围，鼓励学科交叉与融合

伯顿·克拉克对文化的解读植根于这样一种信念，即组织的规范和价值观以几乎无缝的方式嵌入，连接结构和文化，并将组织本身化成一个机构。组织从来都不是一个冰冻的实体，而是在一直变化着的。在高等教育领域，类似于文化这样无形的层面是几十年以来一直被研究的重要对象。该领域的一些经典研究主要解决两个方面的问题：其一，试图说明高等教育机构是如何发展并形成稳固的文化特征与特色，并使得大学自身成为不同于其他机构的重要表征；其二，机构的文化特征同时也使得组织变得更加有效，并且与社会紧密相连。② 无可置否，文化对大学的意义深远，很多时候，文化总能以一种润物细无声的力量有效促进大学内部的种种变革。美国研究型大学基层学术组织改革之所以能够取得成功，便是缘于改革者深悉组织文化的重要性。以哈佛大学为例，在组建跨学科组织之前，哈佛大学也没能完全走出科层制模式下各院系之间相对闭塞的困境。正如史蒂文·海曼所说："在我 20 世纪 90 年代早期来到哈佛时，我就开始认为由于科层制模式下所导致的巴尔干化式的割据（bureaucratic balkanization），哈佛大学并没有完全从其优势中获益。之所以协同合作这个事情引起我这么大的注意并要付出如此多的精力，就是因为跨学科与我们组织设计的纹理是相违背的。"③基于此，海曼与各院系教师积极沟通，在全校范围内营造出了一种"搭桥文化"。在海曼强有力的领导下，这种文化也逐渐成熟，甚至成为哈佛大学的办学理念。的确，文化的重要性无处不在，这是人们所默认的一个共识。对大学而言，解决方法可以是发展一种文化，这种文化看重的是解决问题，而不是组织自身利益，并且提倡通过激励个

---

① 霍尔登·索普，巴克·戈尔茨坦.创新引擎：21 世纪的创业型大学[M].赵中建，卓泽林，李谦，等译.上海：上海科技教育出版社，2018：107.

② CLARK B R. The Organizational saga in higher education[J]. Administrative science quarterly，1972(17)：178-184.

③ HYMAN S. A provost's view across a decade[EB/OL]. [2018-04-12].https://news. harvard.edu/gazette/story/2011/05/a-provosts-view-across-a-decade-2/.

体教师和学生的方式鼓励责任制。[①] 对于跨学科而言,更为需要文化的滋养与支撑。放眼世界一流大学在此方面的作为,跨学科文化的营造被视为跨学科组织运行与否的关键因素之一。

此外,为跨学科研究创造一个良好的文化氛围常被视为一项需要学术领导力的管理问题。菲勒(Feller)就曾宣称,当跨学科文化尚未渗透在组织中,或者这种文化处于威胁之中,那么这个时候就需要采取行动,培养那些追求能够跨越学科边界的协作研究的负责人。[②] 跨学科文化的营造离不开领导力,哈佛大学、斯坦福大学、杜克大学等跨学科文化的营造正是得益于负责跨学科组织的领导者,他们不甘于现状,勇于挑战困难,通过不断的努力在大学组织中营造出了跨学科研究的氛围,鼓励学科之间的交叉与融合。没有学术领导的持续努力便不会有文化变革,对这一点的认识很重要。[③] 在哈佛大学,教务长史蒂文·海曼(Steven Hyman)努力破除巴尔干化式的组织割据(bureaucratic balkanization),架起院系之间合作的桥梁;在斯坦福大学,研究院院长兼副教务长安·阿尔文(Ann Arvin)穿越科系壁垒,克服学科之间长期存在的障碍与隔阂,走向协作与融合;在杜克大学,跨学科研究的相关事宜则由副教务长专门负责。作为跨学科的推手,通过有效倾听、对话与交流,他们能够有效将跨学科的使命和思想观念传达给管理人员及教师,获得支持,从而营造出浓厚的跨学科氛围,当然,文化的变革或许需要漫长的过程,在这个过程中,学术领导者需要恪守职责,警惕敷衍了事之风,关注大学的使命而非外部排名。

在文化营造方面,除了关注领导力要素之外,还可以通过创造特定的空间与环境为人们提供对话与交流的场所,进而推动不同学科部门之间人员的合作。在斯坦福大学克拉克中心,有一个名为 Nexus(意味联结)的餐厅,这个餐厅的场景可以描绘出特定物理环境在文化营造上展现出的"魔力":

> 不同的窗口前排起了长长的队伍,队伍移动得很快,在买完食物之后,他们会来到一个宽敞的安装了很多窗户的房间内,这个房间外还有露

---

① 霍尔登·索普,巴克·戈尔茨坦.创新引擎:21 世纪的创业型大学[M].赵中建,卓泽林,李谦,等译.上海:上海科技教育出版社,2018:103.

② IRWIN FELLER. New organizations, old cultures:strategy and implementation of interdisciplinary programs[J]. Research evaluation, 2002(11):109-116.

③ 霍尔登·索普,巴克·戈尔茨坦.创新引擎:21 世纪的创业型大学[M].赵中建,卓泽林,李谦,等译.上海:上海科技教育出版社,2018:103.

台,露台上配备了很多有艳丽遮阳伞的桌子。大大小小的团队围坐在长长的桌子旁,一系列的咖啡桌和沙发为更亲密的对话、独自阅读或用电脑进行工作提供了空间。中午 12:30 的时候,这里人声鼎沸。化学家正在与医学家密切交谈;数学极客(geek)正在用电脑建立虚拟肺的模型;工程师和物理学家正在查看医学设备的照片。房间内摩肩接踵,还有很多暂时没有座位的人等别人离去。这样的情况会持续到下午的后半段时间,早餐和晚餐时也是人头攒动。在用餐间隙,三楼的皮特咖啡店(Peet's Coffee)会供应咖啡、茶、松饼、果仁巧克力蛋糕及其他点心,咖啡店的服务员似乎知道每一位顾客的名字,店内店外良好的环境使得这里成为进行谈话的不错地点。[①]

这样的例子还有很多,从本质上来说,对话是学科交叉的核心,很多跨学科组织的成功最初就是缘于对话。因此,通过提供合适的物理空间,不仅可以使人们走出自己长久占有的学术“领地”,开始一场学术合作上的冒险之旅,而且还能缓解各学科及人员之间存在的张力,促进不同学科背景人之间的交流与对话、合作与协同,这本身也是一种建筑文化。不管怎么说,一所优秀的大学,应当设法让学者更多地交流合作,特别应当让不同学科背景的人常常在一起,激发和碰撞思想的火花。要打破院系和学科的封闭格局,设置更多师生学习和休闲的空间,让大家能够随时随地地交流。[②]

托尼·比彻(Tony Becher)曾经用“学术部落”来形容学者与学科的关系,每个学科都是具有独特学科文化的部落,部落之间既有交流,也有冲突。学科认识论与学科文化之间是一种不可分割的互动关系,共同构成学术群体组织及其学术生活的方式。[③] 对于跨学科的到来,所谓的“学科人”起初并没有给予“友善的姿态”,甚至认为跨学科将会威胁到自身的学科地位及学术资源,并与学科产生一种竞争的关系。然而人们需要清楚的是,跨学科不是对学科的否定,而是根植于学科,对学科理解与学科互涉的一种方式。跨学科提供了一个让大家打开紧闭的门窗,与邻居愉快交流的机会。总之,文化的营造及变革不是一朝一夕就能完成的,不仅需要大学领导、教师以及管理人员等多方面合

① 霍尔登·索普,巴克·戈尔茨坦.创新引擎:21 世纪的创业型大学[M].赵中建,卓泽林,李谦,等译.上海:上海科技教育出版社,2018:103.
② 林建华.大学的改革与未来[M].上海:东方出版中心,2018:85.
③ 托尼·比彻,保罗·特罗勒尔.学术部落及其领地:知识探索与学科文化[M].唐跃琴,等译.北京:北京大学出版社,2008:24.

作,而且也需要坚持不懈的努力。对于跨学科而言,关键是要有真正开展下去的勇气与魄力,第一步尤其重要。正如有学者所说:"跨学科研究犹如滑雪一样,刚刚把鞋子换成雪橇的时候,我们会不停摔倒,连简单的站立都做不到,甚至会问自己为什么要来滑雪;但是度过了开始的适应阶段,掌握了在雪上站立和滑行的技巧之后,你就可以享受在雪道上纵横驰骋的快乐了。"①学科交叉也是如此,只有敢于迈出自身的第一步,才有可能看到不同思维碰撞的火花,才有机会沉浸在交叉研究的乐趣中。此外,文化的成熟还有助于刺激大学做出变革,优化基层学术组织结构,从而实现学术资源的有效利用。

第三节　研究创新、不足及展望

一、研究创新

本书以知识生产模式的转型为分析视角,不仅梳理了中西方基层学术组织演进的历史规律,而且对知识生产模式转型背景下研究型大学基层学术组织改革的现状、经验及问题做了总结与阐释。在研究的过程中,学科与跨学科这对矛盾始终贯穿在研究内容之中。也正是对该矛盾关系的挖掘以及层层深入的剖析,使得研究在开展的过程中稳稳围绕研究问题,不至于忽东忽西,偏离本源。而就研究的创新而言,自不能说是填补了研究上的空白。但是随着研究的深入,多少还是发现了前人未曾重点着墨的若干问题,并在此基础上给出了几点愚见。具体来讲,本书的创新之处主要体现在以下几个方面。

第一,系统梳理了美国研究型大学基层学术组织方面的改革实践与改革经验。研究认为,美国研究型大学学系的转型是基层学术组织改革中的重要组成部分,二战之后,学系为了适应学科交叉的需要,突破了传统的设置理念,逐步从"纯粹学系"转型为"混合学系"。在调整学系的同时,美国研究型大学还设置了专门的以研究所、研究中心、实验室等主要形式的跨学科组织机构。形成了"传统学科型组织"和"新型跨学科组织"互补互济、互利互动的组织模

---

① 付昊恒.跨学科交叉 培养独立创新人才[EB/OL].(2017-12-20)[2018-06-05].http://news. tsinghua. edu. cn/publish/thunews/10303/2017/20171220084323576103285/20171220084323576103285_.html.

式。对传统院校的发展有一定的反哺作用。此外,美国研究型大学勇立潮头,革新大学建筑设计理念,专门为跨学科组织建造了建筑楼群,成为改革中一道亮丽的风景线。

第二,提出了我国研究型大学中"巴尔干化"式的组织割据问题。研究指出,我国研究型大学组织被分割成不同的院系,院系又进一步被分割为不同的组织单位,包括各种形式的研究中心、研究所、研究室等等。久而久之,不同的组织机构囿于一方,彼此之间缺乏交流与沟通,缺乏合作及协同,形成了"巴尔干化"式的组织割据。"巴尔干化"情境下所导致的大学内部组织的隔离,使不同的学术单元成为一个个故步自封的利益群体,形成了一定的利益割据。"巴尔干化"式的组织割据容易固化学科壁垒及学术资源流动,容易导致学术部门间的离散和分歧,容易滋生文本上的"影子式"组织。

第三,将基层学术组织改革大学使命联系在一起,提出了大学基层学术组织改革需要关注大学组织整体效益的观点。在以往的研究中,谈及基层学术组织改革,常为人们关注的是制度、治理、经费、人员等要素,较少有学者从大学使命的角度进行相关探讨。本书略有不同,提出在创设新的基层学术组织时,需要检视该组织结构是否契合大学的使命,即是否与大学的价值观保持一致。之所以考虑到这一点,是因为在现实中人们往往会忽略掉基层学术组织与大学之间的联系,有时甚至会偏离大学的使命和理念,以至于最终可能会沦为一个与大学毫不相干的组织机构,或者无法与大学中的师生成员或者学术项目建立有效的联结,难以为大学的整体发展做出应有的贡献。

第四,提出了未来基层学术组织改革中的四位一体对策。对策是伴随问题而生的,在明确了基层学术组织设置、基层学术组织结构等方面的相关问题时,方能够对症下药。研究最后一部分认为:我国研究型大学在未来的基层学术组织改革中,需要考虑知识生产模式的转型以及世界学术发展的趋势。建议认为,我国研究型大学在基层学术组织改革时,需要拥有组织理性的概念、结构优化的思维、制度设计的考量以及文化营造的意识,四个方面应作为一个整体为未来的基层学术组织改革服务,亦即基层学术组织改革的四位一体(见图 7-1)。

二、研究不足

第一,案例选择上的缺憾。本书在案例研究部分,根据研究对象和问题,选取了位于"双一流"建设高校名单六所研究型大学作为案例,并对每所大学

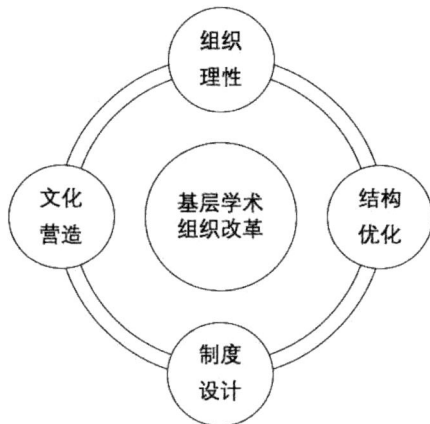

图 7-1　基层学术组织改革的四位一体图

中的二级学院及其基层学术组织进行案例剖析，以期归纳我国大学基层学术组织的现状和问题。但相对而言，所选案例的覆盖面有效偏小，综合程度不高。表现在所选的基层学术组织案例，从学科属性来说，主要属于人文科学和社会科学范畴，尚未触及自然科学范畴，对自然科学领域内相关院系，及其以实验室、研究所、研究基地为主要形式的基层学术组织分析不足，这无疑是本书的一大缺憾和不足。此外，本书对国内外大学基层学术组织改革的调研还不够充分，调查研究有待于进一步深入和完善。

第二，对跨学科的历史、制度及管理分析的不够深入。本书在分析基层学术组织的过程中，主要探讨了知识生产模式转型背景下学科型组织发生的转型与变革，并最终将研究的关键部分落脚到跨学科组织上。虽然在研究的过程中，对跨学科组织的背景及现状作了一定的分析与探讨，但遗憾的是并没有就此深入探讨下去，尤其是在跨学科的历史、制度及治理层面。或许也正是因为一始一终，此始彼终的缘故，导致在有限时间内，不能够把研究的落脚点当作出发点再继续探讨下去。然而，从另一方面来讲，这一缺憾倒能够给未来的研究抑或后续的研究留下想象的空间。

无论如何，使用这样粗线条甚至是有些刻板的描述来展示研究型大学基层学术组织改革的结果和趋势不可避免地会使研究像一幅轮廓粗略的油画，谈不上细致、全面、完整和贴切。正如有学者所说："大学的问题也不可能由于一项能更有效率的生产知识或是生产更有效率知识的改革计划而得到回答。"①但在一个充斥着怀疑主义及变幻莫测的时代,研究型大学如果仍然想立于社会的中心,并承担起引领社会发展的艰巨使命,便需要高扬改革的旗帜,走出学科思维的局限性,以一种全新的方式继续前行。最后,通过论文中对基层学术组织改革的一些探讨和分析,期望能够在理论上抑或实践上给人以启发和思考。与此同时,也希望研究能够起到"抛砖引玉"的作用,如果能够引发出更高质量的科研成果,也算是欣慰之事了。

三、研究展望

知识生产模式转型背景下,大学组织如何有效应对日益复杂的外部环境和学术发展诉求是其持续发展的重点与关键。在学科日益走向交叉的新时代,越来越多的学者强调要以整全的视角阐释学术组织演进的逻辑,并指出学术组织结构的改革与优化需要超越区隔与壁垒。本书在学理分析、历史研究和比较研究的基础上,主要探讨了我国大学基层学术组织设置的逻辑、基层学术组织的问题和挑战,并且借用多重制度逻辑的理论框架,分析了我国大学基层学术组织持续扩张的主要诱因及特征。一个显著的事实是,我国大学基层学术组织的数量太多了,并且存在学科壁垒、资源浪费、组织虚置或影子组织等诸多问题。当然,我国高校基层学术组织的扩张既受到历史因素的影响,又面临现实情境的约束;既有外在多元利益相关者的诉求和制约,又有高校内部自身的行为偏好和发展逻辑,是多重制度逻辑综合作用的结果。从逻辑主体来看,国家、市场、大学在我国高校基层学术组织扩张中扮演了重要的角色。具体而言,国家逻辑下的专业制度设置、大学合并与扩招及创新驱动战略、区域发展战略等国家战略等,市场逻辑下的校企合作,大学逻辑下的模仿战略、行政权力、特殊制度安排等均是影响高校基层学术组织扩张的重要因素。多重制度逻辑使得我国高校基层学术组织扩张呈现出强制性变迁和诱制性变迁共存的特征,既有自上而下的组织安排,也有自下而上的组织行为。此外,对于基层学术组织的扩张,多个逻辑主体之间并非独立发挥作用,而是相互交织,某一类基层学术组织的设置在其核心逻辑之外还受到其他制度逻辑的影响。换言之,我国高校基层学术组织的扩张是多逻辑主体交织进行的,而不仅仅是某一个因素或者某一个逻辑诱发了扩张这一组织行为。在我国高校基层学术组织扩张中,"路径依赖"是不容忽视的一种现象,然而,由"路径依赖"衍

① 比尔·雷丁斯.废墟中的大学[M].郭军,等译.北京:北京大学出版社,2008:156.

生出的正反馈机制和惯性导致高校决策者在组织行为的实施上陷入熟悉陷阱（the familiarity trap）、成熟陷阱（the maturity trap）和相似性陷阱（the propinquity trap）之中。[①] 这些陷阱很可能使高校的组织行为囿于历史经验或既有的成功范式而难以自拔，形成"锁定效应"。长此以往，这种效应会逐渐削弱组织的改革创新能力，难以对组织外部的环境变化做出迅速反应。应该说，在推进高校治理体系和治理能力现代化的现实背景下，我国高校需要理性审视基层学术组织扩张的问题，适时变革以求生存和发展。

　　总的来说，基层学术组织是一个老生常谈的话题，同时也是一个常谈不旧的话题。因为基层学术组织本身就不是处于静态之中的，而是不断发生变革与演进的，基层学术组织也不是一个普适的概念，而是带有国家背景和文化背景的，并受到多种因素的影响，包括来自大学自身职能与规模、知识发展、学科分化、国家政治、文化等多种因素的制约。[②] 从这个角度来说，基层学术组织的研究是一个长线的研究，由基层学术组织这个点出发，可以引出更多的点，最终还可以形成一个研究的切面。围绕大学基层学术组织改革，还可以进一步分析交叉学科建设、跨学科研究和跨学科人才培养等问题。最后，对于本研究而言，着实还有很多方面值得进一步改进与完善。比如，研究思路与研究技术的改进，案例的选择及数据的处理，跨学科组织的运行及治理等等。因此，在认清现实问题之后，未来会重点突破，进行持续性、面更广的、更有深度和针对性的研究。

---

① AHUJIA G，LAMPERT C M.Entrepreneurship in the large corporation：a longitudinal study of how established firms create breakthrough inventions［J］. Strategic management journal，2001(22)：521-543.

② 陈何芳，陈彬.大学基层学术组织的历史演变及其启示[J].高教探索，2002(4)：48-51.

结　语

改革开放四十多年以来，我国高等教育取得了大发展、大改革、大成就。尤其是步入高等大众化时代以来，包括大学规模，师生数量、教学方式、组织结构、治理体系、财政投入、学习结果等在内的方方面面都发生了翻天覆地的变化。从历史的角度来看，大学一直处于改革之中，从中世纪模式，到德国模式，再到美国模式，从"象牙塔"到"服务站"，再到"发动机"，从教士的"村庄"，到知识人的"城镇"，再到今天多元化的"巨型知识都市"。由此可以知晓，现代研究型大学早已冲破了人们口中的象牙塔界限，走向了一个崭新的时代。今天的大学，不再是一个整齐划一、高度同质化的知识场所，而是一个多样的、多元的、极具个性的学术组织，今天高等教育所关注的组织体系也远远超过了一般意义上的"大学"。仅从这些变化来说，人们就不应低估大学发展的潜力，亦不应该低估大学改革的能力。然而，在大学向前推进的壮举中，大学抗拒改革的力量同样令人生畏。以基层学术组织变革为例，在由学科型组织向跨学科组织转型的过程之中，历史上业已形成的物质力量、制度力量、文化力量以及精神力量反而成为一种束缚。对改革的抗拒力根植于学术行会之中，根植于组织化的部门、院系以及学科之中。在大学改革的事实面前，制度理论家阐释了传统的大学组织的另一面，即大学所具有的路径依赖特征，路径依赖使得大学变革的步伐变得极其缓慢。在很多时候，谈及学科型组织的发展与转型，所谓的合法性而非效率，成为人们维护自身利益的借口。

再者，知识大爆炸带来了知识的碎片化以及学科的不断分化，知识的细分有利于人们专攻某一个领域进而快速取得相应的成果，但随着学术研究的逐步发展与成熟，人们已经很难在单一的学科领域内取得新的学术突破了。21世纪的社会问题变得高度复杂化，远非20世纪所能相比，科学、技术以及环境等重大问题的解决已经不可能再依靠单一的学科来实现，而是需要不同学科、不同专家的携手合作，共同攻破人类面对的世界难题。从世界学术发展的趋势来看，跨学科研究的兴起以及跨学科组织的设置正在悄无声息撬动着大学传统的组织结构,基于学科的院系组织已经在发生着转型或者重组。不少大学削弱了系科的力量,在学术组织系统内部组建了独立的跨学科研究机构。在快速变化的环境下,新的思维方式及新的技术路径成为解决这个社会问题的重要途径,因为新时期人们所面临的社会问题变得异常综合化和复杂化,不是单一学科所能驾驭的。这样的例子有很多,比如环境和农业问题、饮食控制和健康问题、电子数据库和个人隐私等等。科学与技术之间、科学与社会问题之间、人文社会科学与自然科学之间的内在联系都加强了。在变幻莫测的现代社会,没有学科间的合作,便难以突破处于世界前沿的重大技术难题,就难以解决长期困扰人们的环境、疾病以及文明等关系着人类生存的重要话题。对于研究型大学来讲,如果不能在人类亟须解决的问题方面做出重大突破,那么就无法在国际上取得相应的声望和地位,也难以成为一所真正意义上的世界一流大学。

作为大学科研组织结构中的心脏地带,基层学术组织在社会重大问题的解决上发挥着举足轻重的作用。此外,在"双一流"建设的背景下,拥有若干个高质量的跨学科组织机构对于我国研究型大学来说也是重中之重。因此,为了较好地回应这一历史转折点的国家战略,顺应世界学术发展的趋势,我国研究型大学未来的基层学术组织改革需要在传统院系组织建制的基础上,设置专门的跨学科组织,提供空间支持和资源支持,建设相关制度并营造文化氛围,进而破除研究型大学中的"巴尔干化"式组织割据。与此同时,改革还需要兼顾学术性与社会性、适应性与引领性、继承性与创新性等几项基本原则,并理性处理好彼此之间的矛盾关系。这样做的目的不仅是要为大学打造一个良好的组织生态,营造新的大学文化,而且也是对大学本质的回归,即为学生提供一个更为完善的学习环境和体验,为教师提供一个能够发挥其潜能的机会。从某种程度上说,这无论是对大学使命的达成还是对大学职能的发挥,都是有很多益处的。

当然,在此也有必要说明的一点是,虽然组建跨学科组织,打破学术资源分散,促进多学科协同,是我国研究型大学基层学术组织改革的当务之急,但这并不能否定传统学科及学科型组织存在的合理性,学科及学科型组织仍然是大学运行的基础,也是跨学科组织存在和运行的基础。激发传统学科组织的学术活力依旧是大学转型发展的任务之一,如果失去了传统学科及学科型组织的支持,那么跨学科及其组织机构最终只会成为无源之水、无本之木。美国研究型大学在这方面的改革取得了良好的经验,麻省理工学院基层学术组织改革的成功便是其中的典型案例。在麻省理工学院,尽管成立了为数众多的跨学科实验室、研究中心、研究所等跨学科组织,但诸如院系等一些永久性的组织机构形式仍然得以保存,这么做主要是为了保持大学正常运作的稳定性与连续性。此外,在各类跨学科研究中心成立的过程中,麻省理工学院不断反省学院各类组织机构的发展和管理问题,以避免出现教育教学与科学研究之间的失衡、传统院系结构与跨学科研究机构之间的矛盾等问题。可以说,二战以来,麻省理工学院所逐步发展起来的是一个意义重大的模式,即一所大学如何能够把一个提供连续性和质量的"传统学术性的学系结构"和提供支持一个"有生气的科研项目"机制的跨学科实验室和中心的聚集体进行相互结合。① 的确,从学术研究的价值取向来看,研究型大学本来也不应放弃学院科学,试想,如果连研究型大学都放弃了传统的学院科学和重大的基础研究,那么还会有多少机构愿意承担起这份使命与责任,而且对于研究型大学来说,放弃学院科学还存在失去根基的风险。

总而言之,在学科交叉和知识生产模式转型的时代,人们需要走出学科思维,重新审视研究型大学的组织结构,以及时做出变革并应对挑战。当然,对于我国研究型大学来说,在未来的基层学术组织改革中,不仅要考虑向跨学科组织转型,而且也要将重点聚焦于构建大学内部基层学术组织生态系统的平衡,而不是对传统学科型组织的全盘否定。正如有学者所说:"无论是基于学科的学系或是讲座、研究所等学科型组织,还是跨学科组织,每一种组织形态都应该在协同创新的战略下发挥自身的作用,建立更加开放、多样和包容的组织结构体系理应成为推进大学基层学术组织变革的题中之义。"②

---

① 伯顿·克拉克.大学的持续变革:创业型大学新案例和新概念[M].王承绪,译.北京:人民教育出版社,2008:186.
② 伍醒,顾建民.知识转型与大学基层学术组织变革的历史考察[J].中国高教研究,2015(11):55-59.

附　录

附录 1

杜克大学社会学系系章(译文)[①]
（Bylaws，2015）

一、前言

杜克大学社会学系全体教师制订此章程,致力于为有效地自我管理提供组织和程序参考,进而能够更好地实现该系研究、教学以及服务的使命。

二、界定

1.教师。包括终身教授(Tenure)以及预备终身教职(Tenure-track)老师,以及其他修正系列(Modified-rank)内教师,例如教师(Lecturers)、实践教授(Professor of Practice)、访问教授、荣誉退休教授(Emeriti)等。

2.终身教授以及预备终身教职的老师。仅包括终身教职在社会学系中的非修正系列(non-modified ranks)内的老师。

3.学系会议。对所有的教师、职工以及两名研究生代表开放。

4.教师会议。仅对教师开放。

5.终身教授以及预备终身教职教师会议。仅对终身教职在社会学系中的

---

① Duke University. Department of Sociology，Bylaws[EB/OL].[2018-04-01]. https://sociology. duke. edu/sites/sociology. duke. edu/files/file-attachments/sociology-bylaws-3april2015.original%281%29.pdf.

老师开放。

6.服务期教师。指目前不在休假期的终身教授和预备终身教职的老师。

7.会议呈现。投票前的讨论,视频会议和现场会议均可。

8.聘用和任命。聘用是指学系对受聘人员发送邀请信的投票。任命和再任命是指在大学正式任命受聘者为某个特定教师序列和级别的决策程序中,系中所有老师的投票。

三、投票

1.只有终身教职在社会学系中的终身教授和预备终身教职可以投票,除非有特殊情况。

(1)尽管研究生部门主任和本科生部门主任不是终身教授和预备终身教职的老师,但是他们除了在与终身教授和预备终身教职的老师相关的面试、聘用、任命、再任命以及晋升等相关事宜之外的活动可以参与投票。

(2)在系内三分之二老师同意的情况下,那些终身教职在其他单位的兼职教授也可被赋予投票的权利。

2.对于任命、预备终身教职教师的再任命以及晋升决定的相关会议,没有亲身参加的教师可以提交书面意见,并在会议开始时被大声宣读。他们也可以提交选票。根据大学及学院政策,当投票结果被送至系以外的大学领导时,缺席选票将会被分别报告。

3.对于面试和聘用决定的相关会议,没有亲身参加的教师可以提交书面意见,并在会议开始时被大声宣读。他们也可以提交选票。缺席选票必须在会议之前提交给系主任,包含对所有候选人的明确的等级序列的建议以及不聘用选项,以及包括无条件声明。

4.助理教授可以在是否雇用一个副教授或全职教授的决定中投票,但是他们不可以在副教授或全职教授的晋升决定中投票。副教授可以在是否面试或聘用一个全职教授的决定中投票,但是不可以在全职教授的晋升决定中投票。助理教授不可以在其他助理教授再任命的决定中投票。

5.投票程序

(1)系主任的投票仅用来打破"平局"。

(2)除非有特殊情况,否则结果由投票的大多数人决定,这里不包括弃权者。

(3)除了终身教授以及预备终身教职的老师的面试、聘用、任命、再任命以及晋升等的相关决定必须要现场投票以外,其他程序在网上投票也是允许的。尽管这种情况是允许的,但是如果有三分之一及以上的终身教授或者预备终身教职的教师提出现场会议的要求,那么就要举行一个现场会议。

(4)当有个多个候选人时,其投票程序见附录。与决定是否面试和聘用的相关投票将会按照附录中的程序执行。

(5)除了在面试、聘用、任命、再任命、晋升,以及教师排位等相关决策中的投票采用匿名投票以外,其他的投票形式采用举手投票。

四、会议

1.系会议、教师会议或者终身教授以及预备终身教职的教师会议等可由系主任、执行委员会或者服务期内三分之一以上的终身教授和预备终身教职的老师召集。

2.法定人数仅适用于投票。在关于聘用、任命、预备终身教职的教师的再任命以及晋升等的相关决定中,处于服务期内三分之二的教师必须到场。其他情况,比如在是否决定要面试候选人时,如果有二分之一的教师到场,那么就可以进行投票。

五、领导

1.系主任。由院长任命,一般情况是三年任期。系主任是研究生和本科生委员会的一个当然成员(ex-officio member)。

2.研究生部主任。由系主任提名,研究生院院长任命,一般是三年任期。

3.本科生部主任。由系主任提名,院长任命,一般是三年任期。

4.市场管理部主任。由系主任提名,院长任命,一般是三年任期。

六、委员会

(一)执行委员会

1.执行委员会由系主任领导,成员由研究生部、本科生部以及市场管理部门的相关人员,并且还包含有两名推选出来的终身教授和预备终身教职的教师,其中之一必须是非终身教授。如果系里都是终身教授,那么可以推选两名终身教授。

(二)研究生学习委员会

1.研究生学习委员会由研究生部主任领导,并由六名教师、两名研究生以及系主任组成。系主任是不享有投票权的。学生代表不参与研究生录取评估和录取决定,以及奖学金候选人的确定等相关事宜。但是学生可以在其他相关事项的决策中投票。研究生部主任投票仅用来打破"平局"。

2.研究生学习委员会负责研究生项目的所有方面,包括入学录取。

3.研究生学习委员会在学生的内外部相关奖励及提名上享有决定权。

4.在录取决定上,研究生学习委员会是研究生部主任的主要咨询单位。研究生学习委员会在与系主任的咨询及商定下做出决策。

5.研究生学习委员会是教师在项目事宜上的咨询顾问。

(三)本科生学习委员会

1.本科生学习委员会由本科生部主任领导,由两名教师、一名研究生、一名本科生和系主任组成。系主任不享有投票权。本科生代表不参与奖学金候选人确定的相关事宜,但是可以在其他事宜的决策中投票。本科生部主任的投票仅用来打破平局。

2.本科生学习委员会负责所有的本科生项目。决定所有的本科生奖励相关事宜,并且是教师在项目事宜方面的咨询顾问。

(四)市场管理委员会

1.市场管理委员会由市场管理部主任领导,由本科生部主任外加由市场管理部提名系主任任命的三名教师组成。该委员会成员服务于市场管理部执行委员会。

(五)系主任遴选委员会

1.该委员会的成员主要包括由执行委员会推选的两名成员,外加终身教授或预备终身教职教师推选的两名成员。该委员会由执行委员会的高级成员领导。

2.系主任遴选委员会将会以终身教授和预备终身教职教师为对象展开研究调查,为他们列出所有终身教授的清单,使得教师按次序排出三名系主任的合适人选(其中也可以包括现任的系主任)。委员会收集意见和信息,与排名靠前的候选人沟通,并向全体教师提供一份总结报告。

(六)根据大学和学院相关的文件,任命、再任命、晋升及终身教职委员会按照相关程序成立

(七)临时委员会由系主任任命

七、教师遴选

(一)普通的遴选

1.助理教授遴选。系主任任命由三名成员组成聘用委员会,列出不少于五个不多于八个的候选人清单供全职的终身教授和预备终身教职教师讨论并作出裁决。

2.全职教授等的遴选。系主任任命由三名成员组成聘用委员会,列出不少于三个不多于八个的候选人清单供全职的终身教授和预备终身教职教师讨论并作出面试决定。

3.对于特定学科领域教师,在遴选活动进行之前,必须由终身教授和预备终身教职教师投票通过方可。

(二)特殊的聘用情况

1.比如像配偶双方以及多个部门的联合聘用等这样的特殊情况,需要由终身教授或预备终身教职教师根据投票规则亲自投票。

2.在主席向教师分发了候选人的简历、书面作品样本和其他必要材料以作出正式决定之时起两周之内,不得对这类聘用进行投票。

3.如果有三分之二的在职终身职位和终身职位的教师批准,面试或招聘投票可采用电子化方式进行。除非有三分之一的在职终身职位和终身职位的教师要求召开这样的会议,否则无须通过现场会议来决定。

(三)非终身教职雇用

1.关于这类教师的聘用,还没有具体的程序。

2.在讲师、兼职教授、客座教授等这类老师的聘用和再聘用上,不需要教师的投票。

3.在实践教授、研究教授等的聘用和续聘上,需要教师的投票。

八、批准与修正

(一)本系章在三分之二以上的终身教授或预备终身教职的教师同意后生效

(二)系章的修正或终止需要举行会议作出讨论。修改或终止系章需要三分之二的终身教授和预备终身教职教师的批准,无论他们是否出席会议

附录 2

斯坦福大学研究院院长兼副教务长
安·阿尔文的访谈记录(译文)

斯坦福大学基层学术组织改革主要体现在跨学科组织的创建上,这也正好验证了斯坦福大学基层学术组织由单纯的学科型组织转向学科型组织与跨学科组织合作共存的历史过程。斯坦福大学跨学科组织的创建中,领导力是不可或缺的一个因素,而且这种领导力还有一定的传承性质,不论是从20世纪80年代时任教务长创建跨学科组织的倡导,还是到现任研究院院长兼副教务长的全面负责与管理,都能看出,斯坦福大学跨学科组织的创建与发展与强大的领导力是密不可分的。在斯坦福大学的官网上,记录了对负责统筹管理跨学科组织的现任研究院院长兼副教务长安·阿尔文(Ann Arvin)的访谈,透过他对一些问题的回应,人们从中可以更为深入地了解领导力对于跨学科组织创建与运行的作用与重要性,对话如下:①

问:我们知道,在斯坦福大学,一个很流行的词语就是协同合作。而且对于斯坦福大学的教师群体来说,跨越学科边界进行协同合作也成为一件很容易的事情。为什么这种情况能够让斯坦福大学变得如此繁盛?

答:很幸运的是,我们跨学科研究的传统在很多年之前就形成了,并在1982年成为官方一项官方决策。当时的教务长阿尔伯特·哈斯特福(Albert Hastorf)签署了一项非常具有远见性的政策,倡导跨学科机构的创建以促进协同与合作。第一个跨学科实验室主要集中在硬科学领域,但是随后不久又创建了若干人文社科的跨学科机构,比如现在的弗里曼·斯波利国际事务研究所(Freeman Spogli Institute for International Studies),斯坦福经济与政策研究所(Stanford Institute for Economic Research and Policy)以及斯坦福人文研究中心(Stanford Humanities Center)等著名的研究单位都是那时创建的。这些机构的成立为斯坦福大学之后创建跨学科项目、开展跨学科研究打下了坚实的根基。人们需要知道而且也是非常重要的一点,在斯坦福大学的

---

① Stanford Interdisciplinary. Q&A with Ann Arvin, dean of research and vice provost, on Stanford's history of collaboration[EB/OL].[2018-05-21]. https://interdisciplinary. stanford.edu/qa-ann-arvin.

组织架构中,专门设置了负责跨学科独立研究机构的研究院院长这一职务。这项政策设计也是极具远见性的,因为在复杂的组织机构中拥有专门的领导力是非常有必要的。当然,在这方面,斯坦福大学具有特殊性,因为其他的同类院校并不是这个样子的。另外我还想说的一点是,斯坦福大学之所以在跨学科合作上面取得如此成功,还包括另外一个原因,那就是我们拥有七个二级学院,而且是坐落于同一个校园内。尽管斯坦福大学看起来是一个很大的地方,但是如果你考虑到不同学科领域的老师在学校碰面彼此的这种高机会程度,你就会明白,为什么克服障碍进而走向协作没有那么难了。

问:即便斯坦福大学的教师是在同一个校园,但是学科之间都有其不同的特征和文化,那么又该如何跨越这些学科屏障呢?

答:通过这些不同类型的跨学科组织机构,我们做的大部分工作就是为不同学科领域教师和学生提供一个可供他们聚集在一起的物理空间,不论是以一种正式的形式从不同的学科角度探讨学术问题的,像由环境研究所举办的"非寻常对话"(Uncommon Dialogues),还是非正式的讨论等。通过这种渠道,他们都能够学到与各自研究工作相关的思维方式。当然,创建新的跨学科项目不是一夜间的事情。我们也需要通过积极地为研究团队提供种子基金,进而鼓励并保障跨学科工作的开展。事实证明,这样的方式是显著且有效的。

最近这些年,斯坦福大学为了巩固跨学科工作,也在建筑设计上花了不少心思。我们很多新的建筑都成为不同学院项目、跨学科实验室以及研究所的混合体与熔炉。比如坐拥生物材料实验室(Bio-X)的克拉克中心(Clark Center),就是在这方面具有开创性的建筑,通过科学的设计理念,使得不同院系的老师和学生融洽地共聚于此,这为随后创建旨在融合不同师生相聚一堂的建筑定义了一种新的模式。再以环境与能源大楼为例,能源研究所、环境研究所以及环境科学学院的系以及工程学院均聚集于此。除了工程师和地球科学家以外,那些研究所中还有来自法学院和人文社会科学学院的老师。从这里也可以看出,斯坦福大学一直在致力于创建能够适合跨学科研究的物理空间。

问:为什么要如此重视跨学科研究?是不是因为学科变得太过于专业化了?

答:我一点也不认为学科变得过分专业化了,反而我坚定地认为学科一定要很强。但是,通过学科的交叉和融合却更加容易产生新的想法并取得创新性的研究成果。此外,在跨学科研究实施的过程中,研究人员还会发现,一个学科的研究方法和研究工具有时会和其他学科非常相关。这也是为什么生物材料实验室(涵盖生物学、生物医学科学、物理科学以及工程学)在 1998 年创建时,是如此地具有开创性。在鼓励跨学科研究方面,我们的学生也是另外一个重要的原因。事实上,推动跨学科研究的动力常常来自那些踊跃寻求跨学科机会的学生。在此基础上,我们也必须让我们的学生能够在新的研究和学术环境中发挥良好的作用,因为跨越边界的能力对学生未来的成功来说变得越来越重要。

问:斯坦福大学独立的跨学科研究实体常常是跨越院系的,他们会和学院一起致力于跨学科研究吗?

答:是的,但是程度并不都一样。作为院长,我们的确需要携手一起在带有创造性紧张的目标中找到平衡。例如,院和系有权力任命老师,但是研究院院长却没有这个权力(除了与政策相关的研究所中的一些老师),研究院院长需要负责的是教师们研究项目实施的研究场所与空间。但是这些挑战以及寻求共识的需求,仅仅是创建并维持这些激动人心的项目中的一部分。我们知道,在传统大学的矩阵组织架构中设立独立实验室、研究中心以及研究所或许不是管理大学的最简单方式,但是大家都广泛认同的一点是,这些组织所创造出的机会与价值是值得人们为之努力的。

附录3

哈佛大学教务长史蒂文·海曼访谈记录(译文)

在哈佛大学跨学科组织的设置与发展中,时任哈佛大学教务长史蒂文·海曼(Steven Hyman)起到了关键的推动作用,并一手缔造了哈佛大学组织改革的传奇。对于哈佛大学基层学术组织改革,尤其是跨学科组织的创建方面,史蒂文·海曼的领导力绝对扮演着不可或缺的角色。在他的领导下,哈佛大学克服多方面的障碍和阻力,在传统学科型组织的基础之上,组建了一批高质量的跨学科组织,使得哈佛大学基层学术组织结构和类型都变得更加科学合理,更加有利于教学和科研的开展。2011年,在史蒂文·海曼即将退休之际,哈佛大学新闻部专门对他进行了采访。对于哈佛大学跨学科研究项目的扩张以及跨学科研究组织机构的创建,此次对话能够让人们更为直接地了解此次改革的实践与经验,更为深入地了解改革主导者的心路历程。同时也能够促

使人们从领导力的角度对基层学术组织改革进行更多的思考。对话如下：①

问：当你入驻教务长办公室时，应该知道这个岗位相对来说是一个较新的职业。与三百多年的哈佛大学史比，可能教务长这个职业仅仅只有十年的历史，那么你是如何定位并承担这个角色的呢？

答：坦诚来讲，这份工作并不十分具有吸引力。真正使我回到哈佛工作的原因是校长劳伦斯·萨默尔斯(Lawrence Summers)的邀请，他的主要目的就是让我协助组建哈佛大学科学与工程方面的跨学科项目。其实，我们有一个共识，即总体上来说，哈佛大学拥有全世界最杰出的老师和学生，但是由于科层制模式下的壁垒对协同合作的阻碍，我们在很多真正的创新领域并没有立足之地。

哈佛大学是如此的分散与隔离，以至于我们不仅没有从最纯粹的学术意义上受益于我们具有实力的教师。而且除此之外，像哈佛艺术博物馆、美国话剧团、阿诺德植物园等这些附属单位，他们虽然在企业的运行上非常成功，但是在很多方面，与哈佛大学的核心活动越来越不相关。比如，与美国话剧团有深入交流的本科生微乎其微。另外除了那些对艺术史和建筑设计感兴趣的人员之外，很少有学生花费时间参与艺术博物馆的收藏与展览活动。

我到了哈佛时，就觉得有必要在学院、独立的组织单元以及大学内部的中心组织单位之间找到一个平衡。虽然在一些方面，已经取得了相应的改变。但是与此同时，我不明白，为什么21世纪的问题需要依照和遵守那些诞生并形成于19世纪20年代的学术部门结构，况且在很多情况下，这些学术部门是在19世纪末形成的。

简短地说，我有一套令人兴奋和激动的计划和目标。在哈佛，无论是在科学、社会科学方面，还是在艺术和文化方面，都需要做一些事情，进而在各组织边界架起一座桥梁。此外，我们的学生在哈佛本该拥有丰富多彩的知识体验，这种体验不能仅仅局限在一个学院之内。为了在分散化的大学实现这样的目标，以及更有效地管理大学，就需要建立一个全新的、现代的教务长办公室。

问：随着干细胞研究所（Stem Cell Institute）、再生生物学学系（Department of Stem Cell and Regenerative Biology）的创建，以及威斯研究院（Wyss Institute）和布洛德研究院（Broad Institute）的成立，过去的十年标志着哈佛大学在跨学科研究上所取得的巨大进展。为什么跨学科这个领域尤

---

① HYMAN S. A provost's view across a decade[EB/OL]. [2018-04-12]. https://news. harvard.edu/gazette/story/2011/05/a-provosts-view-across-a-decade-2/.

其引起你的注意？

答：我们周围的世界变化太迅速了。对于像哈佛大学这样成功且有影响力的机构来说，最大的危险之一就是懒惰与迟钝。当然正因为我们做得很好，也许在尝试组织改革时也会有失败的风险。但是从本性上来讲，我就一直常有焦虑感，还有些偏执，我一直试着环顾四周。而且，我一直相信，甚至在我20世纪90年代早期来到哈佛时，我就开始认为由于科层制模式下所导致的巴尔干化式的割据（bureaucratic balkanization），哈佛大学并没有完全从自身所具有的优势中获益。正是因为跨学科组织机构与我们大学传统的组织设计思路是相违背的，所以协同合作这个事情才引起我这么大的注意并要付出如此多的精力。

问：那么你是如何做到穿透科层制体系进而为学科之间更大程度上的协同合作开辟出一条道路来的呢？

答：这需要很多的聆听与对话，以及执着与坚持。从我的性格特征来讲，我是一个极其缺乏耐心的人，有时候还可能会成为一个不可原谅的人。但是我必须要学会耐心和灵活，因为在组织改革试验上，教师和同事会有很多的顾虑和担心，在他们看来，现在的哈佛大学在很多方面已经做得非常成功了，所以不愿意再去承担风险。然而，不管怎样，也总会有人相信，虽然协同合作会给院长及其他老师带来行政事务与学术事务上的负担，但是这种负担比他们自身的利益更有价值、更重要。我也明白，对于院长和教师来说，设立一个由两个学院共同管理的学术部门是一件痛苦的事情。但是从知识生产的角度来说，有时真的没有其他办法去完善一个完全适用于每个学科的领域。比如，拿威斯研究院来讲，在其成立时，有非常多的质疑。但是生物工程的确是最令人兴奋的科学领域之一，而且其也是全美本科生关注度增长最为迅速的领域之一。同时，这也是女性工作者进入工程领域的重要门户。试想一下，如果没有工程学、药学、基础生物、化学以及物理学的携手合作，你怎么能够指望在生物工程领域做出世界尖端的研究成果？

我在那些重要的事情上非常顽固，你必须选择你的"战场"。积极听取大家的顾虑和担心，这样就可以取得很多收获。在此基础上，试着创造出一种双赢的局面，并最终做出相应的决策。很庆幸的是，我们现在有一支非同寻常的院长合作队伍，他们之间彼此有着很多共同点，并且能够愉快地在一起工作。当然，这种情形并不一直都是哈佛的传统。

参考文献

一、中文文献

(一)译著与著作

[1]伯顿·克拉克.高等教育系统:学术组织的跨国研究[M].王承绪,徐辉,殷企平,等译.杭州:杭州大学出版社,1994.

[2]莫顿·凯勒,菲利斯·凯勒.哈佛走向现代:美国大学的崛起[M].史静寰,等译.北京:清华大学出版社,2007.

[3]詹姆斯·杜德斯达.21世纪的大学[M].刘彤,等译.北京:北京大学出版社,2005.

[4]詹姆斯·杜德斯达,弗瑞斯·沃马克.美国公立大学的未来[M].刘济良,译.北京:北京大学出版社,2006.

[5]霍尔登·索普,巴克·戈尔茨坦.创新引擎:21世纪的创业型大学[M].赵中建,等译.上海:上海科技教育出版社,2018.

[6]学科交叉和技术应用专门小组.学科交叉和技术应用[M].曾泽培,等译.北京:科学出版社,1994.

[7]迈克尔·夏托尔.高等教育的结构和管理[M].王义端,译.上海:华东师范人学出版社,1987.

[8]伯顿·克拉克.高等教育新论:多学科的研究[M].王承绪,徐辉,郑继伟,等译.杭州:杭州大学出版社,2001.

[9]伍醒.知识演进视域下的大学基层学术组织变迁[M].杭州:浙江大学出版社,2016.

[10]郑晓齐,王绽蕊.研究型大学基层学术组织改革与发展[M].北京:清华大学出版社,2009.

[11]罗杰·盖格.大学与市场的悖论[M].郭建如,马林霞,等译.北京:北

京大学出版社,2013.

[12]潘懋元.多学科观点的高等教育研究[M].上海:上海教育出版社,2001.

[13]世界银行和联合国教科文组织特别工作组.发展中国家的高等教育:危机与出路[M].蒋凯,等译.北京:教育科学出版社,2001.

[13]菲利普·阿特巴赫,乔治·巴兰.世界一流大学:亚洲和拉美国家的实践[M].吴燕,等译.上海:上海交通大学出版社,2008.

[14]爱弥儿·涂尔干.教育思想的演进[M].李康,译.上海:上海人民出版社,2003.

[15]伊曼钮尔·沃勒斯坦.书写历史[M]//陈启能,倪为国.书写历史.上海:上海三联书店,2004.

[16]宋文红.欧洲中世纪大学的演进[M].北京:商务印书馆,2010.

[17]伯顿·克拉克.大学的持续变革:创业型大学新案例和新概念[M].王承绪,译.北京:人民教育出版社,2008.

[18]迈克尔·富兰.变革的力量:透视教育改革[M].中央教育科学研究所,译.北京:教育科学出版社,2004.

[19]弗里茨·马克卢普.美国的知识生产与分配[M].孙耀君,译.北京:中国人民大学出版社,2007.

[20]石中英.知识转型与教育改革[M].北京:教育科学出版社,2001.

[21]经济合作发展组织.以知识为基础的经济[M].北京:机械工业出版社,1998.

[22]李建华.知识生产论:知识生产的经济分析框架[M].北京:中国社会科学出版社,2008.

[23]杰勒德·德兰迪.知识社会中的大学[M].黄建如,译.北京:北京大学出版社,2010.

[24]迈克尔·吉本斯,等.知识生产的新模式:当代社会科学与研究的动力学[M].陈洪捷,沈文钦,等译. 北京:北京大学出版社,2011.

[25]约翰·齐曼.真科学:它是什么,它指什么[M].曾国屏,等译.上海:上海科技教育出版社,2008.

[26]王建华.我们时代的大学转型[M].北京:教育科学出版社,2012.

[27]李正风.科学知识生产方式及其演变[M].北京:清华大学出版社,2006.

[28]亚里士多德.形而上学[M].吴寿彭,译.北京:商务印书馆,1959.

[29]卡林·诺尔·塞蒂纳.制造知识:建构主义与科学的与境性[M].王善博,等译.北京:东方出版社,2001.

[30]布鲁贝克.高等教育哲学[M].王承绪,郑继伟,张维平,等译.杭州:浙江教育出版社,1998.

[31]亚伯拉罕·弗莱克斯纳.现代大学论:美英德大学研究[M].徐辉,陈晓菲,译.杭州:浙江教育出版社,2001.

[32]雅思贝尔斯.大学之理念[M].邱立波,译.上海:上海世纪出版集团,2007.

[33]金耀基.大学之理念[M].北京:生活·读书·新知三联书店,2008.

[34]克拉克·克尔.大学之用[M].高铦,高戈,汐汐,译.北京:北京大学出版社,2008.

[35]蔡元培.就任北京大学校长之演说//高平叔.蔡元培全集:第3卷[M].北京:中华书局,1984.

[36]金耀基.大学之理念[M].台北:时报出版社,1997.

[37]张应强.高等教育现代化的反思与建构[M].哈尔滨:黑龙江教育出版社,2000.

[38]马尔科姆·泰特.高等教育研究:进展与方法[M].侯定凯,译.北京:北京大学出版社,2007.

[39]戴维·林德伯格.西方科学的起源[M].王珺,译.北京:中国对外翻译出版公司,2001.

[40]王骥.大学知识生产方式研究[M].北京:中国社会科学出版社,2014.

[41]瓦尔特·吕埃格.欧洲大学史:第1卷[M].张斌贤,程玉红,和震,等译.保定:河北大学出版社,2008.

[42]海斯汀·拉斯达尔.中世纪的欧洲大学:大学的起源[M].崔延强,邓磊,译.重庆:重庆大学出版社,2011.

[43]雅克·韦尔热.中世纪大学[M].王晓辉,译.上海:人民出版社,2007.

[44]艾伦·B.科班.中世纪大学:发展与组织[M].周常明,王晓宇,译.济南:山东教育出版社,2013.

[45]哈斯金斯.大学的兴起[M].张堂会,朱涛,译.北京:北京出版社,2010.

[46]哈斯金斯.12世纪的文艺复兴[M].夏继果,译.上海:上海人民出版社,2005.

[47]雅克·勒戈夫.中世纪的知识分子[M].张弘,译.北京:商务印书

馆,1996.

[48]海斯汀·拉斯达尔.中世纪的欧洲大学:在上帝与尘世之间[M].崔延强,邓磊,译.重庆:重庆大学出版社,2011.

[49]张磊.欧洲中世纪大学[M].北京:商务印书馆,2010.

[50]威廉·博伊德,埃蒙德·金.西方教育史[M].任宝祥,吴元训,译.北京:人民教育出版社,1985.

[51]胡建雄.学科组织创新[M].杭州:浙江大学出版社,2001.

[52]华勒斯坦,等.学科·知识·权力[M].刘健芝,等译.北京:生活·新知·三联书店,1999.

[53]华勒斯坦,等.开放社会科学:重建社会科学报告书[M].刘锋,译.北京:生活·读书·新知三联书店,1997.

[54]朴雪涛.知识制度视野中的大学发展[M].北京:人民出版社,2007.

[55]阿什比.科技发达时代的大学教育[M].滕大春,译.北京:人民教育出版社,1983.

[56]C. W.克劳利.新编剑桥世纪近代史:第9卷[M].北京:中国社会科学出版社,1992.

[57]滕大春.美国教育史[M].北京:人民教育出版社,1994.

[58]潘懋元.高等学校教育学讲义[M]//潘懋元高等教育学文集.汕头:汕头大学出版社,1997.

[59]贺国庆.德国和美国大学发达史[M].北京:人民教育出版社,1998.

[60]伯顿·克拉克.探究的场所:现代大学的科研和研究生教育[M].王承绪,译.杭州:浙江教育出版社,2001.

[61]约翰·范德格拉夫.学术权力:七国高等教育管理体制比较[M].王承绪,张维平,徐辉,等译.杭州:浙江教育出版社,2001.

[62]丁润生.无尽的宝藏[M].重庆:重庆出版社,1988.

[63]李喜先.21世纪100个交叉科学难题[M].北京:科学出版社,2005.

[64]托尼·比彻,保罗·特罗勒尔.学术部落及其领地:知识探索与学科文化[M].唐跃琴,等译.北京:北京大学出版社,2008.

[65]刘凡丰.跨学科研究的组织与管理[M].上海:复旦大学出版社,2014.

[66]劳伦斯·维赛.美国现代大学的崛起[M].栾鸾,译.北京:北京大学出版社,2015.

[67]丽贝卡·S.洛温.创建冷战大学:斯坦福大学的转型[M].叶赋桂,罗燕,译.北京:清华大学出版社,2007.

[68]利奥塔尔.后现代状态:关于知识的报告[M].车槿山,译.生活·读书·新知三联书店,1997.

[69]曾开富,王孙禺.战略性研究型大学的崛起:1917—1980年的麻省理工学院[M].北京:科技文献出版社,2016.

[70]罗杰·盖格.研究与相关知识:第二次世界大战以来的美国研究型大学[M].张斌贤,孙益,王国新,译.石家庄:河北大学出版社,2008.

[71]亨利·埃兹科维茨.麻省理工学院与创业科学的兴起[M].王孙禺,袁本涛,译.北京:清华大学出版社,2007.

[72]弗兰克·H.T.罗德斯.创造未来:美国大学的作用[M].王晓阳,蓝劲松,译.北京:清华大学出版社,2007.

[73]大卫·科伯.高等教育市场化的底线[M].晓征,译.北京:北京大学出版社,2008.

[74]罗纳德·G.埃伦伯格.美国的大学治理[M].沈文钦,等译.北京:北京大学出版社,2010.

[75]沙敏.哈佛大学校训[M].北京:中国工人出版社,2006.

[76]徐来群.哈佛大学史[M].上海:上海交通大学出版社,2012.

[77]周少南.斯坦福大学[M].长沙:湖南教育出版社,1996.

[78]王俯民.中华近世通鉴:下册[M].北京:中国广播电视出版社,2000.

[79]《中国教育年鉴》编辑部.中国教育年鉴(1949—1981)[M].北京:中国大百科全书出版社,1984.

[80]何东昌.中华人民共和国重要教育文献(1949—1997)[M].海口:海南出版社,1998.

[81]《中国教育年鉴》编辑部.中国教育年鉴(1988)[M].北京:人民教育出版社,1989.

[82]何东昌.中华人民共和国重要教育文献(1998—2002)[M].海口:海南出版社,2003.

[83]《中国教育年鉴》编辑部.中国教育年鉴(1982—1984)[M].长沙:湖南教育出版社,1986.

[84]《自然科学年鉴》编辑部.自然科学年鉴(1986)[M].上海:上海远东出版社,1993:58.

[85]《中国教育年鉴》编辑部.中国教育年鉴(1985—1986)[M].长沙:湖南教育出版社,1988.

[86]《中国教育年鉴》编辑部.中国教育年鉴(1999)[M].北京:人民教育

出版社,2000.

[87]邹晓东,舟杭.研究型大学学科组织创新研究[M].杭州:浙江大学出版社,2004.

[88]C.P.斯诺.两种文化[M].陈克艰,等译.上海:上海科学技术出版社,2003.

[89]安东尼·史密斯,弗兰克·韦伯斯特.后现代大学来临？[M].侯定凯,赵叶珠,译.北京:北京大学出版社,2010.

[90]赵祥麟.外国教育家评传[M].上海:上海教育出版社,1992.

[91]邹晓东,陈艾华.面向协同创新的跨学科研究体系[M].杭州:浙江大学出版社,2014.

[92]朱丽·汤普森·克莱恩.跨越边界:知识、学科、学科互涉[M].姜智芹译.南京:南京大学出版社,2005.

[93]林建华.大学的改革与未来[M].上海:东方出版中心,2018.

[94]比尔·雷丁斯.废墟中的大学[M].郭军,等译.北京:北京大学出版社,2008.

[95]乌尔里希·泰希勒.迈向教育高度发达的社会:国际比较视野下的高等教育体系[M].肖念,王绽蕊,等译.北京:科学出版社,2014.

[96]帕翠西亚·冈伯特.高等教育社会学[M].朱志勇,范晓慧,译.北京:北京大学出版社,2013.

[97]别敦荣.中美大学学术管理[M].武汉:华中理工大学出版社,2000.

[98]于显洋.组织社会学[M].北京:中国人民大学出版社,2009.

[99]沃尔特·W.鲍威尔,保罗·J.迪马吉奥.组织分析的新制度主义[M].姚伟,译.上海:上海人民出版社,2008.

[100]吴宏翔.艰难的选择:市场经济背景下的高校组织演化[M].上海:复旦大学出版社,2008.

(二)期刊与译刊

[1]袁振国.培养人才始终是大学的第一使命:大学变革的历史轨迹与启示之一[J].中国高等教育,2016(Z2):57-60.

[2]凌健,匡铭杰.论大学变革的"形"与"神"[J].浙江工业大学学报(社会科学版),2012(4):373-377.

[3]周光礼,黄容霞,郝瑜.大学组织变革研究及其新进展[J].高等工程教育研究,2012(4):67-74.

[4]赵鹏,刘莉莉.大学职能演变与西方大学组织结构变革[J].2007(4):

98-100.

[5]詹姆斯·泰勒.提高质量:大学变革的挑战:在亚洲开放大学协会第18届年会上的主题报告[J].开放教育研究,2004(6):18-21.

[6]薛飞湖.知识生产模式转型与基层学术组织变革[J].现代教育科学,2017(10):1-4.

[7]张鹏.基层学术组织是参与高等教育治理的逻辑起点[J].教育发展研究,2015(17):77-79.

[8]朱志良.强化高校基层学术组织改革　培养和造就高水平的教学、科研队伍[J].中国冶金教育,2000(1):30-31.

[9]向东春.大学基层学术组织的属性透视[J].高等工程教育研究,2006(3):104-106.

[10]项聪.我国高校基层学术组织变迁的制度逻辑:基于历史制度主义的分析[J].中国高教研究,2011(6):23-28.

[11]朱家德.基层学术组织:西方大学自治的实践与中国大学的一个现实命题[J].中国高教研究,2010(9):26-29.

[12]刘玉山,汪洋.我国大学基层学术组织结构的特征探析[J].高等农业教育,2013(7):60-62.

[13]魏小琳.治理视角下大学基层学术组织的重构[J].教育研究,2016(11):65-72.

[14]汤智,李小年.大学基层学术组织运行机制:国外模式及其借鉴[J].教育研究,2015(6):136-144.

[15]姚荣.激活学术心脏地带:中国大学基层学术组织自治如何走向制度化[J].清华大学教育研究,2016(2):72-79.

[16]伍醒.知识转型与大学基层学术组织变革的历史考察[J].中国高教研究,2015(11):55-59.

[17]沈瑞林.我国高校基层学术组织变革及其路径探究:基于伯顿·克拉克高等教育系统理论视角[J].江苏高教,2016(1):19-22.

[18]宣勇,张金福.学科制:现代大学基层学术组织制度的创新[J].教育研究,2007(2):33-37.

[19]徐文娜.大学基层学术组织的学术权力结构研究[J].东北大学学报(社会科学版),2009(2):165-169.

[20]方海明.大学基层学术组织存在问题的原因与对策[J].浙江师范大学学报(社会科学版),2006(3):96-100.

[21]胡成功.高校基层学术组织存在问题的原因及改革对策[J].高等教育研究,2007(8):59-63.

[22]胡成功.高等学校基层学术组织现状与问题[J].高等教育研究,2003(6):38-46.

[23]王小力,彭正霞,等.研究型大学基层学术组织发展路向研究[J].高等工程教育研究,2012(1):64-69.

[24]李子华.高校基层学术组织的发展困境与变革对策[J].中国高教研究,2015(6):87-90.

[25]伍醒.适切大学基层学术组织变迁的知识逻辑[J].现代教育科学,2016(3):7-10.

[26]史静寰,赵可,夏华.卡内基高等教育机构分类与美国的研究型大学[J].北京大学教育评论,2007(4):107-111.

[27]王战军.什么是研究型大学:中国研究型大学建设基本问题研究(一)[J].学位与研究生教育,2003(1):9-11.

[28]菲利普·阿特巴赫.高等教育体系、大众化和研究型大学[J].国际高等教育,2018(1):6-7.

[29]陈何芳,陈彬.大学基层学术组织的历史演变及其启示[J].高教探索,2002(4):48-51.

[30]周济.谋划改革的新突破 实现发展的新跨越[J].中国高等教育,2004(17):3-8.

[31]眭依凡.组织缺陷对大学发展的制约[J].教育发展研究,2010(19):1-7.

[32]吴志功.国外大学组织结构设计理论研究概述[J].比较教育研究,1995(4):44-47.

[33]刘献君.论高校学科建设[J].高等教育研究,2000(5):16-20.

[34]胡薇.世界一流大学相关文献概述[J].国际高等教育,2014(7):123-133.

[35]杜月生.论知识生产及其经济特征[J].深圳大学学报(人文社会科学版),1999(6):46-51.

[36]许崴.试论知识生产的构成要素与特点[J].南方经济,2006(12):53-55.

[37]卓泽林.大学知识生产范式的转向[J].教育学报,2016(2):9-16.

[38]谭文华.从CUDOS到PLACE:论学院科学向后学院科学的转变[J].

科学学研究,2006(5):658-661.

[39]张德祥.高深知识是理解高等教育的一把钥匙[J].高等教育研究,2015(12):22-23.

[40]黄福涛.欧洲高等教育近代化的类型与道路分析[J].高等教育研究,1999(1):91-95.

[41]鲍嵘.学科制度的源起及走向初探[J].高等教育研究,2002(4):102-106.

[42]胡钦晓.大学讲座制的历史演变及借鉴[J].现代大学教育,2010(6):77-81.

[43]郭培霞.试论德国讲座制[J].和田师范专科学校学报(汉文综合版),2007(2):54-55.

[44]马超.从讲座制的兴衰透视大学内部管理的新趋势[J].清华大学教育研究,2005(4):27-32.

[45]左金凤,温新民.基于学科交叉的科研平台建设策略[J].经济与社会发展,2006(3):169-171.

[46]邢新主,柳卸林,陈颖.跨学科制度对博士后科研创新能力的影响[J].科学学与科学技术管理,2008(11):181-183.

[47]陈涛.跨学科教育:一场静悄悄的大学变革[J].江苏高教,2013(4):63-66.

[48]陈亚玲.大学跨学科科研组织:起源、类型及运行策略[J].高校教育管理,2012(3):45-49.

[49]付瑶瑶.从斯坦福大学看美国研究型大学中独立科研机构的发展[J].清华大学教育研究,2005(26)3:16-22.

[50]刘少雪,程莹,刘念才.创新学科布局 规范院系设置[J].清华大学教育研究,2003(5):66-75.

[51]潘云鹤.关于研究型大学管理结构与运行机制改革的几点思考[J].国家教育行政学院学报,2002(5):51-56.

[52]李猛.学术、政治与自由的伦理[J].读书,1999(6):38-43.

[53]王俊.大学跨学科研究的组织策略探析:以西方女性研究为案例[J].高等教育研究,2010(2):37-42.

[54]张洪华.跨学科博士生的学科认同与社会适应[J].研究生教育研究,2016(8):41-45.

[55]关辉.大学跨学科组织发展的动力问题及平衡机制[J].2015(6):

10-13.

[56]李丽刚,谢成钢.MIT 跨学科研究探析[J].学位与研究生教育,2004(12):55-57.

[57]王建华,程静.跨学科研究:组织、制度与文化[J].江苏高教,2014(1):1-4.

[58]冯钢.跨学科研究何以可能?[J].浙江社会科学,2008(3):18-19.

[59]郭中华,黄召,邹晓东.高校跨学科组织实施中存在的问题及对策[J].科技进步与对策,2008(1):183-186.

[60]申超.供给不足与制度冲突:我国大学中跨学科组织发展的新制度主义解析[J].高等教育研究,2016(10):31-36.

[61]杨超,康涛,姬懿.学科发展趋势与跨学科组织模式探究[J].北京教育·高教,2017(6):22-25.

[62]朱新涛.学科壁垒、学术堡垒与高等学校学科建设[J].江苏高教,2003(02):87-89.

[63]梦海.大学的理念与使命:卡尔·雅斯贝尔斯《高校革新提纲》与马丁·海德格尔《校长就职演讲》比较[J].自然辩证法通讯,2006(3):96.

[64]王占军.何谓学科:学科性与跨学科性的争论[J].学位与研究生教育,2017(11):34-38.

[65]袁广林.综合交叉学科发展的组织结构和制度设计:基于我国大学创建世界一流学科的思考[J].学位与研究生教育,2018(7):1-8.

[66]王建华.跨学科性与大学转型[J].教育发展研究,2001(1):62-68.

[67]龙献忠,王静.研究型大学跨学科组织运行的保障体系[J].高等教育研究,2010(2):32-36.

[68]伍醒,顾建民.知识转型与大学基层学术组织变革的历史考察[J].中国高教研究,2015(11):55-59.

[69]陈廷柱.我国高校院(系)数量膨胀现象探源[J].高等教育研究,2014,35(9):8-15.

[70]石中英,安传迎,肖桐.我国 C9 大学与英美顶尖大学学院设置的比较研究[J].高等教育研究,2020(8):94-100.

[71]胡娟.脱耦机制、组织边界和有效竞争的丧失:"双一流"政策影响下的大学组织机制异化分析[J].高等教育研究,2020,41(4):21-29.

[72]付梦芸,张权力.我国高校内部的数量因素探析[J].高等理科教育,2011(6):62.

[73]李鹏虎.论我国研究型大学中"巴尔干化"式的组织割据[J].国家教育行政学院学报,2019(5):54-61.

[74]周雪光,艾云.多重逻辑制度下的制度变迁:一个分析框架[J].中国社会科学,2010(4):132-150.

[75]董希望.将被遗忘的改革:1990年代我国大学改革的历史述评[J].浙江社会科学,2014(11):82-93.

[76]阎凤桥.市场化环境对大学组织行为的影响及其应对策略[J].清华大学教育研究,2005(3):84-93.

[77]王旭辉.高等教育市场化研究述评与研究展望[J].复旦教育论坛,2016(2):58-64.

[78]俞雅乖.制度变迁方式转换的时机选择[J].商业研究,2009(7):14-18.

[79]廖辉.基于路径演化的大学组织结构变革[J].中国高教研究,2014(3):22-26.

(三)网络电子文献

[1]苏珊·霍克菲尔德.跨学科合作有助推动高校创新[EB/OL].(2006-01-16)[2018-04-01].http://www.tsinghua.edu.cn/publish/thunews/9662/2011/20110225231714609918626/20110225231714609918626_.html.

[2]兰州大学人事处.兰州大学教学科研基层组织工作暂行条例[EB/OL].(2009-12-15)[2018-04-01].http://ldrsc.lzu.edu.cn/old/lzupage/2009/12/15/N20091215160147.html.

[3]付昊恒.跨学科交叉　培养独立创新人才[EB/OL].(2018-04-26)[2018-05-30].http://news.tsinghua.edu.cn/publish/thunews/10303/2017/20171220084323576103285/20171220084323576103285_.html.

[4]杨玉良."去巴尔干化"事关一流大学建设[EB/OL].(2014-05-27)[2018-05-25].http://edu.qq.com/a/20140521/013820.htm.

[5]北京大学.北京大学社会学系虚体研究机构管理细则[EB/OL].[2018-05-29].http://www.shehui.pku.edu.cn/wap/second/index.aspx? nodeid=1646&page=ContentPage&contentid=2050.

[6]中纪委公布11所中管高校巡视整改情况[EB/OL].(2017-08-31)[2018-05-29].http://edu.people.com.cn/n1/2017/0831/c1006-29507912.html.

[7]张梦薇.跨学科研究——体制外的"舞蹈"[EB/OL].[2018-08-21].ht-

tp：//blog.sciencenet.cn/blog-93131-256409.html.

［8］知名大学如何培养跨学科拔尖博士［EB/OL］.（2016-08-17）［2018-07-27］.http：//edu.people.com.cn/n1/2016/0817/c1053-28642075.html.

［9］教育部.教育部办公厅关于印发《未来技术学院建设指南（试行）》的通知［EB/OL］.（2020-05-15）［2020-11-21］.http：//www.moe.gov.cn/srcsite/A08/ moe_ 742/ s3860/202005/t20200520_456664.html.

［10］技术连接未来——北京大学未来技术学院成立仪式举行［EB/OL］.（2021-06-23）［2021-10-28］.https：//news.pku.edu.cn/xwzh/3442204ad22c4a10a6d0eb4e62526970.htm.

（四）博硕士论文

［1］陈何芳.中国大学基层学术组织改革研究［D］.武汉：华中师范大学,2002.

［2］马廷奇.大学组织的变革与制度创新［D］.武汉：华中科技大学,2004.

［3］乔卉.美国哈佛大学资金筹措方式研究［D］.北京：首都师范大学,2007.

［4］韩丹.新中国大学生思想政治教育政策变迁［D］.武汉：华中科技大学,2012.

（五）其他类文献

［1］教育部中外大学校长论坛领导小组.中外大学校长论坛文集［C］.北京：高等教育出版社,2002.

［2］第四中山大学本部组织大纲草案［M］//南大百年实录（上卷）·中央大学史料选.南京：南京大学出版社,2002.

［3］陆登亭.一流大学的特征及成功的领导与管理要素：哈佛的经验.教育部中外大学校长论坛领导小组：中外大学校长论坛文集［M］.北京：高等教育出版社,2002.

［4］李江.学科交叉，我们能做些什么？［N］.中国科学报,2016-12-01(07).

［5］邬大光.大学人才培养须走出自己的路［N］.光明日报,2018-06-19(13).

［6］陈平原.大学的公信力为何下降［N］.中国青年报,2007-11-14.

［7］邱玉敏.我国高校跨学科知识团队发展的问题与突破［N］.光明日报,2014-12-24(16).

［8］邓晖.交叉研究如何让中国大学"弯道超车"［N］.光明日报,2017-12-16(04).

［9］陈彬.清华成立新型跨学科交叉科研机构［N］.中国科学报,2017-12-19(06).

二、外文文献

（一）著作类

［1］MURPHY J，LOUIS K S. Handbook of research on educational administration［M］. San Francisco：Josey Bas Publishers，1999.

［2］BRETON G，LAMBERT M，UNESCO. Universities and globalization：private linkages, public trust［M］.Paris：UNESCO Publishing，2003.

［3］HECHT W D，HIGGERSON M L，GMELCH W H，et al. The department chair as academic leader［M］. Phoenix：The Oryx Press,1999.

［4］DE ZILWA D. Academic units in a complex，changing world［M］. Netherlands：Springer,2010.

［5］Carnegie Foundation. Carnegie foundation for the advancement of teaching：a classification of higher education［M］. New Jersey：The Carnegie Foundation for the Advancement of Teaching,1994.

［6］OECD. Interdisciplinary：problems of teaching and research in universities［M］. Paris：Organization for Economic Cooperation and Development,1972.

［7］KLEIN J T. Crossing boudaries：knowledge, disciplinarities, and interdisciplinarites［M］.Virginia：University of Virginia,1996.

［8］CLARK W. Academic charisma and the origins of the research university［M］. Chicago：The University of Chicago Press,2006.

［9］SCHACHNER N. The mediaeval universities［M］.London：George Allen & Unwin Ltd,1938.

［10］Pedersen O. The first universities：studium generale and the origins of university education in Europe［M］. Cambridge：Cambridge University Press,1997.

［12］CLARK B R. The higher education system：academic organization in cross-national perspective ［M］. Berkeley：University of California Press,1983.

［13］CARMICHAEL O C. Universities：commonwealth and American，

a comparative study[M]. New York:Harper & Brothers Publishers,1959.

[14]BARNETT R. Academic community:discourse or discord? [M].
London:Jessica Kingsley Publishers,1994.

[15]MORISON S E. Three centuries of Harvard,1636—1936[M].
Massachusetts:Harvard University Press,1937.

[16]THWING C F. The American and the German university:one hundred
years of history[M]. New York:Macmillan Company,1928.

[17]STORR R J. The beginnings of graduate education in America[M].
Chicago:University of Chicago Press,1953.

[18]CURTI M,CARSTENSEN V. The university of Wisconsin,
1848—1925:a history[M].Wisconsin:University of Wisconsin Press,1949.

[19]VEYSEY L R. The emergence of the American university[M].
Chicago:University of Chicago Press,1965.

[20]HOLLIS E V. Philanthropic foundations and higher education[M].
New York:Columbia University Press,1938.

[22]AUSTIN A E. Faculty cultures,faculty values[M]//TIERNEY W
G. Assessing academic climates and cultures[M]. San Francisco:Jossey-
Bass,1990.

[23]CLARK B R. The academic life:small worlds, different worlds
[M]. New Jersey:The Carnegie Foundation for the Advancement of
Teaching.1987.

[24]D E MCHENRY. Academic departments:problems, variations,
and alternatives[M]. San Francisco:Jossey-Bass,1977.

[25]TUCKER A. Chairing the academic department:Leadership among
peers[M]. 2nd ed. New York:Macmillan Press,1984.

[26]IKENBERRY S O,FRIEDMAN R C. Beyond academic depart-
ments:the story of institutes and centers[M]. London:Jossey-Bass,Inc.,
Publishers,1972.

[27] DAVIS G H,NANCY D. The rise of American research
university:eliters and challengers in the postwar era[M]. Baltimore:The
Johns Hopkins University Press,1997.

[28]BRAND S. The Media Lab:inventing the future at MIT[M].New
York:Viking,1987.

[29]CLARK B. Places of inquiry：Research and advanced education in modern universities[M]. Berkeley：University of California Press，1995.

[30]BOK D.Beyond the Ivory Tower：Social responsibilities of the modern university[M]. Cambridge：Harvard University Press，1982.

[31]HUGHES O E.Public management and administration：an Introduction[M]. New York：St. Martin's Press，1994.

[32]THORNTON P H，OCASIO W.Institutional Logics[M]. London：Sage，2008.

[33]FOREST J，ALTBACH P. International handbook of higher education[M]. Dordecht：Springer，2006.

[34]OECD. The knowledge-based economy[M]. Paris：Head of Publications Service，1996.

（二）期刊类

[1]ETZKOWITZ H. The evolution of the entrepreneurial university [J]. International journal of technology and globalization，2004，1(1)：64-67.

[2]DRESSEL P L， REICHARD D J. The university department：retrospect and prospect[J].Journal of higher education，1970，41(5)：387-402.

[3]LEE J J. The shaping of departmental culture：Measuring the relative influences of the institution and discipline[J].Journal of higher education policy and management，2007，29(1)：41-55.

[4]STAHLER G J TASH W R. Centers and institutes in the research university：issues， problems， and prospects[J].Journal of higher education，1994，65(5)：540-554.

[5]BOZEMAN B， BOARDMAN C. The NSF engineering research centers and the university-industry research revolution：a brief history featuring an interview with erich Blotch[J]. Journal of technology transfer，2004(29)：365-375.

[6]GEIGER R L. Organized Research Units—their role in the development of university research[J]. Journal of higher education，1990(1)：1-19.

[7]MASSE L C，MOSER R P， STOKOLS D，et al.Measuring collaboration and transdisciplinary integration in team science[J].American journal of preventive medicine，2008(35)：151-160.

[8]VAN DE GRAAFF J H.Can department structures replace a chair

system? Comparative perspectives on university organisation[J]. A journal of comparative and international education,1982,12(1):29-40.

[9]OGAWA Y. Challenging the traditional organization of Japanese universities[J].Higher education,2002,43(1):85-108

[10]ANDERSEN K J. The ambivalent department[J]. Educational record,1968(spring):211-213.

[11] VAN ALSTYNE M,BRYNJOLFSSON E. Electronic communities: global village or cyberbalkans[J]. Economic theory,1997(April):2-32.

[12]BENNIGSON L A. Our balkanized organizations[J]. Strategy and leadership, 1996,24(2):38-41.

[13]RHOTEN D. Interdisciplinary research:trend and transition[J].Items & issues,2004(5):6-11.

[14]FELLER I. New organizations, old cultures:strategy and implementation of interdisciplinary program[J]. Research evaluation,2002,11(2): 109-116.

[15]CRESO M S. "Interdisciplinary strategies" in U.S. research universities[J]. Higher education,2008(55):537-552.

[16]GEIGER R L. Science, university, and national defense, 1945—1970[J]. Osiris,1992(7):26-48.

[17]BREW A. Disciplinary affiliations of experienced researchers[J]. Higher education,2008,56(4):423-438.

[18]HARVEY D.University Inc[J].Atlantic monthly,1998(10):116.

[19]AHUJIA G,LAMPERT C M.Entrepreneurship in the large corporation:a longitudinal study of how established firms create breakthrough inventions[J]. Strategic management journal,2001,22(6-7):521-543.

[20]HENDERSON-SMART C,WINNING T,GERZINA T,et al. Benchmarking learning and teaching:developing a method[J].Quality assurance in education,2006(2):143-155.

[21]SCHWEISFURTH M, ELLIOTT J. When "best practice" meets the pedagogical nexus:recontextualization,reframing and resilience[J].Comparative education,2019(1):1-8.

（三）网络电子文献

[1]MUNGER M C. 10 suggestions for a new department chair[EB/

OL］.（2010-04-08）［2018-03-22］. https：//www. chronicle. com/article/10-Suggestions-for-a-New/64963.

［2］SCHUH J H，KUH G D. What department chairs can do［EB/OL］.（2009-10-20）［2018-05-27］. http：//nsse. indiana. edu/institute/documents/briefs/DEEP％20Practice％20Brief％2010％20What％20Depart ment％20Chairs％20Can％20Do.pdf.

［3］Duke University. Department of Sociology，Bylaws［EB/OL］.［2018-09-20］. https：//sociology. duke. edu/sites/sociology. duke. edu/files/file-attachments/sociology-bylaws-3april2015.original％281％29.pdf.

［4］Michigan State Univeristy. Department Bylaws［EB/OL］.［2018-04-02］.http：//www.english.msu.edu/about/deparment-bylaws/.

［5］Harvard University. Quick facts［EB/OL］.（2017-06-30）［2017-12-02］.https：//www.harvard.edu/media-relations/media-resources/quick-facts.

［6］MITROKOSTAS N. Inter-Faculty Initiatives Growing［EB/OL］.（1996-10-23）［2019-02-03］. https：//www. thecrimson. com/article/1996/10/23/inter-faculty-initiatives-growing-pwhen-neil-l/? page＝1.

［7］HYMAN S. A provost's view across a decade［EB/OL］.［2018-04-12］. https：//news. harvard. edu/gazette/story/2011/05/a-provosts-view-across-a-decade-2/.

［8］Facts 2018. Stanford facts at a glance［EB/OL］.［2018-05-13］. http：//facts.stanford.edu/index.

［9］Stanford Interdisciplinary.Q&A with Ann Arvin，dean of research and vice provost，on Stanford's history of collaboration［EB/OL］.［2018-05-21］.https：//interdisciplinary.stanford.edu/qa-ann-arvin.

［10］Interdisciplinary Research and Education：Preliminary perspectives from the MIT media laboratory［EB/OL］.［2018-05-26］. http：//thegood-project.org/wp-content/uploads/2012/09/GoodWork13.pdf.

［11］Office of Institutional Research. Academic centers，institutes，and programs［EB/OL］.［2018-04-08］. https：//oir. harvard. edu/fact-book/centers.

［12］Stanford News. Building collaboration［EB/OL］.（2015-12-14）［2018-04-21］.https：//news.stanford.edu/features/2015/clark/.

［13］MIT. Research［EB/OL］.［2018-06-17］. http：//www. mit. edu/research/.

　　［14］MIT. Centers，labs&.programs［EB/OL］.［2018-05-22］.http://www.mit.edu/research/centers-labs-programs/.

　　［15］MIT News. The art of being interdisciplinary［EB/OL］.［2018-09-01］.http://news.mit.edu/2012/the-art-of-being-interdisciplinary.

　　［16］MIT Facts. Centers，labs &. institutes［EB/OL］.（2015-01-15）［2018-08-31］.http://web.mit.edu/facts/research-centers.html.

　　［17］Innovation research interchange. Ito speaks about "antidisciplinary" innovation at IRI annual meeting［EB/OL］.［2018-07-27］. https://www.iriweb.org/articles/joi-ito-mit-media-lab-director-awarded-iri-medal.

　　［18］Association of American Universities. Report of the Interdisciplinarity Task Force［EB/OL］.（2005-10-03）［2019-02-22］. https://www.aau.edu/report-interdisciplinarity-task-force-2005.

　　［19］Andlinger Center for Energy and the Environment website. Gift of ＄100 million to transform energy and environment research at Princeton［EB/OL］.（2008-07-01）［2018-09-21］. http://www.princeton.edu/acee/news/stories/andlinger.

（四）其他类文献

　　［1］ The Commission on University Governance. Departmental governance［R］.Duke University，Durham，N.C. 1970.

　　［2］American Council on Education. Sponsored research policy of colleges and universities:a report of the committee on institutional research policy［R］. Washington,D.C.:American Council on Education,1954:74.

后 记

　　高等教育对我的影响和意义是直接且长远的,在不断前进的人生轨迹中,我愈发认识到高等教育可以改变一个人的命运,读书深造真的可以带来意想不到的收获。因此,我钟情于大学,钟情于高等教育,并把自己的理想与情感寄托于大学和高等教育。早些年,我心中的大学是赫钦斯笔下"引领社会精神文明的'灯塔'",是蔡元培口中的"研究高深学问之地",是一种完美主义形式的存在,是一方净土,是思想的伊甸园,更是道德精神的领袖。

　　随着年龄的增长及社会阅历的增加,大学所暴露出的种种不完美与残缺,破坏了我大脑中对于理想大学的想象。但我想,大可不必因为这些问题便陷入悲观主义的情境当中,甚至凭仗"浩浩乎如冯虚御风,而不知其所止;飘飘乎如遗世独立,羽化而登仙"的诗句而聊以慰藉,逃避现实。相反,正是因为问题所在,才更要积极投身于高等教育研究的事业当中。在一个充斥着怀疑主义及犬儒主义的时代,我们依然需要信仰,依然需要有"穷且益坚,不坠青云之志"的豪气,"黄沙百战穿金甲,不破楼兰终不还"的勇气,以及"咬定青山不放松,立根原在破岩中"的正气。

　　不论如何,我庆幸自己选择了一个以追求真理为己任的高等教育研究工作。在本书的写作过程中,我有幸得到诸多前辈学者的教诲与指导。此外,得益于国家留学基金委的资助,我有机会赴美国纽约大学高等教育政策研究院学习交流。利用在美学习时间,我拜谒过哈佛大学、麻省理工学院、普林斯顿大学、斯坦福大学、哥伦比亚大学、加州大学伯克利分校、加州大学洛杉矶分校等一批世界名校。徜徉在这些世界一流的研究型大学中,情不自禁会萌生出一种激动和振奋之情,仿佛置身于大学的精神长廊之中。在这里不仅可以和先贤对话,而且也可以和历史握手。那种情感是何等的豪迈和真实,是一种不需要任何装腔作势的油然而生。正是这份情感和信念,促使我按时完成了这本书的撰写,尽管其中充满了数不尽的曲折与坎坷,但亦有享不尽的乐趣。

　　有道是:始生之物,其形必丑。本研究亦然。不敢说本研究完全达到了导师的期望,但我还是有必要声明,本研究凝聚了导师以及国内外学者、师长、同学、朋友的诸多关爱。尤其是我的博士生导师邬大光老师,不仅在平时对我的研究倾注了大量的心血,而且在 2017 年 9 月,邬老师因公到美国出差之际,还专门到纽约大学看望我,并且与我就研究进展和遇到的困难进行了专门讨论,进一步明确了研究问题和研究重点。对此,我充满感恩之情。

首先我想要感谢我的导师邬大光教授。"穿着一条黑色西裤,洁白平整的衬衫深深扎于其中,金框眼镜上方的白色眉毛很容易让人想到武侠小说中的白眉大侠。看上去没有想象中的魁梧,但举手投足间,仿佛有一种活力要从身体里爆发。"这是我对邬老师的第一印象,记得那还是 2015 年盛夏的一个中午。四年的学术生涯证明,能够师从邬老师攻读博士学位是一个既幸运且正确的选择。邬老师不仅惜才、爱才,而且深谙育人之道,能够依据每个学生不同的性格特征与学术背景激发其最大的潜能。在学术上,邬老师对学生们要求极其严厉,有时候甚至毫不留情。但在生活上,邬老师对学生又是如此豁达,总能相逢一笑、淡然处之,毫无架子。邬老师宽严结合的育人方式深受学生的爱戴与敬仰,因此,毕业的师兄喜欢赋予邬老师各种形象。有师兄将邬老师比喻为金庸笔下的黄药师,也有师兄将邬老师比喻为井上大叔刻画的安西教练。但我想,不论是哪种比喻,最贴合邬老师的还是老师与学者这个职业,相较于黄药师、教练、校长、主任等这样的称呼,一声"邬老师"或许更能够令他喜笑颜开,倍感欣慰。

邬老师的学术沙龙是我们接受思想熏陶的一个重要场所。记得在学术沙龙上,邬老师时不时便会开动大脑里某个思想机器的小齿轮,嬉笑怒骂,妙趣横生。思维跳跃很快,想到什么说什么,毫不相干的东西,总能串出特别有趣的逻辑。一个已经毕业的师兄曾经在自己撰写的著作中说:"邬老师每次的沙龙都会有新的主题,都会有意想不到的学术惊喜,如果你是一个有心的人,那么你便可以从沙龙讨论的内容中选取主题,并写出一篇质量很高的学术文章。"对这句话我深有感触,我很多学术上的灵感都是来源于邬老师的学术沙龙,包括本书的选题以及后来所取得的较高质量的研究成果几乎都是得益于学术沙龙。邬老师的学术敏感性极高,他总能将一些看似不相关的事件与高等教育联系起来,并产生一些新的想法和思考,或许这正是邬老师保持学术常青的秘诀,当然这也缘于邬老师的学术涵养修炼到了一种后人难以企及的境界。

借本书出版之际,我也要感谢潘懋元先生的支持与厚爱。作为高等教育学科的开山鼻祖,先生慈眉善目,蔼然可亲,视学生如己出。记得有一次,先生打电话给我,说想让我就刚发表的一篇学术论文在先生家里的沙龙上做个分享。接到先生的电话,听到先生熟悉的声音,紧张中夹杂着激动与喜悦,幸福之情油然而生。由于那篇论文对高等教育研究带有强烈的批判性,所以当晚在沙龙上抛出的观点遭受到了在场人员一致性的质疑与攻击,学术争论的氛围极其浓厚,甚至到了"剑拔弩张,面红耳赤"的地步。在学术争论的过程中,先生看出了我"进退维谷,步履维艰"的处境,及时帮我解围,提醒大家要辩证性地看待这个问题,并以无比谦和的姿态和语气对大家的观点做了总结。此情此景,至今我仍难以忘怀,感谢先生,庆幸在学术的道路上有您陪伴。

　　我还要感谢眭依凡、别敦荣、王洪才以及郑宏等老师。虽然我已硕士毕业离开眭老师身边数年,但眭老师依旧关心着我的学习和成长,总能在我失落无助的时候给我以关爱与支持,我们在美国相聚的那段日子里给我留下了很多美好的回忆。在我学术成长的道路上,别老师给予了莫大的支持与关怀。犹记得在重庆出差的那晚,在师友的热情招待下,别老师和我们浅斟低酌。酒过三巡,借着微醺的状态,我们一起探讨理想,探讨人生,好不痛快。"唯愿当歌对酒时,月光长照金樽里",多想再回到那个美好的时刻。王老师对我的教导和帮助也是我毕生用不尽的财富,在每周五的学术沙龙上,王老师的指点总能起到醍醐灌顶的作用。我还要感谢郑老师,郑老师总能给人以心灵上的抚慰。在我学术失意或者畏惧压力的时候,郑老师会劝导我放平心态,感受当下的每时每刻。感谢郑老师,感谢您让我的学术生活多了一份色彩,而不尽是枯燥无味。

　　此外,我还要特别感谢我的妻子和我的父母,在学术研究的过程中,他们给予了我最大的支持和理解,以及最无私的关爱和帮助,他们是我最亲的家人。我也特别感谢我的好友张金伟、何志伟等,在我的博士求学生涯中,他们都曾给过莫大的鼓励和支持。感谢同门刘海涛、王兴宇师弟、刘强师弟、李文师妹在我海外求学的时候帮我处理学校的相关事宜。感谢王芳、刘隽颖、刘红垒、郭红霞、蔡正道、陈春梅、刘琪等同班同学,是他们让我的博士生活变得多姿多彩,感谢他们给我的博士生活留下了珍贵的回忆。

　　俄国作家陀思妥耶夫斯基曾说:"我只担心一件事,我怕我配不上自己所受过的苦难。"苦难也罢,幸福也罢;迷茫也罢,明朗也罢;失意也罢,称心也罢。我想正是过去的种种经历成就了现在的我,所有的这些对于我来说都是一笔宝贵的财富,对此我都保有珍惜之情和感恩之心。谁都无法改写已经逝去的岁月,也没有必要去改变已经逝去的岁月。我们唯一能做的就是把握当下,开创未来。如果选择梦想并且为之努力,相信就一定会看到"长风破浪会有时,直挂云帆济沧海"的波澜壮阔。

李鹏虎

2022 年 7 月 27 日于深圳